Explorations and Insights
Dialogues with J. Krishnamurti

探究と洞察

J・クリシュナムルティとの対話

玉井 辰也 訳

ナチュラルスピリット

EXPLORATIONS AND INSIGHTS:

Dialogues with J. Krishnamurti

探究と洞察

――Ｊ・クリシュナムルティとの対話――

目次

第二版への序　二〇一一年

当初一九七九年に"Exploration into Insight"の書名で出版されたこの小グループによる十四の対話は、一九七二年から一九七七年にかけて、マドラス、ボンベイ、ニューデリーで催された。同書を、ここに書名も新たに"Explorations and Insights"として再刊する。全文は、保管音声記録から正確に転記された文字資料に基づき再編集された。対話の全般的流れそのものは初版から変わっていないが、章題等を含め、少なからず修正を加えた。

初版への序　一九七九年

三十余年に渡り、様々な修行、経歴、目標を有し、人類が直面する未曽有の難問と一大課題――自己認識上の知覚、即ち自覚による自己開花――に深く関心を寄せる人々が、クリシュナムルティの周りに集い、人間意識の本質とそこに眠るエネルギーを探究してきた。本書は、その間の十四の対話から成っており、その主要テーマは、記憶と時間の軛《くびき》からの精神の自由、意識の変容、精神に深い根拠ある安心をもたらす洞察の実現である。

現代世界は、科学技術の革新により、夢想もできなかった力と知の源泉を解き放った。しかし、人類は自身の中の知恵と慈悲の源泉を開くことはできなかった。求められているのは、人間精神の内なる変革なのである。人類に欠けているのは、自身こそが問題の元凶であり、絶えざる問題製造装置の源が人間の心であることへの洞察である。そして、それは人間の究極的自由の存する知覚の領域に他ならないのである。

試験的に始まったこの一連の対話は、忌憚なき問い掛け、検討と吟味、傾聴と観察により、広大な神秘を有する自己の深層に至り、隠蔽されていた逃避をも明るみに出した。この探究は、クリシュナムルティにとって、まさに「時間、過去、無限への旅」なのである。

生の矛盾に囚われ、人間は問わなくなった。自らの苦悩、寂しさ、悲しみに向き合わなくなったのである。そして、この世界の感覚的充溢に倦《う》み、グルや宗教的経験、果てはその飽満への刺激として種々の瞑想から得られる超能力を欲するに至った。クリシュナムルティの教えは、自由への道として、グルや超心理的経験を否定する。彼が求めるのは「真正なる生き方」、あらゆる自我に基づく行為に汚されぬ日々の活動なのである。いかなる超心理的経験にも拘泥してはならない。洞察への妨げになるからだ。そして、この洞察こそが、時間と過去という二元性と束縛から人間を真に開放するものなのである。

本書に収められた対話は、単なる質問と回答ではない。ここにおけるクリシュナムルティの役割は極めて興味深いものだ。その精神は、不羈《ふき》にして柔軟、学び、求め、問い掛ける。問題が提起されるや、立ち止まり、観察し、一旦退き、再び前進する。そこには、意見の応酬もなければ、過剰な言葉もない、ましてや新しきを拒む過去の経験たる記憶操作もない、ただ「知覚の全的開花」を伴う傾聴があるだけだ。この全的問い掛けの中から、洞察が生まれる。その状態について、クリシュナムルティはこう述べている、「その時、知覚のみあって、他は何もない。すべては時間の中の活動だが、この知覚のみは時間の埒《らち》外だ。時間の軛を脱した境地なのだ」と。

インド・クリシュナムルティ財団としては、生の諸問題の抜本的解決を求める人々に、この対話録を提供できることは、欣幸の至りである。

ププル・ジャヤカール
スナンダ・パトワルダン

参加者一覧

K : Krishnamurti　J・クリシュナムルティ
AC : Asit Chandmal　アシット・チャンドマル
AP : Achyut Patwardhan　アチュット・パトワルダン
APP : Apa Pant　アパ・パント
DS : David Shainberg　デイヴィド・シャインバーグ
FW : Fritz Wilhelm　フリッツ・ウィルヘルム
GM : Ghaneshyam Mehta　ガネーシャム・メータ
JC : John Coats　ジョン・コーツ
MC : Mrs.(Madame) Coats　コーツ夫人
MF : Maurice Frydman　モーリス・フリードマン
NM : Nandini Mehta　ナンディニ・メータ
PJ : Pupul Jayakar　ププル・ジャヤカール
PYD : P.Y. Deshpande　P・Y・デシュパンデ

Q : Questioner　質問者
RB : Radha Burnier　ラーダ・バーニア
RD : Rajesh Dalal　ラジェシュ・ダラル
RH : Radhika Herzberger　ラディカ・ハーツバーガー
SB : S. Balasundaram　S・バラスンダラム
SP : Sunanda Patwardhan　スナンダ・パトワルダン
SWS : S.W. Sundaram　S・W・スンダラム
TKP : T.K. Parchure　T・K・パルチュレ
VA : Vijay Anand　ヴィジェイ・アナンド

第一章 〈自己を知ること〉とクリシュナムルティの教え

〈自己を知る〉とは、自分自身を知ることではなく、
思考のあらゆる動きを知ることだ。
なぜならば、自己とは思考だからだ。

一九七七年一月十四日　ボンベイ

ププル・ジャヤカール（ＰＪ）　師よ、貴方の教えと実際の〈自己を知る〈self-knowing〉〉過程には、どのような関係がありますか？　ここで〈貴方の教え〉とは、師の著作や講話の中で使われる言葉を意味します。通常、真理の探究において、師の言葉は、到達すべき目標或いは方向を指し示すものとして理解されます。貴方の言葉も、そのような性格を持つとすると、〈自己を知る〉知覚過程といかなる関係がありますか？

クリシュナムルティ（Ｋ）　今の質問の真意は分からないが……。こう言い換えればどうだろうか？

言葉と現実、そしてKが語っていることとの間には、いかなる関係があるのか、と。

PJ　そして〈自己を知る〉過程。Kが語っていることは言葉だということ。

スナンダ・パトワルダン（SP）　ププルジ、もう少し説明してもらえないかしら？　例えば……何か別の言葉で。

PJ　クリシュナジの教え──権威について、修行について、或いはホリスティック（包括的、全一的）な方法について、それは言葉です。そこに〈自己を知る〉現実の過程があり、その過程の中から現れるものがあります。言葉とこれら現実との関係は？

K　意味がよく分からないが……。

PJ　師は〈権威なし（no authority）〉と仰《おっしゃ》る。そこで、私たちは、その言葉や意味を、自己を知る過程で、権威を借りることなく、実生活に適用しようと試みます。そして〈権威なき〉状態に到達できるかどうかを知ろうとするのです。

SP　それが真相です。

PJ　それが真相。私たちは貴方の言葉を真理として理解しているのです。

K　分かった。ププル・ジャヤカールが指摘するように、Kが〈権威なし〉と言う時、それは言辞であり、それゆえ観念に過ぎないのか、或いは自己開示なのか、或いは単なる結論、スローガンなのか？　こういうことだろうか？

PJ　はい。でも少し違います。

アチュット・パトワルダン（AP）　別の要素もあるようです。師が〈権威なし〉と仰る時、真理に至ろうとする者への指示になるのではないでしょうか？

K　然り。

AP　実は同じことではないでしょうか？　一方は行為の領域、他方は抽象の領域。

PJ　そこには自己認識があります。

K　先ずそこから始めようか？

PJ　はい、もう少し説明させて下さい。自己認識があるとして、その過程で何が明らかになるか、まだ分かりません。そのような時、貴方の言葉を聞く。そして講話や本の中の貴方の言葉を日々の生活に適用しようとするのです。

K　ええ。

PJ　つまり、実際に自己を知る行為と貴方の言葉の間にはギャップがあるのです。真実はどこにあるのですか？

K　真実は、言葉の中にも自己開示の中にもない。天地懸隔の如し。

PJ　そのことを議論できますか？

K　私はKが語るのを聞く。彼は、自己を知ることについて語り、それがいかに重要かを強調する。真の自己認識がなければ、根拠なき生だ、とも語る。私は、その言葉をどのように聞くだろうか？一つの観念、戒律、或いは結論として聞くのだろうか？　または、自己を知る過程で、権威の問題に気づき、彼の語ることと自分自身で見出したことが一致し、前に進むことができるだろうか？　だが、単に言葉を聞き、その言葉から観念としての結論を引き出し、その観念を追求するならば、それは自己開示ではない、単なる結論に過ぎない。一方、自身を学び、自らの思考全体を追求するならば、彼の語ることは、すべて自己発見となる。

PJ　では、そもそも自己を見出すのに、Kの言葉は必要なのでしょうか？

K　私は自己を知ることに関心がある。なぜなら、自己認識なくして、何を考えようが、何をしようが、何を始めようが、何の根拠もないからだ。そこで、話を聞いたり、本を読んだりする。自己認識に関心があり、それを求めているからだ。そしてKが「権威はない」と語るのを聞く。その時の私の心境はどのようなものだろうか？　それは受容だろうか、それとも自ら引き出した結論なのか、或いは事実なのだろうか？

PJ　いかにしてそれは事実になるのですか？　自己認識の過程を通して、事実となるのか、自分自身を解明し、知覚する過程で発見するのか、それとも貴方がそう言うから事実なのでしょうか？

K　このマイクロフォンは事実だ。私が「これはマイクロフォンだ」と言うからではなく、これが事実だということは万人が認めるだろう。

PJ　しかし、貴方が〈権威なし〉と言われる時、それは単なる事実では……。

K　言葉は事物そのものではない。記述は記述されたものではない。言葉は決して事物そのものではないということが明瞭だろうか？　「山」という言葉は山そのものではない。山の記述は山そのものではない。この点を明確にしたい。だが、その言葉は私にとって心地よく、その言葉に執着してしまうかもしれない。その言葉は心地よく、私はその言葉を受け容れ、更にその言葉を欲する。言葉を通して、そう語られることを欲し、その考えに執着するのだ。但し、言語構造自体を否定している訳ではない。

P・Y・デシュパンデ（PYD）　人間は話さなければなりません、言葉の動物だからです。

K　私も意志疎通のために言葉を用いる。私は貴方に何かを伝えたい、そこで両者が知る英語を使う。だが、言葉では本当の情感は伝わらないこともご存じだろう。

PYD　はい。

K　つまり言葉は事物そのものではない。

PYD　でも、事実は、心の動きに関連して話す人と無関係に話す人がいるということです。

K　それは二つの異なった立場ではないだろうか？　言葉を介して意志疎通するか、言葉を介さずに意志疎通するか？

PYD　言葉は使います。ただ別の秩序なのです。二つの言葉の秩序があるのです。

K　意味がよく分からないが。

PYD　例えば、師の話を傾聴すると、師は私たちが話すようには話されないことが分かります。これは明らかです。

K　なぜ、そのように？

PYD　なぜ？　これは難しい質問です。ただ、マイクロフォンを見るように確かだという感じがします。師は、私が話すようには話されない。師の言葉の鉱脈は、我々のものよりも遥かに深いのです。精神的境地の違いです。

K　分かった。

PYD　師は言葉が誕生する深い層をお持ちなのです。

K　表面的に軽く「愛してるよ」と言うこともできるが、一方心底から「本当に愛している」と言うこともできる。その響き、言葉の質、情感の深浅には大きな違いがある。言葉は、その深浅を伝えることができるのだ。

PYD　少し前に進めそうです。

K　更に前へ。

PYD　それは、我々が「愛」と呼ぶ何か深い、形容し難い感情なのでしょうが、十分に表現することはできません。言葉が見つからないのです。

K　私も言葉が見つからないかもしれない、貴方と同様に。

PYD　はい。

K　ジェスチャーで示すかもしれない。

PYD　はい、その通りです。しかし、ジェスチャーと言葉には直接関係がないようですが……。

K　貴方の言わんとする処は分かる。（ププルに向かって）これが貴方の伝えたいことだろうか？

PJ　いいえ、今の議論は私の論じたかったこととは少し違います。我々が理解し、更に超えて行く上での困難の一つは、話されたもの、書かれたものを問わず、貴方の言葉が、道を求める者にとって抽象概念になってしまう、ということです。また、貴方の言葉の真実が明らかになり、自己認識が深まることもあります。だが、通常はそのようにはいきません。概念化することなく貴方の言葉を傾聴すれば、私の心には相応の変革が起こるでしょう。貴方の使う言葉の真実性は、自己を知る過程においてのみ開示されるのではないでしょうか？

K　何と言えば？　少し不明なのだが。

PJ　我々は、何よりも「自己を知る」探究に取り掛かるべきです。長い間、怠ってきたのですから。

K　宜しい。そうあるべきだ、そこから始めよう。

PYD　私は少し違った風に問いたいのです。自己を知ることと言葉の間には、果たして関係はあるのか、と。

K　それもこれから論じることになるだろう。「自己を知る」ことは、何千年もの間、語られてきた――特にソクラテスによって、またソクラテス以前から、種々様々に。では、そもそも「自己を知る」とはいかなることか？　いかにして自分自身を知るのか？　自分自身を知るとはどういうことなのか？　観察する、経験を見つめる、思念を見つめることによって、自分自身を知ることができるだろうか？

一思念を見つめていると、他の思念が生起し、未練たっぷりに当初の思念を追いやる。従って、初念と第二念間に葛藤が生じる。だが、「自己を知る」とは、過ぎ去った思念を去り、新しい思念を追求することではないか。そこで第三念が生じれば、第二念を捨て、第三念に即す。第四念が起これば、同様に前念を捨て、新念に即す。かくして思念の動きについて不断の自覚、気づきが存在する。ここまでは理解できただろうか？

では、前に進めよう。私は自分自身が嫉妬深いことを見つめている。本能的な反応は合理化だろう。合理化の過程で、自らの嫉妬を忘却或いは黙殺してしまう。即ち、言語化し、判別し、合理化し、抑圧するといった一連の合理化の罠に陥る。この動き全体が一連の纏《まと》まった動きなのだ。そしてそこから逃げ出したい欲求が起こる。この欲求、逃避について調べてみよう。何に逃避するのか？

PJ　時には瞑想に。

K　無論。

PJ　或いはその人が瞑想だと思うものに。

K　それが最も陥り易い罠なのだ。ゆえに私は問う、瞑想(meditation)とは何か、と。〈ありのまま(what is)〉からの逃避が瞑想だろうか？　逃避ならば、瞑想ではない。そこで立ち返り、私の嫉妬を調べてみる。なぜ私は嫉妬深いのか？　原因は何かに執着している、自分を重要人物と思っている等々だが、この認識の全過程が自覚なのだ。そこで、次の問題に逢着する。調査し、観察する主体は、観察される対象とは別物なのだろうか？　明らかに別物ではない。即ち、真に見ることは、見る主体がない時に成立するのだ。

PJ　「明らかに別物ではない」と、仰いましたが、その点をもう少し詳しく……。

K　見る主体は過去である。過去とは、記憶、経験、記憶に貯えられた知識のことだ。過去が見る主体であり、その同じ主体が現在である私の嫉妬、私の反応を見つめる。私が私の嫉妬を見つめ、その感情に嫉妬と名づける。過去にその感情に襲われたことを知っているからだ。つまり、それは嫉妬の記憶なのだ。言葉とは、過去の一部なのである。そこで、過去である見る主体を交えずに見る、言葉を介さずに見ることが果たして可能だろうか？　言葉がその感情を引き出すのだろうか、或いは言葉とは無関係に感情は存在するのだろうか？　これらすべてが自己を知ることの一部なのである。

PJ　いかに見つめるか……。

K　言葉を介さずに？

PJ　言葉を介さずに。

K　見る主体なしに？

PJ　見る主体なしに。

K　記憶を伴わずに？　これが極めて肝要だ。

PJ　では、この見る主体という問題に実際にいかに取り組むのですか？

K　それをこれから示そう。

AP　見る主体を観察する時、その人自身の見る主体という考えが承認或いは否認されるのではないでしょうか？

K　それは過去だ。彼の条件づけに過ぎない。すべて過去の動きであり、見る主観の中に含まれる。

AP　その判断が障害になるのでは……。

K　それがまさにププルが尋ねていることだ。彼女は問う、「いかに私は見る主体を見るのか？」と。

AP　甚だ難しい問題です。

K　然り。見る主体を見るとはいかなることか？　Kは観察者とは過去だと言う。いかがだろうか？

T・K・パルチュレ（TKP）　そのような問いの過程で、新たに見る主体が創られます。

K　否、私は何ものも創らない、ただ観察するのみだ。問いは、「見るものとは何か？　誰が見る主体なのか？」ということだ。（マイクロフォンを指しながら）私はこれを見る。だが、いかに見るだろうか？　言葉を介して？　これを指すのに使う言葉はマイクロフォンだ。そこで、マイクロフォンとして脳の記憶の中に登録される。私は、この言葉をマイクロフォンという事実を伝えるのに用いる。単純な道理だ。

PJ　人は見る主体を見ているのでしょうか？

K　いかに見る主体を見るのか？　無理だ。

PJ　見る主体の本質を理解すれば、見る主体を見ることはできないということでしょうか？

K　否、見る主体を見るのではない。唯一見ることのできるのは、〈ありのまま〉と見るものの干渉だけだ。ところが、「私は見る主体を認識した」などと言い始める。その違いが分かるだろうか？　私は嫉妬を観察する、即ち嫉妬の観察がある。そこに観察者が侵入し、「私はこれまで嫉妬深かった。

だから、嫉妬の感情の何たるかを知っている」と言う。かく私は認識し、それが見る主体なのだ。そこで、見る主体が活動していると感じる。見る主体をそれ自身で観察することなどできない。唯一、見られるものとの関係において観察することができるだけだ。見られるものとの関係性においてのみ、見る主体の観察はあり得る。観察者が観察に干渉すれば、観察者という知覚が生じる。観察者自身が観察者を見ることなどできない、何かとの関係において、観察できるに過ぎない。明らかなことだ。

TKP　過去は存在するとしても、現在に触れない限り、活動はないのでは……。

K　単純に考え給え。嫉妬がある。その感情の瞬間には、見るものも見られるものもない、ただその状態があるだけだ。そこに見る主体が現れ、「それは嫉妬だ」と言い、〈ありのまま〉に干渉を始める。そして〈ありのまま〉を遊離し、抑圧し、合理化し、正当化する、或いは逃避する。この一連の動きが、〈ありのまま〉との関係における見る主体を示している。

フリッツ・ウィルヘルム（FW）　観察者が存在する時、その観察者を観察することができるのでしょうか？　恰《あたか》も嫉妬を認識するように、観察者を観察することが可能でしょうか？

K　今そのことを論じている。私は怒っている、貪欲だ、或いは暴力的だ。暴力の瞬間には、何もない。貴方もなく、見るもの、見られるものもない。暴力という状態があるだけだ。そこに、観察者が登場する。観察者とは思考の動きだ。思考は過去であり、新しい思考などはない。そして、思考は現在に干渉する。その干渉者が観察者であり、観察者はその干渉を通してのみ検証できる。その見る主体は、逃避、合理化、正当化等、あらゆる手管を弄する。これが、現在に対する伝統的手法だ。伝統的手法とは、観察者に他ならない。

PJ　つまり、観察者は現在から逃避する過程でその姿を顕わす、と？

K　逃避、合理化、正当化……。

PYD　或いは干渉。

K　現在へのいかなる干渉も、すべて観察者の動きだ。鵜呑みにせず、論じ給え。吟味し、自ら発見するのだ。

TKP　干渉がなければ過去もない、ということですか？

K　論点がずれている。では、過去とは何か？

TKP　認識する観察者。

K　否、否。過去とは何か？　貴方の過去とは何か？

TKP　収集され貯蔵された私の経験の中身。

K　それは何か？　貴方の経験、性向、動機、それらすべてが過去の動きであり、知識でもある。すべての過去の動きは専ら知識からのみ生まれる。即ち、知識とは過去なのだ。そして過去は現在に干渉し、観察者が活動し始める。干渉がなければ、観察者も存在しない。ただ観察があるだけだ。

PYD　或いは無関心。

K　無関心ではない、ただ観察あるのみ。

FW　観察者を観察するなど、私には言葉自体が矛盾しているように感じられます。

K　否。

FW　私が何を言おうとしているか、お分かりでしょう。観察の中には見るものも見られるものもないのです。

K　観察の中には、観察する主体も観察するという観念もない、これは理解すべき重要なことだ。観察する主体もなく、そのないという観念もない。言葉を介さず、過去の記憶や連想にもよらず、ただ純粋な観察があるだけだ。何もない、ただ観察あるのみだ。

FW　そのようにして観察者を観察することが可能になるのですね。

K　否、否。誤解しておられる。私はこう言った。観察者が発生するのは、過去が干渉した時のみだ。即ち、過去が観察者なのだ。その過去が現在に干渉する時、観察者が活動を始める。その時初めて観察者の存在に気づくのだ。だが、そのことに気づき、洞察（insight）を得た時には、もはや観察者なる主体はない、ただ観察があるのみだ。そこで、これがププルの指摘だが、〈権威なし〉を根柢から看破できるだろうか？　誰かが言ったからではなく。

PJ　私が観察することができるのはただ一つのことだけです。

K　然り、それがそうだ。

PJ　私は権威の動きを観察することはできます。

K　ええ。

PJ　でも、決して〈権威なし〉を観察することはできません。

K　無論、そうだ。権威を観察すれば、権威とは悟りを他に求めること、他への依存と執着、これらすべてが権威の姿だ。私の頭脳、精神、存在の中で、権威が働いているのではないだろうか？　権威とは、経験、知識である過去、或いは過去や夢等への依存なのかもしれない。この権威の動きを観察することは可能だろうか？

PJ　何が重要なのでしょうか？　私の意識のすべての動きを観察することでしょうか？　或いは私の意識の中に師の言及される真理を発見しようと試みることでしょうか？　師の発言の真実でしょうか？　極めて微妙な問題です。どう取り組むか、私には分かりません。

SP　例えば、心の傷（hurt）を観察してみてはいかがでしょうか？

K　待ち給え。Kが言ったがゆえに、心の傷を取り上げるのだろうか？

SP　いいえ、そうではありません。

K　その点を明確に。なぜなのか？

SP　ご説明させて下さい。私は、自分が傷ついていることに気づきます。心底傷ついているのです。この心の傷を観察することは、私のできる観察の一部です。しかし、クリシュナジの「貴方が一旦その心の傷を理解したならば、その傷は消えてしまう」という言葉も権威となります。つまり、私は或る状態を期待し、その状態に向かうように企てます。不断の心の傷の観察という罠に囚われたくないからです。しかし、意識には他の要素もあります。不断に心の傷を観察する代わりに、或る人の言葉を聞くのです。「一旦心の傷を観察者なしに見ることができれば、真に理解したならば、心の傷はすべて解消する」。このようにして権威を創り出すのです。

K　ああ、了解した。

PJ　それこそまさに私の言及していたことです。

SP　私はその状態を知りません。でも、その過程で権威を創り出すのです。その人が、この不断の観察過程から自由になれる状態を指示してくれそうに思われるからです。

K　私は心の傷を観察し、その傷のすべて、いかに傷が生じるか、等々を見つめる。傷のすべての過程に気づいている。その時、Kの教えを聞く、「一旦心の傷を完全に全体として理解したならば、もはや傷はない。二度と傷つくことはない」と。

SP　それは私の意識の中に存在します。

K　待ち給え。それは彼が語ったことだ。貴方の意識の中に存在するのは何なのか？　言葉だろうか？

SP　彼が語る状態は、言葉を絶したものです。Kが語る時、その状態は言葉を超えており、名状し難いものに見えるのです。

K　私は傷ついている、傷ついていることを知っている。そして貴方の言葉を傾聴することにより、その一連の流れ全体、引き籠り、孤立、暴力といったすべてを知るに至る。貴方が私に指摘したゆえに、知るに至るのだろうか？

SP　いいえ。

K　或いは貴方の指摘に関わりなく、知るに至るのだろうか？

SP　はい、明らかに。事実は、貴方の言葉を傾聴することを通して、貴方が私の人生に入って来られたということです。

K　否、否。慎重に聴き給え。私はその全体を理解している。それは貴方が指摘し、私も「神かけて、そうです」と応じたからなのか、それともその指摘に関わりなく、それを知ったのだろうか？

SP　指摘に関わりなく、知ったのです。

K　そこで問いが起こる。「一旦完全に、全的にそれを理解すれば、心の傷や痛みはすべて解消する」と、Kは説く。その時、権威はどこにあるのか？

SP　権威はあります。それは私が得たい境地だからです。

K　では、その境地、野望でもあり、願望でもあるその境地を吟味することだ。

SP　二つの動きがあります。一つは、人はこの方向への絶えざる動きの罠に囚われることを心から望まないこと、他方は自由を措定することです。

K　ええ。

PJ　それが私の本来の疑問です。ここで取り上げたい二つの事柄があります。一つは、師の使われる「ホリスティック」という言葉です。それを論じてみたいのですが……。

K　宜しい、論じてみ給え。

PJ　それに関連して、師の「保持することができるか？」という言葉も。

K　「……痛みを保持し、それと共に留まることができるか？」

PJ　保持し、それと共に留まる。

K　それが「ホリスティック」ということだ。

PJ　では、それを論じましょう。この「保持する」とは何を意味するのか、を。

K　宜しい。私は傷ついている。なぜ傷ついたかも分かっている。傷つくイメージ、その痛みの結果である逃避、暴力、委縮、恐怖、孤独、隔離等、その隔離から生じる不安、恐怖の類《たぐい》にも気づいている。いかに気づくのか？　貴方が私に指摘したから気づいたのか、或いは指摘に関わりなく、気づいたのか？　私は、それを理解し、貴方に即し、貴方と共に動く。そこには権威は生じない。私は貴方と共に動き、貴方の言葉と一体である。これが入口となる。

SP　ある程度まで動きが……。

K　私は貴方と共に動いている。

PYD　そこで、貴方の言葉は指示者になります。

K　否。指示者は存在しない。

SP　自分自身を観察する限り、関係が生じます。

K　関係が生じる時、問いが起こる。「いかにそれを為すべきか？」という問いだ。貴方の指摘――心の傷、傷ついているイメージ、逃避や暴力――に正しく即することができれば、貴方と共に動いていることになる。それは、恰もオーケストラ、いわば言葉のオーケストラ、情感のオーケストラ、観察のオーケストラであり、すべてが動いている。私が貴方と共に動いている限り、障壁もなく、矛盾もなく、「更に今以上欲しい」もない。その時、貴方は「一旦これを全体として理解したならば、すべて解決する」と告げる。そして私は貴方に即している！

SP　それは起こりませんでしたし、今も起こっていません。

K　なぜかを告げよう。貴方は聴いてこなかったからだ。

SP　二十年もの間、私が聴いてこなかったと仰るのですか？

K　年月は問題ではない。理解は一日でも足りる。貴方は聴いてこなかった。聴いているのは言葉と反応に過ぎない。自分を持ち運び、彼と共に動いてはいない。

ラーダ・バーニア（RB）　その傾聴することとホリスティックな見方には違いがありますか？

K　ない。貴方が、解釈や分析、比較の念なく、傾聴することができれば……。

RB　……期待の念なく。

K　然り、ただ聴くこと！　その時、私は貴方に即している。恰も二つの河が共に流れているように、否、一つの河だ。だが、残念ながら、私はそのようには聴かない。「ホリスティックに見ることができれば……すべては解決する」という彼の言葉を聞いて、その境涯を獲得したくなる。それを渇望するがゆえに、既に彼の先に立っている。

RB　では、何であれ、それといかに留まるかという問いは、誤った問いなのでしょうか？

K　私はそれと共に留まり続ける。

RB　はい、でもその問い自体は、共に留まることから離れた動きではありませんか？

K　無論、然り。

SP　そのことをどのように説明されるのですか？

PJ　私はそれを問いたいのです。深い悲しみの状態、深い悲しみの感情があり、いかなる動きによっても解消されない悲しみを見つめる観察があります。危機の至るや凄まじいエネルギーの興隆があり、意識をも巻き込みます。唯一為すべき行為は、そこから離脱することを拒否すること。これは正しいでしょうか？

RB　そこから離脱するあらゆる動きをただ見つめることができるだけであり、「いかにそれと共に留まるか？」とは尋ねないことでしょうか？

PJ　その状態とは？　何が実際に起こるのですか？

K　どこに？

PJ　恐怖か悲しみの状態を取り上げてみたいと思います。

K　何か一つを。

PJ　悲しみが起こり、人を満たす。これが深い悲しみの様相です。それに対して――師の言葉を使わせて頂きますが――消失することなく花開くには、どうすればよいのでしょうか？

K　もし悲しみが真に貴方を満たすならば、悲しみが貴方の全存在を満たすならば、それは、貴方の全存在が悲しみという途轍もないエネルギーに満たされることを意味する。逃避もなく、諸々の間隙もなく。

PJ　観察があれば、逃避はない、ということでしょうか？

K　待ち給え。彼は語る、「悲しみがある時、その悲しみは途方もないエネルギーと共に貴方の全存在を満たす」と。だが、いかなる要因、いかなる方向であろうと、一旦逸れたならば、このエネルギーの消尽に繋がる。さて、今貴方は悲しみというあのエネルギーに満たされているだろうか、それとも貴方の中の抜け穴から漏れているのだろうか？

RB　常に抜け穴があるように思います。何よりも自分の存在を何かに満たされる恐怖があるからです。

K　そこが核心だ。それゆえ、それが貴方の存在を満たすことはない。

RB　はい。

K　それが事実だ。それゆえ、悲しみではなく、恐怖、例えば未来への恐怖等を探る必要がある。恐怖の中に入るのだ。悲しみは忘れ、恐怖に参入するのだ。

PYD　悲しみ、心の傷、嫉妬、怒り等、何であれ、ホリスティックという含みがあるのではないでしょうか？

K　否！

PYD　師の「心の傷」という言葉は、傷そのものがホリスティックということを意味しているのではないでしょうか？

K　そうではない。「ホリスティック（holistic）」という言葉の意味を知るべきだ。「全体（whole）」

という言葉は、「健全（healthy）」、物理的な健全を意味する。即ち、「健全性（sanity）」、精神的、心理的な健全性を意味し、そこから「神聖なる（holy）」という語が生まれる。これらすべてが、「全体（whole）」という語に含まれているのだ。

PYD　初めて明瞭になりました。

K　さて、貴方が十分健全であれば、たとえ病んだとしても、それは健全な病だ。知情意すべてが極めて健全、全き健全さだ。いかなる遺漏もなく、いかなる神経症的活動もない。そうなれば、すべてがホリスティックな取り組みと言える。遺漏や異常症状、或いは脳内に信念のようなものがあれば、ホリスティックとは言えない。ゆえに、神経症的なものを追求し、それを一掃することだ。「ホリスティック」を語ってはいけない。ホリスティックなものは、健全、健康等が存在する時にのみ成立するのだ。

SP　ここでジレンマが生じます。「断片を探究せよ」と師は仰る。しかし、その断片をホリスティックに見なければ……。

K　「ホリスティック」という言葉に囚われる必要はない。

SP　では、どのように断片を観察するのですか？　全体はどこにあるのですか？　何か別のやり方が？

K　否。

SP　その時、どのようなことが起こるのでしょうか？

K　それを今議論している。
SP　何から始めますか？
K　それを今述べよう。私は「ホリスティック」に関する戯言《たわごと》は知らない。言葉の意味、その能書き、その伝えたいことは分かる。だが、それは私の領分ではない。
SP　「ホリスティック」は事実ではない、と。
K　事実ではない。事実は、私が断片的だということ。私は、自身の中の断片として働き、生活し、行動する。他のことは知らない、ゆえに、それを取り上げ、取り組む必要があるのだ。
FW　そこで、最初の問いです。今の議論はさておき、貴方の言葉の意味は何か、という問いです。例えば、日々の生活の中で傷ついた時に、貴方の「決して傷つかない」という言葉を思い出すことに、どんな意味があるのでしょうか？
K　私は傷ついている。これが私の知るすべてであり、事実だ。私が傷つくのは、自分自身に対するイメージを持つからだ。自らそのイメージを見出したのか、或いはKが私に「イメージが心の傷だ」と告げたからか？　自ら発見することが極めて肝要だ。言葉がイメージを創り出したのか、或いはイメージが存在することに気づいているのか？
SP　イメージが存在することは分かります。
K　結構。イメージが存在するのならば、イメージに直《じか》に関わるべきだ。いかにイメージから免れるか、或いはいかにイメージを全体的に見るか、ではなく。私は何も知らないのだ。

SP　「イメージを見ること」には、「ホリスティック」という概念が含まれるように思いますが。

K　否、私は概念など関知しない。分かるのは、「私はイメージを持っている」という事実だけ。私は、事実、即ち〈ありのまま〉以外に関わるつもりはない。断片化した私にとって、ホリスティックなど、夢のまた夢だ。

SP　明瞭になりました。そこで、いかにそれをホリスティックに、全体的に見るか、という問いが起こります。

PJ　「全体的」という言葉は、師が使われた言葉です。

K　無論。だが、その言葉を一蹴し、放擲《ほうてき》し給え。

SP　そうなれば、何の問題もありません。或る心の痛みの症候を観察する、観察し続け、明らかになる。この過程は更に続く。もはや彼の言葉を……。

K　彼の言葉を必要とはしない……。

SP　そのレベルで観察できれば……。意識に昇るすべて、意識の観察、そして沈降――この過程は、私たちに親しいものです。

PYD　にも拘らず、彼の言葉を傾聴する時、或ることが起こります。傾聴する度に、自分がそこに居ないことに気づくのです。

AP　だから、この議論も権威という重大事から始まったのです。権威に関するこの議論の核心は、我々が権威を創り出し、その権威はいかなる認識にとっても障害になる、という点にあります。

K　然り。明々白々だ。

PYD　何かが欠けているのです。

K　ここで、極めて面白い問題が起こる。学習しているのか、それとも洞察しているのか、という問題だ。学習には権威が欠かせない。［笑い］

アシット・チャンドマル（AC）　師よ、またこの問題に帰ってきたようです。

K　まさに然り。貴方は学習し、その学習に基づき行動しているのではないだろうか？　自覚があるかどうかは知らない。私は学習し、それに基づき行動する。私は数学や工学等を学び、その知識に基づき、エンジニア等になり、行動する。或いは社会に出て、行動し、学習する。いずれも知識の蓄積であり、その知識に基づく行動だ。ゆえに知識は権威となる。「私は知っている、エンジニアだからだ」という風に。

SP　一方では、学習は束の間の自由を与えてくれる、とは言えませんか？

K　何を？

SP　観察という行動は、暫時の自由を与えてくれる、ということです。

K　否。あり得ない。貴方は私の語ることを聴いているのではなく、自分の考えを聴いているに過ぎないのではないか。

SP　学習の意味を拡張してみたのです。

K　否、それは貴方の考えだ。私は諸君に伝えたいことがある、だから注意深く聴いて欲しい、自分の考えは脇に置いて。我々は「学習とは何か？」という問いを発した。知識を蓄積し、行動する、或いは外に出て行動し、学習する。いずれも知識に基づいた行動だ。ゆえに知識は権威となる――医師であれ、科学者であれ、建築家であれ、誰でも。グル（霊的師）は言う、「私は知っている」と。それが彼の権威なのだ。その時、誰かが傍に来て、「見よ、知識に基づく行動は牢獄だ。そこで君が自由になることは決してない。知識による進歩などはないのだ」と告げる。ブロノフスキー流の類ならば、人間は知識を通してのみ進歩する、とでも言うかもしれない。知識とは機械的ということを意味する。その時、Kのような人間が傍に来て「違った風に見るのだ。洞察を以て行動を見よ。知識を蓄積して行動するのではなく、洞察し、行動せよ」と語る。そこに権威はない。

PJ　師は今「洞察」という言葉を使われました。この言葉の真の意味は何でしょうか？

K　「内を見る」こと、何かを「即座に」把握すること。この人は言う、「注意深く聴き給え」と。「貴方は聴いていない」、これが私の指摘だ。貴方は行動する、或いは学習した後に行動する。即ち、そこには情報や知識の蓄積があり、その知識――技術的なものであれ、一般的なものであれ――に基づいた行動があるということだ。それが学習であり、知識の蓄積であり、それに基づく行動なのだ。或いは、外に出て、行動し、学習する。その学習とは他人と同じものだが。いずれも知識に基づく行動だ。ゆえに知識は権威となり、権威のある処、抑圧その他が派生する。そこで彼は言う、「このプロセスを通しては、どこであれ、決して進歩できない。機械的だからだ」と。このプロセス全体が機械的な動きだと気づくことができるだろうか？　もし気づくことができれば、それが洞察だ。それゆえ、知識から行動するのではなく、知識や権威の全体像を見ることができれば、その行動も全く異なったものとなる。

例えば、ジェット機関を発明した者は、ピストンのあらゆる動き、内燃機関等のすべてを把握している筈だ。そして彼はこう言う、「無論、私はそれをよく知っている。だが、それは問題ではない。それよりも何か生の縁《ふち》に立っている気がしてならない。専門のことは熟知しているが、何かを求めて已まないのだ」と。貴方がたは、そうではない、それに執《とら》われ、「それからいかに逃れるか？」と尋ねる。さて、我々はどこに居るのだろうか？　自己知とKの言葉が共に働くのであれば、事は終わる。一歩前に進むことができるのだ。

PJ　Kの言葉と共に動くということが必要なのでしょうか？　或いは、啓示は言葉の動きとは別に実現されるのでしょうか？

K　宜しい。Kは語る、「自分自身の光となれ」と。彼は権威になるつもりはないということだ。Kは言う、「誰も貴方をそこに連れていくことはできず、貴方もそれを招き寄せることはできない」。また言う、「Kの言葉を今後百万年間絶えず聴き続けたとしても、それを得ることはない」と。竟《つい》に彼は語る、「自分自身の光となれ」と。そうすれば、事のすべてを徹見できる。［沈黙］

ご存知の通り、自己を知ることは最難事の一つだ。自分自身を見る時、自身を観察する過程で、既に見たことに関する結論に行き着いてしまうからだ。そして次の観察も、その結論に基づいて為される。結局、ありのままの現実を見ることなど決してない。私は、過去の結論を通して見ているのだ。

そうではなく、例えば怒りならば、判断を伴わずに現実のありのままを観察しなければならない。正邪、善悪といった結論を抱いてはいけない。結論などないのだ。だが、次の瞬間には、また結論が頭をもたげる。結論なき瞬間に、ホリスティックに見ることが可能となるのである。

PYD　そこにはエネルギーが伴います。

K　然り。いかなる結論も抱かず、怒りを観察する。諸君に可能だろうか？　判断や合理化、非難や比較、或いは「はい、私は嘗《かつ》て怒っていたことを思い出しました」といった承認、かかるものすべてを拒否することだ。「怒り」という符牒を貼らないことだ。やってみ給え！

PYD　このエネルギーの発電は高ボルトですか、低ボルトですか？

K　否、高いも低いもない。私は怒っている。判断や言葉、弁明を伴わずに、その怒りを観察することが可能だろうか？　彼を傾聴しているだろうか、或いは「ええ、それを見てみよう」と応えるだろうか？　いかなる判断や言葉を介さずに見ることができるだろうか？　言葉を介さずに怒りという感情を見つめることができるだろうか？　言葉とは過去の物事の記憶であり、過去の干渉なのだ。そこで、いかなる判断、いかなる結論も持たずに、見ることが可能だろうか？　それらすべてが結論なのだ。

PYD　解りました。

K　いや、貴方は解っていない。

PYD　エネルギーの問題が残ります。エネルギーを招く訳にはいかず、ただ来て去って行くだけです。

K　否。貴方のエネルギーは、結論によって消散してしまっている。結論を持たなければ、観察するのに必要なエネルギーは十分に与えられている。

質問者1（Q1） 時々なら貴方が望むようなやり方で怒りを見つめることができるのですが。

K ああ、私が望むやり方などない。ただ観察できるか……？

Q1 そのように見つめることは中々できないのです。

K 宜しい。私はそれを見つめることができない、時間がないからだ。今朝は時間がない、出社しなければならない。その問題は後で取り上げよう。私は怒っていた、今それを見ようとしている。私はそれをいかなる結論も介さず、観察することができる。結論とは過去であり、観察者だ。その観察者なしに見ることができるだろうか？ 即ち、「自己を知る」とは、自分自身を知ることではなく、思考のすべての動きを観察し、知ることである。自己とは思考であり、イメージ、Kというイメージ、私というイメージ、あらゆる類のイメージなのだ。ゆえに、思考のすべての動きを観察するのだ。一思念と雖も、ありのままの姿を見過ごしてはならない。やってみることだ。何かが起こるだろう。諸君が昨夜話していたように、それは「脳に筋肉」を与えてくれるかもしれない。［笑い］

Q1 換言すれば、観察者は見るのに十分な強さを備えていなければならないということでしょうか？

K 否。君は、君の古いシステムに回帰したようだ。まさしく君は全身伝統まみれだ！ それは強さを云々する問題ではない。強さとは臆病のことかもしれない。だから、観るのだ。関心があれば、観ることができる。関心がなければ、強いてはいけない。ロシア語に興味があれば、学び、終日関心を寄せることもできるだろう、興味があるのだから。だが、自分に無理強いしたならば……。

SP　一思念と雖も、自我の本質がありますか?

K　然り。敢えて「然り」と言おう。思考とは恐怖、思考とは快楽、思考とは悲しみ、だが、決して愛ではない、慈悲心ではない。思考が創り上げたイメージが「私（me）」だ。「私」とはイメージなのだ。「私」とイメージの間には何の差異もない。イメージが「私」なのだ。さて、今や私はそのイメージを観なければならない。「私」というイメージ、「私はニルヴァーナに到達しなければならない」、その他恐るべき混乱そのもののイメージを観察すれば、「私は途方もなく貪欲だ」ということが分かる。それに尽きる。金銭を求める代わりに他のものを求める、それが貪欲だ。そこで、貪欲を吟味する。私はなぜ貪欲なのか?　貪欲とは何か?　貪欲とは「もっと」ということだ。私は〈ありのまま〉を変えたい——より偉大なものに、〈ありのまま〉の現実をより偉大な何かに変えたい、ということだ。それが貪欲なのだ。

そこで私は問う、「私はなぜ今それをしているのか?　なぜもっと欲しいのか?　それは伝統なのか、或いは習慣なのか、或いは脳の機械的反応なのか?」と。私はそれを発見したい。一瞥で解ることもあれば、徐々に解ることもある。一瞥で解るのは、何の動機もない時だ。動機は、物事を歪曲する要素だ。私は君を愛する、君がセックスを与えてくれるからだ。私は君を愛する、君が金銭を与えてくれるからだ。私は君を愛する、君から何か、天国かもしれないし、つまらぬものかもしれないが、とにかく何かが欲しいからだ。

私は自分自身を知りたい、心底知りたい。自分自身を知ることは最も興味深いことだ。なぜなら自分自身が宇宙——理論的な宇宙ではなく、宇宙そのものだからだ。私は自分自身を知りたい。自分自身を知らなければ、何を言おうと無意味であり、腐敗することは明らかだからだ。言葉だけではなく、心底解っている。知らなければ、すべてが腐敗する。私のすべての行動は腐敗に至る、ということだ。私は腐敗した人生を送りたくはない、ゆえに、修行のようなものに頼らず、自分自身を知らなければならないのである。

自分自身を知るために、私は観察する。私の君との関係、私の妻或いは夫との関係を観察しなければならない。その観察の中で、諸関係に反映する自分自身を知ることができる。私は貪欲だ。セックスを求め、快適を求めるがゆえに彼女を求める。彼女は子供の世話をしてくれ、料理もしてくれる、だから私は彼女なしでは生きられない。かくして、彼女との関係の中で、快楽欲、執着欲、快適欲等、あらゆる欲望を発見する。自分とはそういう存在なのだ。さて、これらすべてを、過去や結論を介在させることなく、観察できるだろうか？　かくも自己観察ということは貴重なものなのだ。かくして、「自分自身の光となれ」という言葉を聴いた瞬間に、権威はないことに気づくだろう——『ギータ』の権威、グルの権威、アシュラムの権威、その他ありとあらゆる権威が雲散霧消していることに。

真に興味深い問いがある。私が自分自身の光であれば、私の政治的、経済的、社会的な関係性はどうなるのか、という問いだ。貴方がたはこのような問いは発しない。例えば、私はカーター氏かフォード氏に投票しなければならない、そして私は自分自身の光である。さあ、どうするか？　私はロシアに住んでいる、極めて専制的な世界だ。そして私は自分自身の光だ。ゆえに明らかだ、権威もなく、ガイドも存在しない。さて、専制――グルの専制、アシュラムの専制、その他あらゆる専制に対して、私はいかなる行動を採るべきか？　君はいかに行動するべきか？　「自分自身の光になる」とは「ホリスティックに生きる」ということに他ならない。ホリスティックならざるものはすべて腐敗する。ゆえに、全人的《ホリスティック》な人間は腐敗には無縁の存在なのである。

第二章　無知の起源と終焉

無知に終止符を打つことは可能か？
そしてこの無知とは意識に他ならないのだ。

一九七三年一月十七日　ボンベイ

ププル・ジャヤカール（ＰＪ）　クリシュナジ、今日は意識の問題とその脳細胞との関係について議論したいのですが……。師は、意識と脳細胞を同義語として扱っておられるように感じます。この両者は同じものなのですか、それとも両者を分かつ何か特徴があるのでしょうか？

クリシュナムルティ（Ｋ）　貴方の問いは「脳細胞と意識の間には、いかなる関係があるのか？　両者は同じものなのか、それとも異なったものなのか？」ということだろうか？

ＰＪ　また、師は両者を同義語と考えているとも仰いました。

Ｋ　同義語、然り。

PJ 「意識（consciousness）」という語の伝統的な意味は、師のそれとは大きな差異があります。伝統では「意識は限界の地平線を超えたもの」という含みがあります。

K ああ、彼らはそのように使っているのか？

PJ 彼らはそのように語りました。この問題は、語義的な問題も含め、これから論じたいと思います。

モーリス・フリードマン（MF） 脳とは細胞の塊、細胞の森に過ぎず、各細胞は完全に独立しています。すべての脳細胞は独立して生きていけるのです。そこで、我々の意識というものは、様々な細胞意識の総体なのか、それとも何か付加的要素が加わるのか、或いは単に合成されたものなのでしょうか？

K 要点を。

MF これが一つの問題。二番目は、どちらが最初で、どちらが派生かという問題。意識が最初で、脳が二番目なのか、脳が最初で、その後に意識が来るのか、という問題です。

K それは同じことだ。

MF 今、純粋に論理的な観点からは、意識が最初と言えます。なぜなら、我々は脳について意識としてのみ語ることができるからです。よって、最初の要素は意識と言えます。

K 君の意識という語が何を意味しているのか、聞いてよいだろうか？ 正しい出発点から始めよう。その語は何を意味しているのだろうか？

MF 現前するもの。

PJ それは極めて限られており、その意味は先程検討した通りです。

K　慎重に進めよう。意識とは何か、何を意識するのか？

MF　共に「私」と表象を指しています。

K　我々がお互いにこの語の意味を共有しているか、明確にしたい。例えば、あのマイクロフォンには気づいて（conscious）いる。

MF　貴方の話された例は、あまりに人生の瑣末事のような気がします。

K　では、貴方にとって意識とは何か？

MF　（マイクロフォンを指しながら）貴方はこれに気づいておられる。

K　然り、それを意味している。

MF　貴方は、いかなるマイクロフォンにも気づくという訳ではない。

K　無論。私はあれに気づき、「マイクロフォン」という言葉を使っている。

MF　それは既に認識後のことではないでしょうか？

K　無論、そうだ。先ずそれに気づく意識だけがあり、その後に命名が始まり、次に好悪の判断が現れる。

MF　先ず知覚があり、その後に命名が来ます。

K　「意識（consciousness）」とは「気づいている（conscious）」ことを意味する。

MF　貴方の感情に気づいている、という風に。

K　即ち、意識とは、接触、知覚、感覚、そして思念を「知覚している」「気づいている」ことを意味する。

アチュット・パトワルダン（ＡＰ）　私には意識が感覚に優先するように感じます。それは場であり、感覚を通してその場の一部に気づく訳ですが、場自体は遥かに広大です。私は意識するに際し、極めて広大な物事のごく一部に気づいていると感じます。その全領域は私の知覚には入ってきません。そこで、私としては、意識を私の知覚に応じた範囲に限定したくはないのです。私の知覚もまた定まったものではないからです。知覚は変化しますが、ただいかなる瞬間にも全領域に及ぶことはないと思います。意識は私の知覚範囲を超えているように感じます。

Ｋ　解った。そこで「意識と脳細胞の関係や如何《いかん》？」という問いが起こる。ププルは「意識」という言葉を使ったが……。

ＭＦ　性急に形而上学的議論に入る前に、先ず彼女の言う「意識」という言葉の意味をどう定義するのか聞く必要があると思います。

Ｋ　吟味してみよう。

ＰＪ　私の定義など問題ではありません。クリシュナジは「意識の中身が意識だ」と仰いました。それは脳細胞の中身は意識だという意味のようです。脳細胞以外にそういった領域がないからです。もし脳細胞以外に何か領域があったとしても、それも「意識」と呼ばれるのではないでしょうか？　師は更に探究を深め、こう仰るのでは……。

Ｋ　そのすべてが意識だと……。

PJ　「そのすべてが意識だ」。それでは、「意識の中身が意識だ」とは言えないのでは……。

K　ここで少し立ち止まり、確認したい。私は「意識の中身が意識だ」と言ったが、この点は明らかだろうか?

MF　それが我々が意識に関して知るすべてです。

AP　「意識の中身が意識だ」という言葉は、知覚には直接関わらない言葉ではないでしょうか?この言葉は、意識に関する定言であり、君の意識、私の意識、彼の意識ではありません。ゆえに意識の中身が意識なのです。

K　然り。ゆえに意識の領域外には何の内容物もない。

PJ　「意識の領域外」という言葉を発した瞬間、何か或る状態が存在することを……。

K　或いは存在しない……。

MF　約言すると「意識の一部は未知なのか?」という問題になりませんか?

K　然り、その通り。単純なことだ。中身である意識の一部は未知なのか?

PJ　それが私の論じたかったことです。クリシュナジは「意識」という言葉を独自の感覚で使われます。私の理解する限りですが、クリシュナムルティの立場とヴェーダンタ派の立場には大きな差異があります。伝統的見解では、意識はいかなる存在にも増して始原に存在するものとされています。

K　否、否、断じて否。

AP　私の理解では、伝統的立場はそのようです。

PJ　仏教徒の伝統は異なります。
AP　そうですが、先ずヴェーダンタ派の立場を取り上げるべきだと思います。
K　では、ヴェーダンタ派の立場を説明してくれ給え。私は知らないのだ。
AP　基本的に存在の根源は、莫大で把捉し難いエネルギーであり、彼らはそのエネルギーを〈チャイタニヤ〉と呼びます。〈チャイタニヤ〉はエネルギーの源泉でもあります。〈チット〉は生命、生命力。これがヴェーダンタ派の立場です。仏教徒には、この件に関する発言はありません。
K　よく解った。
AP　仏教徒はこの件について語ることを拒否しています。意識について語ることは、推論に過ぎず、推論は真の知覚に至る道ではない、ということです。
K　それゆえ意識の中身とは推論の一部なのだ。
AP　仏教徒は、省察をありのままの現実にのみ限るべきだ、と言っています。
K　この件は、これでよいかな? 昨日話したように、無知には起源はないが、終焉はある。無知の起源を求めることは無駄なことだ。
AP　その通りです。本当に素晴らしいご指摘です。
K　だが、無知をいかに終わらせるか、を見出さなければならない。これが重要な点だ。そこに注力してみたい。
AP　実に素晴らしい。我々は早速何かを得たようです。

K　結構、よい指摘だ。
MF　仏教徒によれば、概して意識というようなものはないが、意識の状態、意識の原子的状態というものはある、ということです。
K　ええ。
MF　そして、この状態の継続が意識の根になる、ということです。
K　さて、では始めよう。無知には起源はないが、終わらせることはできる。無知の起源を探査するような愚は犯さないように。所詮推測であり、時間の浪費だ。さて、無知を終わらせることは可能だろうか？　そしてこの無知とは意識に他ならない。
AP　その「意識は無知だ」という見解は、初めのもの程明らかではなく、吟味する必要があると思います。
K　否、否。
AP　我々が語ることは、完全に事実に基づくべきです。
MF　それは、まさにアドヴァイタ（不二一元論）派の説と同じです。
K　私はアドヴァイタ派の説を知らない。
MF　彼らの説は、今貴方が仰ったことと同じです。意識に他ならないその無知は虚空にあり、見たり、聞いたり、触ったり、嗅いだり、感じたりすることにより、その意識は我々の知覚の姿で常に現前にある、というものです。

K　否。

AP　私の理解では、アドヴァイタ派の見解は多少違います。先程無知との関連で挙げられた始原の要素は、〈チット〉と〈アーナンダ〉から成っている。つまり貴方が未知なるものと呼ばれた始原の要素は、至福の性質を有し、恒《つね》に自らを新生させる。それは流出だが、恒に存在へと向かう流出であり、誕生、成長、衰退といったすべての過程がその中にある。それは流出だが、恒に存在へと向かう流出であり、誕生、成長、衰退といったすべての過程がその中にある。そこから宇宙が誕生し、万物が生まれるその本質は、他ならぬここにある。彼らの説は以上のようなものです。その説を知らなければ、それを無知と呼ぶことも可能でしょう。が、それは無知ではない、それから世界が誕生する訳ではないからです。彼らの説によれば、世界は、その本質が実在である〈サット〉、創造性である〈チット〉、そして恍惚たる至福を意味する〈アーナンダ〉から誕生する。意味論的な違いがあるようです。以上、二つの流派の見解を紹介しました。

K　その説は分かった。

AP　仏教徒の見解を受け容れられない人は、貴方の仰ることもすぐには受け容れられないでしょう。

PJ　意識に関して、それとも他の件のことでしょうか?

AP　無知の自続的過程は、その起源を辿ることはできないが、終止符を打つことはできる、ということです。

K　その通り。

AP　私は二つの立場を紹介しましたが、それが相矛盾する見解だとは言えません。伝統による二つの異なった見解があるということを指摘したに過ぎないのです。

K　さて、伝統学派のアドヴァイタもヴェーダンタも知らない我々は、単純にこう言うことができる、「無知には始まりはないが、終わらせることはできる」と。自身を探れば分かることだ。これで終了。意識はその領域内にあるのだ。

PJ　もし意識が領域内にあるとすれば、それに関する記憶を含む脳細胞外に何か存在するのですか？

K　然り。

PJ　科学者の見解では、脳細胞とその運動は測定できるが、意識は測定できない、ということです。従って、脳細胞と意識は同義ではないということになります。

K　ええ。

PJ　科学的立場ではないかもしれませんが、そのように聞きました。

K　つまり、意識は測定可能……。

AP　脳細胞とその運動は測定可能ですが、意識は測定不能です。

K　意味は了解した。

AP　世界最大の電波望遠鏡を使えば、その器具の範囲に応じて広大な宇宙を観察できます。でも、より大きい器具を使えば、より広い範囲を見ることができるのも明らかです。つまり、測定するに当たり、その測定結果は測定する器具によって左右される、ということです。

K　全くその通り。

AP　その意味では、これは相対的な問題と言えます。

K　明らかに。

AP　その意味では、意識も……。

K　測定可能……。

AP　測定不能。電波望遠鏡は宇宙の測定を提供しますが、正確には宇宙の測定ではない、実は望遠鏡という器具の測定に他ならないのです。同様に、意識も測定の可否が断定できないようなものなのでしょうか？　この場合の測定器とは、自ら測定する自分自身の知覚器官です。意識についても、得られる測定器具としては、自身の知覚器官による測定だけだとしか言えないようです。それゆえ、それが意識の測定とは言えないと思います。

K　結構。では、意識は測定できない。電波望遠鏡もその性能に応じて宇宙を開示する。もし意識を測定する器具があるとすれば、その測定は器具次第だ。ゆえに意識を測定できるとしても、結局大小を問わず、その器具に応じて測定される。これで終了。さて、次の質問は？

MF　次の質問は、それがいかに起こるか、ということです。脳内に冷気を挿入すれば、根源的に意識を変えられます。或いは電気刺激でも同様です。

K　根源的な変化ではない。パターンは変わるが、依然として既知の領域だ。

MF　どのようにしてそうだと分かるのですか？

K　常に既知の領域での出来事だ。
MF　しかし、それは以前はそこにはありませんでした。
K　少し待ち給え。ププルの問いに戻りたい。意識、その中身を含む意識の外部にも意識はあるのか？
そしてこの意識に関して不可測の状態はあるのか？
PJ　意識や脳細胞の場合、測定器具に該当するのは感覚です。意識の測定は五官によります。拡張された意識であっても同様です。でも何か別の状態が……。
K　何か知られざる状態……？
PJ　脳細胞内の何か認識されず、未知の、不可得の状態……？
K　まさしくその問題だ。分かるだろうか？
MF　はい、興味深い問題です。
K　興味深い？
MF　はい、貴方が「未知なるもの」と仰ったからです。
K　認識において知られざるもの。
MF　それは何か新しいものを意味するのでは。
K　全く新たなもの。
AP　私は今踊り場にいるようです。意識は民族的記憶や人類のすべての記憶の源泉でもありますが、これは中間点です。モーリスの指摘に答えたいと思います。彼によれば、脳細胞は、民族的記憶や人類の過去から発するあらゆるものを認識できる、ということです。

Ｋ　既知から、だ。

ＰＪ　何百万年にも渡る既知。

ＡＰ　何百万年も前のことでも。脳は人類のジャングルでの原始時代の記憶さえも保存しているでしょう。

Ｋ　整理してみよう。既知が意識、既知の中身が意識だと我々は指摘した。その外部に未知なるもの、全く新しいものはあるのか？　それは既に脳細胞内に存在するのか？　そしてそれが既知なるものの外に存在するならば、それは認識できるのか、経験できるのか？　もし経験できるならば、それは未知なるものではなく、もし認識できるならば、それは依然として既知の領域に属する。

ＭＦ　それは手に入れることができますか？

Ｋ　それは、認識と経験の動きが止まった時にのみ可能だ。ププルの質問は、「それは既知の中にあるのか、それとも既知の外なのか？　既知外であれば、それは脳細胞内のことなのか？」ということだが、もしそれが脳細胞内であれば、それは既に既知に属する。脳細胞には何ら新しいものはないからだ。

ＰＪ　このように言い換えてはいかがでしょうか？　私たち人間は他に器具を持たないゆえに、それは脳細胞内にあるのでは……？

Ｋ　測定し、経験し、感じるための道具？　それは極めて危険な代物だ。それが脳細胞内にあると言う時、それは伝統であり、父祖の父祖のまた父祖の……。

PJ　その問題は追求すべき問題だと思います。

K　それは脳の深奥にあるのかもしれない。だが、私にとっては、そのすべてが既知に属するものだ。

MF　潜在的既知もそうなのかもしれません。

K　無論、然り。

MF　すると知られ得るものすべてが既知なのですね。

K　然り。元来脳細胞内のことだ。

MF　潜在意識も脳細胞内であれば、それ自体で一宇宙になります。

K　然り。

MF　それは手に入れることができるのですね。

K　それはある、存在する。宝を得るには深く掘らなければならない。

MF　貴方は問いを出されました、「脳の外部にも何か存在するのか？」と。

K　それに尽きるが、単純に考えることだ。私は「ある」と言いたい。

MF　何を根拠にそのように言われるのですか？

K　認識、経験といったすべての動きは、常に既知の領域内のことだ。思考としての脳細胞の働きは、既知から離れようとしようが、他の領域を調べようとしようが、すべて依然として既知に属する。

MF　何か違うものがあると、どのように知ることができるのですか？

K　知ることはできない。

MF　では、どのような根拠でそのような発言ができるのですか？

K　心が何ものも認識できない状態がある、ということだ。

MF　自らの空虚を持った空間。

K　否。それに名称を与えてはいけない、符牒を付してはいけないのだ。

MF　確認させて頂きたいのですが、心が認識できない状態がある、ということですね。

K　既知の動きである認識や経験が完全に消滅する状態がある。それを先ず伝えたい。

PJ　その状態は、死の状態とどのように異なっているのですか？　死もすべての機能が停止しますが……。

AP　そう、認識機能も。

K　認識機能、経験機能も。

PJ　異なった性質のものなのでしょうか？

K　「死」という言葉を使う以上、その本質を探らなければならない。死とは、器官も脳細胞も停止し、血流も止まり、すべてが崩壊することだ。一方、それは全く異なる状態だ。

PJ　分かりました。少し違った風に言いますと、師が「すべての認識機能が停止し、しかも生きている状態」と言う時、それは現存感、存在感といったものが……。

K　否、「現存（existence）」や「存在（being）」といった言葉は相応しくない。

AP　では、その状態は深い眠りとどのように違うのですか？

K　深い眠りとは？

AP　「深い眠り」で私が意味するのは、認識や記録といった機能、つまり経験そのものが当面全面休止になることです。

K　休止（abeyance）？　否、全く異なるものだと思う。

PJ　その状態の時には、感覚はどうなるのですか？

K　感覚は休止状態だ。

PJ　感覚は機能していないのですね？

K　その状態で、自分自身を掻くとしよう。蚊の群れがやって来て私を刺せば、私は自分自身を掻くだろう。だが、それは感覚の反応に過ぎず、それに影響することはない。

MF　影響しない？　でも、掻いているという知覚は、その中で機能しているのではないのですか？

K　それは自然なことではないだろうか？　だが、その中で機能している訳ではない。

MF　しかも記録されない。

K　然り。

MF　では、知覚がないのでは？

K　否、否。極めて慎重に、注意深く進むことだ。既知のいかなる動きも――潜在、顕在を問わず――、すべての動きは既知の領域に属し、同時に意識の中身を意味する。それは経験し、認識し、要求し、渇望する。新しい何か、既知からの自由を渇望するのだ。さて、すべての動きが完全に停止した時にのみ——睡眠中との異同は不明だが——、他の存在が現れることができる。これには動機があるが、それには動機がない。精神は動機を通してはそれに至ることができない。動機とは既知なのだ。

精神は、無知を探究することは無意味だが、それをどう終わらせるかは知っている。これが重要だ。無知とは中身の一部、より多くの経験を求める要求の一部だ。それゆえ、動機や意志、志向等を含む意識的努力を伴わずに、それらが終焉を迎えれば、他の存在が姿を現すのである。新たに誕生するのではなく、その存在が可視となる、或いはそれは存在していた、と言ってもよい。

MF　もし個人的な質問をお許し頂ければ、貴方は我々に話し掛けているこの瞬間にも、その他の存在と接触しているのか、お尋ねしたいのですが……。

K　然り。

MF　では、貴方がその存在と接触しているとして、まさにその状況においても知覚はあるのですか？

K　接触ではない、「接触（contact）」という言葉は合わない。

MF　分かりました。その他の存在と共にある……。

K　否、それは存在する。

MF　結構です。それは存在する。では、その時に貴方はご自分の置かれたその状況に気づいていますか？

K　いかなる意味だろうか？

MF　貴方は、私たちがここに居り、その私たちに話し掛けていることに気づいているのでしょうか？

K　勿論、気づいている。当然、貴方のワイシャツが見えるし、服の色も分かる。

MF　このことと先程の貴方の発言――感覚等がない状態がある――との関係はどうなるのでしょうか？

K　それは全く異なった次元の話ではないだろうか？

MF　どこが異なるのでしょうか？　貴方にとって我々の存在より蚊の方が価値が劣るなどあり得ないでしょう。

K　否。私には色が見える。つまり、感覚も認識も働いているということだ。

MF　極めて正常に。

K　極めて正常に。同時に他のものは存在する。

MF　私の苦衷を察して下さい。「かのもの、他のものは、すべての知識を超越している」と語る同じ人間が、「今私はすべてに気づいている状態だ。すべてを認識し、進行していることに気づいている。だが、同時に知識を超えた何かにも気づいている」と語るのですから。

K　だが、決して二つの世界がある訳ではない。

MF　それは知識に浸透する。

K　否。

MF　知識はその一部なのでは？

Ｋ　否。

ＭＦ　それは知識の中で機能する。

Ｋ　慎重に進まなければならない。貴方の言いたいこと、聞きたいことは分かる。私はごく単純に述べたい。私には色彩が見えるし、感覚は正常に機能しているのだ。

ＡＰ　師の言葉を翻訳しようとしても、反って真の理解から遠ざかってしまうように思えます。即座に二元性が生じるからです。

Ｋ　然り。

ＡＰ　師が何かを語るや、同時に「これは知識への扉ではない」という言葉を加えられる。この扉を通過できないので、慎重に進まざるを得ません。師が何かを語られても、我々の心の動きがその会得を妨げます。私は、この点に関する話題の度に意思疎通の困難さがあることを指摘したいと思います。

Ｋ　他のものに関する意思疎通は不可能だと思っている。

ＭＦ　私は貴方に対して思想を求めている訳ではなく、私に話し掛け、同時に正常に振る舞う人間の心の意識を理解したいだけなのです。

Ｋ　貴方の思いは分かった。

ＭＦ　何の正当性、何の根拠を以て、何か別のものが存在すると仰るのですか？

Ｋ　では、告げよう。その根拠は、いかなる認識、経験、動機の動きもない状態があり、それは既知からの自由だ、ということだ。

MF　それは想起のない純粋な認識……。

K　否、否、断じて否。

MF　貴方がそのように言われたのですが……。

K　だが、貴方は誤訳している。この動きは当面終焉を迎える。これがすべてだ。

MF　認識機能も消え去ってしまう。

K　すべてが終焉を迎える。

MF　貴方はなぜ突然「当面（time being）」という言葉を使われたのですか？　その「当面」はどこから出て来るのですか？

K　私がなぜその言葉を使ったのか、と？

MF　貴方は、すべての認識機能は「当面」終焉を迎える、と発言されました。すべての機能が働く別の時間があるのですか？

K　では、最初から始めよう。精神、頭脳、これらは既知だ、すべて既知の領域で機能する。認識機能もそうだ。そして、精神、頭脳は動きを停止する。但し、時間の要素は既知に属する。

MF　今や貴方は静かな心を見ておられる。何を見ておられるのでしょうか？

K　私は自らの静かな心を見ることはない。自身の心が静寂など知る由もない。もし知ることができれば、それは静寂ではない。見る主体が現れ、「私は知っている」等、あらゆる戯言を弄するのだ。それゆえ真の静寂とは、認識なく、経験なきものなのだ。

MF　では、今この瞬間に私に語っている紳士とは一体誰なのですか？
K　単に貴方にそのことを言葉で伝えたいと願う存在に過ぎない。
MF　その人は静寂な心と共にあるのでしょうか？
K　語ろうと欲する時、既に静寂な心はない。
MF　静寂な心に出たり入ったりできる人は居ますか？
K　居ない。
MF　私の困惑をお察し下さい。
K　分かっている。だがよく見るのだ。それは出入りできるような何かではないのだ。既知そのものを理解した人にとって、それは存在する、——常に存在するとは言わないが。
MF　それは常に存在する……。
K　それは存在する。彼が意思疎通しようと、あれやこれや何を話そうが、それは決して離れない、決して去ることはない。それはただ存在する。
MF　貴方はなぜ「意思疎通する（communicate)」という言葉を使われるのですか？
K　今為されているのは意思疎通や対話ではないのかね？
MF　なぜそれに還元されるのですか？
K　私は還元などしていない。
MF　いいえ、していらっしゃる。誰が意思疎通しているのですか？　それが常に存在する状態があります。私は問いたいのです、誰が話し掛けているのか、まさに今私に語っているのは誰なのか、と。

K　まさに今？　脳細胞は言語知識を習得した。脳機能を通して意思疎通するのは、脳細胞に他ならない。

MF　理解できます。そして脳は自らの観察者を抱えています。

K　脳が観察者なのだ。

MF　脳は観察者であり、また操縦者でもあります。

K　観察者、操縦者、そしてその他諸々。

MF　つまり脳細胞外にあの状態がある。では、その状態と脳にはどのような関係があるのでしょうか？

K　恐らく関係はない。

MF　単にそれは予期することなくそれ自身で起こったと仰りたいのですか？

K　私は今試みている。言葉尻を捉えて「貴方はこう言った」などと言わないように。脳細胞は既知に満たされている。だが、脳は完全に不動となり、全く動きを停止することができる。

MF　既知の領域で脳は機能していると思いますが……。

K　待ち給え。精神、即ち脳が全き静寂に至った時、言語表現や意思疎通の働きは完全に停止する。脳が完全に静寂であれば、別のものが現れる。では、脳とその別のものとの関係はいかなるものか？

MF　私は脳とは組織片だと思っています。

Ｋ　組織片？

ＭＦ　決して……。

Ｋ　観念ではない。なぜこの質問を？

ＭＦ　そのように理解しているからです。

ＰＪ　私も敢えてお聞きします。なぜこの意識の状態、この状態が……？

Ｋ　それに名を与えてはいけない。

ＰＪ　なぜこの無知覚の状態が脳細胞と関係し、また何が脳細胞の反応に影響を与えるのでしょうか？

Ｋ　単純に考えることだ。

ＰＪ　彼の師への質問はこのようです。師は無知覚の状態で語る。つまり無知覚の状態が脳細胞を占有している訳です。これはどのように成立するのですか？

ＭＦ　師はまだ最初の質問に答えておられません。その状態と脳はどのような関係にあるのか？　脳はいかにその状態から影響を受け、その状態はいかに脳の影響を受けるのか？　それぞれが孤立して別々であれば、いかにして両者間に連絡があるのか？　単なる関与の関係なら解ります。だが、もしこの状態と脳との間に連絡があるのならば、共通の因子がある筈です。師はその共通の因子は静寂な心だと仰るかもしれません。私の理解は以上です。

Ｋ　それで宜しい。

MF　共通因子は静寂な心です。心が静寂になれば、それは脳と交流できるし、脳はそれに応えられます。脳は開かれ、敏感になります。今、そのように感じています。この理解は正しいでしょうか？

K　それで宜しい。

MF　さて、そこでププルの質問です。いかなる魔法、いかなる方法によって、その静寂な心の状態は、橋を架けるのか？　いかに頑丈な橋を架け、その橋を維持するのか？　我々皆がそれは去来するに過ぎないと主張するのに対し、橋は確かに存在すると、貴方は仰る。何が橋を造ったのですか？

K　「知らない」と言えば、どう答えるだろうか？

MF　貴方はそれを承継された。

K　否。

MF　過去生に由来するのではありませんか？

PJ　或いは幸運。

MF　或いはカルマか何か、或いは誰かからの贈り物。

K　私には分かっているつもりだ。これから明らかにしたい。幸運？　否。幸運、偶然起こった出来事……。

MF　幸運、選択、何とでも言えると思います。

AP　貴方に起こった出来事が、我々に起こるとは到底思えません。

K　「なぜそれは私に起こらないのか？」、そういうことだろうか？

PJ　そのために何か準備が必要でしょうか？
MF　クリシュナジ、衷心から申しますが、お詫びの言葉もありません。
K　構わない。問題ではない。
MF　もしそれが貴方に起こるのであれば、他の人にも起こり得る、万人に起こり得るということです。
K　敢えて言いたい、それは万人に起こり得る、と。
MF　では、それを目覚めさせる方法はありますか？
K　否、そういうことではない。
MF　では、何か為すべきことはありますか？
K　ある。確かに為すべきことはある。
MF　貴方の教えは常に或る一点を巡って展開されます。その一点とは、「自覚は真理なり」です。
K　注意、自覚、然り。
MF　そこでほとんどの人は覚醒を試みては、絶望感を味わっているようです。自分自身のことですが……。
K　絶望、そうかもしれない。
MF　すべてが崩壊するのです。
K　理解できる。
MF　そして、やればやる程、崩壊の度合いも悲惨なのです。

K　よく分かる。
MF　どこで私たちは失敗したのでしょうか？
K　元に戻ろう。それは幸運によるのか、偶然に起こった出来事なのか？　その出来事は我々にも起こり得るのか、それとも例外なのか？　これが今我々が論じていることだ。
AP　それは明らかに時間に左右されません。
K　明らかに。
MF　時間に任せてみれば……。
K　その件は暫く離れよう。さて、もしそれが奇蹟ならば、君はその奇蹟を実現できるだろうか？　それは君に起こり得るだろうか？
MF　もしそうならそれを主宰する存在が必要になります。
K　然り、ゆえにそれは事件に非ず、奇蹟に非ず、贈り物に非ず。
MF　事件ではなく、奇蹟ではなく、贈り物でもない……。
K　なぜこれがこの人間には起こり、他の人間には起こらなかったのか？　フリードマン、君はいかに考えるかね？
MF　この問いを次のように言い換えたいと思います。
K　結構。
MF　どうすればそれは私に起こり得るのか、と。

K　然り、それで宜しい。いかにしてそれは君に起こり得るか？　そのやり方で起こり得るとは思えないが。
MF　では、どうすればよいのですか？
K　私に起こったのと同じことが君にも果たして起こるだろうか？
MF　いいえ。私は、「それは私に起こるだろうか？」という問いではなく、「私に何ができるか？」と問いたいのです。
K　何もない（nothing）。
MF　一応受け容れますが、何か見放されたような気分です。
K　否、否。
MF　時と共に……。
K　否、そうではない。君の理解は的を外れている。「それは私に起こるだろうか？」という問いは誤った問いだと指摘したい。そこで、「それが起こるために、私は何を為すべきか？」という問いに至る。その問いに対し、私は「為すことは何もない」と答えた。だが、この「何もない（nothing）」は「無（nothing）」を意味するものではない。
MF　師の〈nothing〉という言葉の両様の意味は何ですか？
K　では〈nothing〉の両義について述べよう。それを経験し、それを認識し、それを所有したいという欲求に関しては、何ら為すことはない。だが、それ以外のことに関しては、観察する、感知する、既知に対する深い注意、いずれも理論ではなく、心底からだが、これらの行為に対しては、あらゆることを為さなければならない。それ以外には何もない。

MF 「何も為すな、ただ振る舞え（do nothing, just behave）」と仰っているように聞こえますが。

K 正しく振る舞う？

MF 「振る舞う」とは「意識的に行動する」ことを意味します。

K そう取りたければ、それで宜しい。

MF それはすべての事柄を行為へと導きます。

K 行為へ。それは正しい。

MF 《貴方は来て、達成するだろう》です。

K 否。

MF 駄目ですか？ 分かりました。

AP 私が考える間違った言葉は「私（me）」です。例えば、「それは私に起こるのか？」という問い。認識が「私」と「私以外（not me）」に亀裂を生じた瞬間に、我々は自身の中に障壁を造ってしまうからです。

K 起こっていることはこういうことではないだろうか？ 貴方は、人生、物事、食事、会話、すべてに対して極めて微《かす》かにしなやかに触れなければならない――恰《あたか》も次の瞬間には壊《こわ》れてしまうかのように。肉体や感覚は極めて微か、生と死は容易に替わり得る。今この瞬間にも死ぬかもしれない。

これで諸君の質問に「遠からず」答えられただろうか？
PJ　的中という訳にはいかないと思いますが、そもそもこの問題に正答があるのか疑問です。
K　全体の流れを別の言葉で置き換えてみよう。〈それ〉――ここでは仮に〈それ（that）〉と呼んでおく――は、無限のエネルギーであり、闘争や葛藤から得られるエネルギーとは根本的に異なる。全く葛藤がなければ、他のもの、即ち無限のエネルギーが、自らを常に更新しつつ、湧出してくる。我々の知る通常のエネルギーはやがて尽きてしまうが、このエネルギーが尽きることは決してない――無窮なのだ。では、この両者間の関係は？　皆無だ。
MF　その無限のエネルギーが私から湧出しようと、忍耐強く待機しているということですか？
K　否、それは存在するのだ。
MF　私が存在しない時に、それは湧出する？
K　無論、そうだ。
MF　突いたり、蹴ったりすることなく？
K　［笑いながら］それでは元の木阿弥。
AP　何がないですって？
K　突いたり、押したり、招きながら、「さあ、出て来るんだ」と。否、否、断じて否。そのようなことはあり得ない、それはすべて迷妄だ。
MF　私の経験では、何か私をじらし、突っつき、苦しめるものがあり、それは続かないのです。続かなくてはならないのに。

K　当然だ。

MF　それには年齢の要素がありますか？　或いは関係がありますか？

K　否、意味を理解しているのだろうか？　君は再び元のねぐらに戻ったようだ。

MF　意識のねぐらに……。

K　私の全関心は、「埒《らち》があく（out of the way）」ことだけだ。

MF　埒があく。行動を通してですね。

K　行動、関係、あらゆることを通して。すべてと直接ありのままに接するのだ。

MF　行動という言葉は単にエゴを意味するのか、或いは何かそれ以上のものを意味するのでしょうか？

K　無論、遥かに大きいものだ。

第三章　人はいかに深く旅することができるか？

心の傷を測定の動きなく観察できれば、
またその傷と完全に一体として生きることができれば、
すべての傷は消滅しているだろう。

一九七三年一月三十日　ボンベイ

ププル・ジャヤカール（ＰＪ）　師よ、人はいかに深く旅することができるのでしょうか？

クリシュナムルティ（Ｋ）　昨日も論じたことだが、人間は月にまで到達した――多大な訓練、甚大な危険、三十万人にも及ぶ人的協働を経て。人間は外的にはかくも遠大な旅をしたが、内的にはどうだろうか？　これが問われていることだ。

ＰＪ　これは興味深い問題です。月への飛行には離陸する前に途方もないエネルギーの蓄積が必要です。一方、内面への旅に要するエネルギーは、どのように蓄えられるのでしょうか？

K　知らない。そのエネルギーとは何か？

アチュット・パトワルダン（AP）　私はエネルギーについて少し違った風に考えていました。人間は環境を支配したいという欲求ゆえに外的世界の壁を突破するという動機を持つに至りました。しかし、人間の環境に対する無謀振りを見ると、内的革命の衝動が決定的に重要であり、それがエネルギーに他ならないと理解しています。ここから抜け出ない限り、人間には希望はないと感じます。当の人間が環境だからです。

PJ　アチュットジ、申し訳ありませんが、アメリカが何万ドルもの資金を費やしたのは、そのためではないと思います。もし宇宙征服が衝動の問題であれば、彼らはその計画を続けていたでしょう、いかなる犠牲も顧みずに。しかし、その計画は停止されました。月へ到達するという目標を達成したからです。

AP　しかし、私は、このような衝動は止められないと感じています。それが人間の営為の本質、性《さが》だからです。そしてその劇的突破がなければ、人類に希望はありません。

K　それがププルの問いだ。人は自身の内をいかに深く探究し、それを突破できるか？　貴方の発言も同じ意味だろうか？

AP　いいえ、私が言いたいのは、至る処にこのエネルギーがある、ということです。それに関して何か間違っていれば、それを検証しなければなりません。いかにこの問いが起こるのでしょうか？

K　いかなる問いが？

AP　この内と外のエネルギーに相応関係があるのかないのか、ということです。

K　ない、無関係だ。我々は今、なぜ人は外物を逐《お》うようには内面を深く探究できないのか、という問題を忌憚なく論じている。それが問題の核心だ。この内外という両者には何の関連もない。そこで、この問いが起こる、即ちエネルギーとは何か？　決して消滅することのないエネルギーをいかに獲得するか？　進むにつれ、いや増しに増し、決して消尽されることのないエネルギーを。

そもそもかかるエネルギーは存在するのか？　かかるエネルギーがなければ、突破することも、深く深く潜行することも不可能だ。それゆえ問わなければならない。とは言え、私は問題を提起しているに過ぎず、何か考えを主張している訳ではない。即ち、決して消尽されず、恒に自己補充し、恒に創造され、減衰することのないエネルギーとは一体何ものなのか？

モーリス・フリードマン（MF）　物理学では、分子速度によりエネルギーを測定できる可能性を示す理論があります。我々が選択し、速い分子と遅い分子を分離することができれば、エネルギーを集積できます。物理学におけるエネルギー集積とはこの選択の過程のことです。高エネルギー分子を選び、それを収集し、分離が更にエネルギーを増大させる訳です。

K　貴方が述べたことは、我々が探究していることと同じなのではないだろうか？　即ち、消耗するエネルギーが、塞がれ、漏れず、汲まれ、集められ、更に増大することが可能か、ということだ。

MF　消耗を止めるものが何かを示して頂きたいのですが。

K　それが今我々の探究していることだ。消耗とは何か？　そもそも消耗というようなものがあるのか？

MF　はい、あると思います。

K　待ち給え。探究は始まったばかりだ。このエネルギーの力を削ぐもの、エネルギーの消耗があるとのことだが、私は問いたい、真にエネルギーの消耗はあるのか、と。

MF　はい、エントロピーが存在します。

K　それは分かる。ただ、私は尋ねているのだ、断定している訳ではない。何がエネルギーを保存するのか？　自己補充なのか、自己存続なのか、それとも自己推進なのか？　それはいかに起こるのだろうか？

MF　二種の異なった問題があります。一つはエネルギーの源泉の問題であり、他方はその消耗の問題です。

K　エネルギーの消耗が止まれば、エネルギーは再び流れ始める。

MF　エネルギーは蓄積されるでしょう。

K　蓄積し、流動し、爆発する、或いは意のままに振る舞う。だが、そのエネルギーの源泉とは何か？　そもそもエネルギーとは何か？　この問いが始点だ。果たしてエネルギーは葛藤を通して生まれるのだろうか？

MF　葛藤はエネルギーの消耗です。

K　私は問いを提出している。我々は葛藤によるエネルギーは知っている。

スナンダ・パトワルダン（SP）　エネルギーの消費すべてが消耗でしょうか？

K　一つの時には一つの問い。そういえば、著名作家を分析した研究家に聞いたのだが、その作家は高揚感のある時にのみ書くそうだ。酒やセックスによる葛藤や緊張状態、相反する欲望や暴力的衝動による高揚状態、こういった状態の時に「書ける」と感じるらしい。芸術家たちが、酒やその類《たぐい》に溺れながら、何とかエネルギーを絞り出すのは周知の事実だ。即ち、葛藤や摩擦から生じるエネルギーがあり、我々もこの類のエネルギーはよく知っている。では、思考の活動により生み出される他の種類のエネルギーはあるのだろうか？

MF　エネルギーの表出はすべてエネルギーの浪費です。

K　拙速過ぎる。今、所謂《いわゆる》エネルギーとは何か、を見出そうとしている。エネルギーの浪費ではない。家を建てたければ、建築家や建設業者を雇うだろう。思考が活動し、家を建てたいという欲求からエネルギーが生まれる。また、誰かを愛しており、性欲に満たされていれば、あのエネルギーが存在する。追求し、急き立て、駆り立てる思考によるエネルギー、すべては機械的に生まれるエネルギーだ。

更に、より偉大なものとの同一化によるエネルギーがある。例えば、民族、国家、家族、神といったものとの同一化だ。このより偉大なものとの同一化は、或る一定のエネルギーを与えてくれ、このエネルギーにより、人間はありとあらゆる悪事を働く。責任感のエネルギーもある。私はわが家族に責任がある、ゆえに私は働きに働かねばならない。これもまたエネルギーだ。さて、エネルギーの消耗とは何か？　今、エネルギーの誕生について見てきた。では、エネルギーはどこで消耗されるのか？

AP　師よ、信仰、信仰保持によるエネルギーも、葛藤によるエネルギーと同じだと仰るのでしょうか？

S・バラスンダラム（SB）　これらはすべて同じ類なのではないでしょうか？

K　私は神を信じている、或いは何かを信じている。その信仰は私に満足を与えてくれる。その満足が妨げられた時にのみ葛藤が始まるのだ。

AP　でも、その時エネルギーは葛藤には係わりません。何百万人もの難民が押し寄せ、住居や食糧を提供しなければならないとしたら、その時に生まれるエネルギーは、恐らく信念に基づくエネルギーだと思いますが、その際にはいかなる葛藤もないようですが。

K　その際には何の葛藤もない。だが、事態が進むにつれ、委員会等の一員として闘う中で、葛藤が生まれる。

AP　私はエネルギーの消耗がいかに起こるかを知りたいのです。

K　これからそれを論じることになる。私は、エネルギーとは何か、という問いを自らに提出し、活動する思考としてのエネルギーを見出した。同様に、責任感から生まれるエネルギー、或いは自分自身をより偉大な何かに同一化することを通して生まれるエネルギーもある。同一化することにより、闘争し、殺戮を犯す。また、成功を達成しようという欲望の中にもエネルギーが存在する。では、その消耗はどこで始まるのか？

AP　信仰により、エネルギーを再充電できます。信仰が続く限りですが。

K　然り。

AP　信仰に燃えている時には、エネルギーを与えてくれるバッテリーの再充電があります。しかし、このエネルギーは、持続性や再生力がありません。

K　その通り。

AP　それは消耗するエネルギーですが、信仰が続く限り、葛藤は起こらないと思います。

K　今、我々は葛藤がどこで起こるかを探っている。何かを信じる、自身を何かと同一化する。その時には葛藤はない。自身を自分の神或いは何かと同一化する、そこには消耗はない。消耗はいつ起こるのか？　自分自身と信仰の関係の中で、どこで消耗が発生するのか？

T・K・パルチュレ（TKP）　同一化は現実的ではありません。

K　否、それは現実的か非現実的かという問題ではない、同一化は事実だ。例えば、私は自分自身をこの国と同一化している。

PJ　師がエネルギーの消耗についてお話しになる時、恰《あたか》もエネルギーの貯蔵庫があり、次第に消散していくように感じられるのですが。

K　否、そうではない。アチュットジが語るように、信仰は人に或る一定のエネルギーを与えてくれる。

MF　彼は信仰がエネルギーを生むと言いました。

K　宜しい。「エネルギーを生む」。ではどこで消耗が始まるのか？　彼によれば、何かを信じている限り、消耗はない。むしろ更なるエネルギーを生むことになる。

MF　信仰がエネルギーを生まなくなった時に、葛藤が現れます。

K　エネルギー生成過程が止む時に、葛藤が現れる。

AP　私には、葛藤の問題は起こらないように感じます。問いたいのは、葛藤というものは元来信仰の中に内在したのではないか、ということです。私の場合、信仰が消え去り、無力になってしまいました。信仰が続く限りはエネルギーを生み出します。エネルギーが信仰に由来する以上、信仰がなくなれば、エネルギーもなくなるというのが、その性質なのです。だから、葛藤の問題は起こらないと思います。

K　我々は明快かつ単純な問いを発している。葛藤は信仰そのものに内在しているのではないだろうか？

AP　そうだと思います。

K　葛藤は信仰に内在しているのか？「然り」と言おう。

PJ　私が知りたいのは、エネルギーは思考の活動によって生まれるのか、ということです。

AP　思考そのものはエネルギーではありませんが、思考が何か感情的に鼓舞するような信仰を創り出す時に、エネルギーが発生するのではないでしょうか？

PJ　それは人為的に創られた刺激ですが、ではそこからどのようにエネルギーは生まれるのですか？

K　ププルよ、何を言っているのか？《我、インドを信ず》だ。

PJ　それゆえ私は偉業を成し遂げます。インドは最も偉大な国だと、私は信じている、精神的にこの国を守らなければならない、ゆえに他の信仰をすべて破壊するつもりだ。私はインドが正しいことを信じている、ゆえに敵と戦い、殺さなければならない。この信仰は私に莫大なエネルギーを与えてくれる、という訳だ。

PJ　そのエネルギーを活用しなければなりません。

K　否、そうではない。

PJ　師はなぜエネルギーが「生まれる（come into being）」という言葉を使われるのですか？「エネルギーが生まれる」とは、素晴らしいことではありませんか？

K　否、極めて単純なことだ。私はちっぽけな村に暮らす卑小な存在だ。だが、一旦そのちっぽけな自分を、例えばインドのようなより偉大なものに同一化するや、その偉大なものの観念が私に途方もない刺激を与えてくれる。それもエネルギーの一種なのだ。

PJ　それはエネルギーではないと思いますが……。

K　い、い、い、いや、そうだ。私は万人を殺そうとしている、当然エネルギーを獲得する。小さな村に暮らす自分はちっぽけな存在だが、その自分をより偉大なものに同一化するや否や、莫大なエネルギーを獲得するのだ。

PJ　何かエネルギーの尺度がありますか？

K　ある。例えば、私は殺し尽くすつもりだ、遥か彼方まで征服するつもりだ。世間ではどう言っているのかね？

PJ　多くの人はその通りです。でも、それでエネルギーの総量が増えるのですか？

K　無論、そうだ。

ラーダ・バーニア（RB）　信仰それ自体の中に不確実性が内在し、その不確実性が葛藤をもたらし、その結果として減耗を招くのではないでしょうか？

K　然り、その通り。私はエネルギーが乏しく、取るに足らない処に住んでいる。だが、より偉大なものと同一化すれば、それは莫大なエネルギーをもたらす。

SB　彼女は、あらゆる信仰には不確実性そのものが内在している、ということを言おうとしているのでは。

K　無論、そうだ。葛藤の種は信仰自体の中に内在しており、それがエネルギーの消耗に繋がる。

AP　まだ十分には理解できません。私には信仰がありますが、環境と衝突し、不安定になります。そして信仰が潰えると共にエネルギーも消滅します。

K　然り、その通りだ。

AP　私はその全体を理解したいのです。ご説明頂ければ、有難いのですが。

RB　でも、信仰がすべて環境と衝突するとは限らないと思います。信仰そのものが不安定性を意味するのではないでしょうか？

K　勿論。葛藤は信仰自体に内在しており、そこには不安感と不確定の深い闇がある。極めて明瞭なことだ。なぜ戯論に耽っているのか？　何を論じているのか？　我々は、深く、極めて深く旅をするのに必要なエネルギー、持続し、自己生成するエネルギーとは何か、を見出そうとしている。人間は、莫大なエネルギー、偉大な頭脳、大いなる協調、団結力を用いて、建設し、訓練することにより、月にまで到達した。これは明らかに膨大なエネルギーを要する事業だ。

さて、内面への旅においても、この種のエネルギーが必要なのだろうか、それとも全く異なった種類のエネルギーがあるのだろうか？　様々なエネルギーがあるのか、それとも一つのエネルギーしかないのか？

SB　明らかに二種のエネルギーがあるように見えます。一つは我々周知の葛藤に基づくエネルギーです。しかし、他と接触することにより生じる別種のエネルギーがあるように感じます。

K　何との接触？

SB　何でも。見るもの、聞くもの、すべてとの接触によるエネルギーです。ただこのエネルギーも自己生成するようには見えませんが、葛藤に基づくものとは異なると思います。

K　始点に立ち返ろう。ププルの問いはこうだ、「内面を極めて深く旅することはいかに可能か？」と。これが核心だ。

PJ　二つの方向性があります。いかに「深く」と共に、いかに「遠く」まで旅することができるか？　世界のエネルギーについて語るだけでは何の役にも立ちません。現に存在するエネルギーを獲得すべきです。原子力エネルギーは次の世代には可能でしょうが、現在の私たちには無理です。我々が現に持つエネルギーで、それが可能なのか？　我々に最初の一歩を踏み出させるものは何なのでしょうか？

RB　それは、私の持つエネルギーはあの〈エネルギー〉とは異なるのではないか、という問いに行き着くのではないでしょうか？

PJ　私は、その二つのエネルギーが異なったものなのかを知りたいのです。

質問者1（Q1）　思考の働く処、思考のためのエネルギーが必ず幾許《いくばく》かは必要なのではないでしょうか？

K　勿論、そうだ。

質問者2（Q2）　どのようにエネルギーは創られるのですか？

PJ　そもそもエネルギーは創られるものなのでしょうか？

K　彼女の言う通り、エネルギーは常に存在する。そして彼女が私に平手打ちを喰らわした時に呼び起こされるのだ。

PJ　或いは男が女を追いかける時に……。

K　然り、何であろうと。

PJ　或いは充実している時、或いは自分の若さを確認した時に……。

K　このような問いはいかがだろうか？　我々の人生は極めて浅薄だが、その浅薄な生の中で、深い人生を送ることは可能だろうか？　また精神が深く探究し、深い生を生きることは可能だろうか？　我々が同じ事柄を探究しているかは分からない。我々は相も変わらず浅薄な生を送り、ほとんどがそれに満足しているのだ。

PJ　私たちは満足していません。

K　我々はいかに深く生を生きるかを知らない。そこで、「仕方がない、これで我慢しよう」と言い始める。さて、精神はいかに真の深みに達することができるだろうか？　だが、我々は「深さ」を測定の言語で議論しているのでないだろうか？　「深さ（depth）」という言葉には測定の含みがある。「浅薄さ（superficiality）」も同様だ。しかし、我々の用いる「深さ」は、この測定の感覚、時間の観念ではなく、何か深遠なるものを意味することを確認しておきたい。これらの言葉には、時間の観念が含まれるが、我々はこの時間や測定の観念を一掃したい。精神は総じて皮相的な生を送る――二インチか十インチの深さかは分からないが。我々は、精神が偉大な深みに至るかどうかを論じている。それが問題なのだ。

PJ　私は他の次元を知らないのですが、精神の洞察に必要なのは……。

K　……瞑想（meditation）。それが意味するものだ。

PJ　またそのためには蓄積が……。

K　……爆発し、流出するエネルギー。

PJ　そしてこのエネルギーはいかに蓄積されるのか？　これは間違った問いでしょうか？

K　暫く「エネルギー」という言葉を使わないようにしたい。不毛の道に迷い込む恐れがあるからだ。私は極めて浅薄な生を送りながら、真に深く参入した時の人生や精神の美を知的或いは言語的には理解できる。そして、自らに呟く、「私は人生の美を知り、その質を味わう。それはいかに為されたのか？」と。エネルギー等を持ち出す代わりに、この問いに注力してみてはどうだろうか？

PJ　それはいかに為されたのか？

K　これが我々の問いだ。それはいかに為されたのか？　思考はそこに到達できるのか？　思考はその深淵に達することができるのか？

MF　関心が必要ですね、結局。

K　フリードマン、聞き給え。私は自らに語る、「私は浅薄な人生を送っているが、決して満足している訳ではない、人生には深さが必要だ」と。そして、かくも愚かで浅薄な生を送ることの虚しさを痛感し、深い生を希求する。「関心がない」など、あり得ない。関心の有無など問題にもならない。私は切実な関心を持っている。いかに為すべきかを見出したいのだ。私は今浅薄な生を送っているが、真の深さを伴った別の生き方を求めている。真の深さとは、数値的な深さや時間としては測定できず、その深さには限りがない。測ることはできず、それゆえそれを見出し、そのように生きることを求める。「関心」や「エネルギー」は不要だ。さあ、私は何を為すべきか？

Q1　思考はそこには到達できないと、感じています。

K　私は知らない、ただ尋ねているだけだ、「時間であり、過去である思考が果たしてその深みに達することができるのか？」と。

MF　どこでこの深さ、無底の深淵という概念を得られたのですか？

K　これは概念ではない。測定できる深さは、依然として測定の範囲内にあることは明らかだ。また時間の要素が含まれれば、年月を要することも明らかだ。そこで、私は、知的かつ論理的帰結としてこう述べたい、「真の深さは時間の軛《くびき》も測定の罠も免れ、それゆえ無底である」と。無限（infinite）なのだ。これは概念などではない。

MF　いずれにせよ、言葉による定義ではありませんか？

K　私は君に伝えるために、言葉を用いている。自身に対しては、無論、言葉を用いることはない。言葉は必要ないからだ。君に伝えるためには、言葉を使わざるを得ない。それゆえ、君にとっては概念になってしまうのだ。

MF　貴方は私に問い掛けているのですか、それとも自分自身に問い掛けているのですか？

K　私は自分自身に問い掛けている。それゆえ君にも君自身に問い掛けることを促しているのだ。

MF　もし貴方が自分自身に問い掛けるのであれば、それは概念です。

K　否！　戯論を弄んではいけない。

PJ　私には、それは正当な問いのように思えます。

K　私はその問いを提起している。言ってくれ給え、その問いが間違ったものかどうか？　正しい問いでなければ、終わりにしよう。

PJ　私は正当な問いだと思います。
K　私の人生は極めて浅薄なものだ。これは明らかだ。
PJ　そして何かが必要です。内面への深さが必要なのです。
K　そこで私は自問する、「思考はこの深さに到達することが可能か？」と。そして思考こそが私の持つ唯一の道具なのだ。
Q1　その際、思考という道具を使わない選択肢はありませんか？　深みに達するのに、思考を使わない方法が必要だと思います。
K　それこそ我々が今探究していることだ。
Q1　それは可能です。
K　何が可能なのかは分からない。
Q1　思考なしに深みに達することは可能です。思考は使用すべきではないと思います。
K　いかにこの深みに達することができるのか？　思考を用いないとすれば、いかにそこに参入することが可能なのか？
Q1　説明はできませんが、それは可能です。その状態を経験したことがあるからです、時々ですが。
K　否、否。よく聴き給え。この問いは至って単純だ。私は極めて浅薄な人生を送っているが、不可測の深淵というものを自ら発見したいと願っている。思考がその深さには到達できないことは明らかだ。思考とは測定であり、時間であり、過去への反応だからだ。それゆえ思考は決してそこには触れ得ない。では、いかにしてそれを成し遂げるのか？　人間が持つ唯一の道具たる思考が不可能ならば、どうすればよいのか？　思考、その表現、動き、働きが、この世界、私が住むこの浅薄な世界、私自身であるこの世界を創り上げた。これは明らかな事実だ。では、精神が、思考に頼ることなく――思考には不可能だから――不可測なるものに触れることは可能だろうか？　睡眠中や歩行中ではなく。私はそこに住むことを望み、わが心は、それは発見されるべきであり、その質を纏わなければならないと語る。いかがかな？

質問者3（Q3）　すみませんが、そもそも私の人生が浅薄だとどのようにして知ることができるのですか？

K　ああ、何と！

Q3　そうなれば、何か深いものに気づく筈です。

K　宜しい。私はクラブに行く、酒を飲む、ビジネスを行う等々、三十年にも渡り、このような生活を送ってきて、竟《つい》にこう言うのだ、「わが神よ、何という無意味な人生だったのか。何かもっと意義深い人生はないのですか？」と。万人がそう問う。その結果、サニヤース（出家者）になり、この団体やあの組織に属し、瞑想にも浸ってみる。それはすべて同じことだ。不如意ならば、社会活動に携わったり、政治家になったり、その他あらゆることをする。これらすべてを一掃し、極めて単純かつ率直であるべきだ。思考は、そこに触れ得ず、深さの何たるかを知らず、認識可能なのは皮相のみ。そこで、精神は呟く、「浅薄な生はもう十分だ。今や、わが精神は、今までとは違う不可測の深淵、名状し難いものに達することができるだろうか?」と。これに尽きる。

PJ　人は何に到達できるのでしょうか?　巻尺があったとしても、下降幅を測るためには使いたくありません。貫通 (penetrating) の意味で使っています。だが、人はそもそも何に到達できるのでしょうか?

K　「貫く (penetrate)」という言葉はあまり相応しくない。

PJ　では「掘る (delve)」。

K　その言葉も相応しくない。

PJ　申し訳ありませんが、これらの言葉を使わせて下さい。なぜかというと、先程その方が仰ったように、思考は測定の道具だからです。

K　それは周知の事実。

PJ　そこで、常に私に伴う測定――機械化からの自由を得るためには、わが精神を掘り下げなければならないのです。

K　否、否。複雑にしてはいけない。

PJ　思考を掘り下げることは可能でしょうか?

K　思考は皮相的で浅薄だ。それは確認した。思考は時間、思考は測定、思考は記憶への反応、思考は知識、経験、過去即ち時間なのだ。かかる思考は常に皮相的に機能せざるを得ない。単純なことだ。

PJ　師が今仰ったことは、結局の処、大いなる観念ではないでしょうか?

K　否！

PJ　いいえ、観念です。思考はこれだ、あれだ、と。

K　否、否。これは観念ではない、現実なのだ。

PJ　どのように？

K　思考とは何か？

PJ　師は言明されました、「思考は時間だ」と。

K　然り。それは観念ではない。

PJ　師はそれを思考から抽出されました。思考そのものが抽象化の運動なのではありませんか？

K　否、否。慎重に。思考はそこに到達できない。これで終了。

PJ　そこで問いが起こります、「思考が測定の道具ならば、この道具を看破することは可能か？」と。

K　否、私は深い生に関心がある、測定の機械性などには関心がない。測定が機械的だということは明白だ。それを殊更に探究する必要はない。

PJ　「機械は測定だ」と師が仰れば、私は「どの範囲まで人は到達できるのか？」と尋ねることになります。思考が我々の知る唯一の道具である以上、やはり「どの範囲まで我々は貫通できるか？」という問いが起こります。

K　「貫通」の問題は発生しない。

PJ　では、何が問題なのですか？

Q1　ここで指摘したいのは、今論じている我々でさえも、唯一使用できる知覚の機械性に依存しており、その機械は望み得る不可測の状態を開示できないということです。なぜなら、他ならぬ言葉の源泉が思考だからです。この道具はあまりに危ういものなのです。

K　同意したい、その通りだ。

Q1　つまり、その状態と交わるための言語、意思疎通するための道具を持つ必要があります。

K　今、我々は意思疎通の問題に関わっているのだろうか？

Q1　いいえ、他のことです。

K　我々が今探究しているのは、言語による意思疎通の問題なのか、それともあの深さに至ることなのだろうか？

Q1　勿論、後者です。現代科学では、あの状態に達することはできません。

AP　必ずしもその状態と接触する必要はないのではありませんか？

Q1　私は時々その状態に至ることがあります。

Q3　私たちは貴方にその状態について聞いている訳ではありません。

Q1　その状態についてあなた方にどう語れと？

RB　クリシュナジは、その状態を時々感じることよりも、いかにその状態を生きるかの問題が重要だ、と指摘しています。

MF　食べる時は……。

K　食べる時は、食欲が湧く。
MF　エネルギーも、その活動と共に湧いてきます。
K　今はエネルギーの話ではない、フリードマン。
MF　構いません。私たちは、思考や何やら論じますが、同じことです。私たちは一つのことを論じているのです。貴方は何か他のものの代理としてここに来られ、私たちにそれを示そうとしておられるように思います。
K　否、否。見給え、私は普通の人間だ。
MF　貴方が普通の人間であれば、何の議論の余地もないでしょう。これ以上私たちを惑わさないで下さい。
K　否、私は特別な存在ではない。人間は浅薄な生を送りながら、広大かつ粋美を極めた無限のもの——神ではない——が住まうあの深みを見出したいと欲している。では、私は何を為すべきか？思考を訓練することはできず、その無意味さも分かる。では、思考が働かない時には、いかなる機能や動きが発生するのだろうか？
MF　この現状は貴方なしでは成り立ちません。お願いですから、事実を述べて下さい。
K　私は事実に即している。
MF　でも、もし貴方がここに座り、私たちに話し掛けることがなければ、問題をこのように扱うことはできなかったでしょう。

K　問題をどのように扱うのか？

MF　我々はすべて条件づけられていますが、どのような条件づけにすべきかを問い掛けます。

PJ　師はご自身の価値をご存知ないようです。

K　おお、否！　何と……。

MF　クリシュナジがその革命的な言明と共にこの世界に現れなければ、私たちは例外なくどこかのアシュラムで瞑想に耽っていたことでしょう。

K　さて、思考が働かない状態があるのかどうか、を問いたい。

PJ　でも師のその問いは全く仮定に基づいた設問です。

K　否、私はそれが仮定だとは思っていない。言い換えれば、精神は測定の動きなく留まることができるか、ということだ。これが仮定なのか？

PJ　その状態は、測定という動きがない時に現れると思います。

K　然り、それに尽きる。わが全人生は測定と共にあった。そして今や、私は問う、「精神は、測定、比較、時間といった類のすべてから自由になれるだろうか？」と。

PJ　私が「いかに？」と問えば、師はお答えにならないでしょう。そこで唯一残された道が、測定している精神を観察することです。

K　宜しい。

PJ　他に方法がないからです。

K　結構。それをやってみたのかね？　貴方はそれを見つめたのだろうか、測定という動きそのものの精神をよく観察したのだろうか？
PJ　はい。
K　比較し、測定する動き、そしてその終わりを？
PJ　はい。
K　それでどうなったのか？
PJ　静寂になりました。
K　貴方によれば、測定の動きは終わりを告げた。
PJ　測定の動きは終わりを告げました。
K　測定の動きは終わりを告げた。［沈黙］　本当にそうだろうか？　真に測定の動きは終わったと、確信を以て言うことができるだろうか？
PJ　今まさにそれは終わりました。
K　今まさに？　未だ十分ではない。
PJ　どこが不十分なのでしょうか？
K　「十分」とは、全人生を通して、測定機能が終焉に至ることだ。
PJ　どのようにして、それを知ることができますか？
K　私はそれを発見すべく、今その作業をしている。測定の動き――測定とは、比較、模倣、順応、理想等、不可測に対する否定を意味する――に条件づけられてきた精神が、「今や私は、測定の全過程を了悟し終え、それに相応しい処とそうではない処を識別した」と言えるかどうかを、見出したいのだ。

PJ　師が今仰ったような状態は、思考を伴わない精神によっていかに認識されるのですか？

K　知覚によって。

PJ　どのようにして？

K　それをこれから示そう。思考は、暫時それを分析し、探究し、追求し、吟味した上で、測定の全過程を把握したと述べる。その動きの知覚自体が、その動きの終焉を意味し――測定の動きの知覚自体が、知ることであり、行うことであり、終わること――、この動きが時間であり、測定であることを知り、その全体像、その本質、その構造を見ることである。その知覚自体がその終焉に向けて働く。即ち、見ることが終わることなのだ。そこには何のはからいも必要ない。貴方は「はい、私はそれを見ました」と言った。本当に？

PJ　はい。

Q1　貴方は、思考の発生、記憶の底からの誕生を見る。私は、心の中の言葉としてのみ思考に気づきます。

K　貴方は思考を見つめ、それを観察する。

PJ　一旦終わってからですが。

Q1　思考が発生した後に、私はそれに気づきます。でも思考が起こっているさなかの姿は、見ることができません。

K　思考の発生のさまを見たいのだろうか？　思考が生まれる場所に気づくことができれば、それを見ることができるだろうか？　貴方は私を傷つける――言葉によって、また様々なやり方で。その傷口からあらゆる類の思念が蠢《うごめ》き始める。その傷口から思念が生まれるさまが見て取れる。当然、以下のような思念も起こる、貴方は私の友ではない、私の敵だ等々。傷ついた時、或いは喜んだ時に、いかに思念が動き出すかが、見て取れるのは明々白々だ。そこで、精神が「然り、この測定の全過程を了悟した」と言えるだろうか？　人生における探究や姿勢の中で、関係におけるこの測定の動きを看破することができるだろうか？　もしそれができれば、私は二度と傷つくことはない。すべての傷は拭い去られるのだ。

MF　もし私が関係において打算的で、その打算がうまくいかなければ、私は傷ついてしまいます。でも、その全過程を理解すれば、私はもはや傷つかないことになりませんか？

K　貴方は私を傷つける、そしてその傷口からいかに思念が湧き起こるかも見て取れた。その思念の湧出とは測定の動きなのだ。かくて全人生を通して、私は傷つき続ける。だが、一つの傷を理解することにより、すべての傷を拭い去ることができるのだ。

Q1　傷つくこと自体が、過去の結実なのではありませんか？

K　無論、そうだ。貴方は私を傷つけた、これは事実だ。貴方は私を「馬鹿」とか何かと罵り、私を傷つけたのである。傷は測定の衣装を纏い、脳はすべての傷を記憶として貯蔵する。その傷口から思念が湧き起こり、その思念とは測定である。さて、この一つの傷を見つめ、その傷に気づき、その傷に全的注意を払うことにより、あらゆる測定が起こる思考から、すべての傷は一掃される。それが、私の言う「もはや測定の動きを止めた精神」という意味だ。しかし、貴方が「はい、私は測定の動きに終止符を打ちました」と言う時、私は……。

PJ　師よ、申し訳ありません。「私は測定を止めた」と言うつもりではなかったのです。

K　では、どのように言おうとしたのか？

PJ　私はその過程を見つめ、観察した結果、終わりが訪れたのです。

K　何の終わり？

PJ　それの終わり、束の間ですが。

K　否、退転している。「束の間」。私は「束の間」は好まない、たとえ酔うにしても。［笑い］

PJ　それが起こっていることです。

K　それでは、依然として測定の領域だ。

PJ　恐らく。

SP　そのように言わなくても、貴方は、永遠に傷つくことから自由になる要素を示したと思いますよ。

K　それはまさに私が探究していることだ。さもなくば言葉の遊びに過ぎない。

SP　どのようにして知ることができるのですか？

K　それを今述べよう。

SP　自己欺瞞なく。

K　無論、当然だ。欺瞞もなく、偽善もなく、戯論もなし。全人生を通して、私は傷ついてきた――学校で、家庭で、様々に。そして、この傷口から様々な思念が湧き起こる――他人を傷つけたい欲求、暴力、引き籠り、留保、心理的壁の構築等、あらゆる思念が。そして自問する、「思考はすべて測定だ。その測定自体を止めることはできるだろうか？　それも一時間や二時間ではなく。束の間では意味がない」と。

PJ　何かとても大きな……。

K　……欺瞞？

PJ　欺瞞。

SP　師は、意識の全構造が変われば、そこに戻ることは二度とない、と話されました。それと同じことでは……。

K　貴方は二度と傷つくことはない。それは、貴方が傷つくことのない心を持つということを意味する。

SP　それを試してみない限り、何が言えるでしょうか？　どうすれば知ることができるのですか？

K　試すことにより見出すということだろうか？

SP　師よ、どうすればそのように生きられるのでしょうか？

AP　このような解決法はいかがでしょうか？　傷つく時は、注意が疎かになる時だということが分かります。そこで、傷ついていることが分かれば、不注意を観察すればよいのではありませんか？

K　否。では、様々な理由で私は傷ついてきたと言いたいのだろうか？　それ自体が的外れだが、その上私は残りの人生すべてに渡って、その傷を持ち運ばなければならないと言うのだろうか？

PJ　いいえ。

K　私の人生とは現今の人生だ、明日の人生でも昨日の人生でもない。私は今を生きている。しかも傷つくことなく生きたい。それゆえ、傷つくことのない心の質が必要なのだ。

PJ　傷つくことのない心の状態は存在します。しかし、不注意の瞬間に、その状態は消え去ります。

K　それについては何ら関知しない。分かるのは、私は傷つけられてきた、友人により、妻により、夫により、子供により、社会により、文化により、傷つけられてきた、ということだ。

Q1　私が傷つくと感じる時、同時に自分の中に傷つくことを感じさせないような内在的な動きがあるように感じます。

K　否、それは正確ではない。私は傷ついている、これが私の知るすべてだ。私は傷つくべきではない、などとは言えない。

Q1　私の中には欲求があります。私は傷つき、苦しんでいるからです。苦しみがあれば、苦しみたくない欲求が私の中に湧き起こります。

K　それは別の問題だ。それはすべて余事だ。事実は、私は傷ついているという一事のみ。傷つき苦しむことを忌避する欲求の有無は関係ない。

Q1　私には事前に傷つきたくない欲求があり、その欲求が逆に私を傷つけるのです。

K　私には事前に傷つきたくない欲求があり、それが原因で私は傷つく。こういうことだろうか？　では、吟味してみよう。即ち、傷つく前に或る段階があり、「私を傷つけないで欲しい。傷つけば、痛みを感じ、苦しむことになるから」と語る。君の言によれば、「傷つくな」という先行する言葉ゆえに、傷つくということだ。だが、どうであれ、私は傷つく。これが事実だ。さて、心が二度と傷つかないような道があるだろうか、或いは何かが起こるだろうか？　これが我々の論じている問題だ。そこで、誰かが「君は傷ついている。だが、その傷を測定の動きなく、注意を以て、極めて深く観察してみ給え」と告げる。かかる真の観察があれば、その傷のみならず、すべての傷は消滅してしまい、心は二度と傷つくことはない。

PJ　すべての傷が拭い去られる。

K　一掃される。

PJ　同意します。

K　「同意」しないで頂きたい。これは同意の問題ではない。自分の中にそれが実現したかどうか、ということだ。

PJ　師よ、お待ち下さい。ご説明致します。

K　貴方は何を語ろうというのか？　今やププル・ジャヤカール女史は心の傷のない人間であり、今後も二度と傷つかないということだろうか？

PJ　いいえ。
K　それは私が語っていることだ。貴方は「否」と言う。
PJ　いいえ、傷は一掃されました。完全に消滅したのです。
K　当面のことだろうか？
PJ　「当面」という言葉は使いたくありません。
K　では、束の間？
PJ　分かりません。
K　私は「束の間」には関心がない。
AP　不変の何かを発見していないということでしょうか？
K　これは不変などというものではない。永続する時間の観念に結びつけてはいけない。決して傷つかない心、この心を得ない限り、貴方は傷つき続けるだろう――今日と言わず、明日も、他日も。傷つき続けるのみならず、反応行為を続け、涙を流し続け、そしてこのあらゆる戯言を続けていくのだ。
SP　どのようにして、その本質を知ることができるのですか？
K　それを語ろうとしている。
PJ　いいえ、師は語ることはできないと思います。
K　なぜできないと？「私は心境について語ろう」と言っているのではない。そんなことは言っていない。Kが指摘しているのは、「君が、一つの傷を測定の動きなく見つめることができれば、また測定の動きなくその傷と全く一体として生きることができれば、すべての傷は消滅してしまう」ということだ。諸君は言うだろう、「貴方がそのことを語ることは結構なことだ。だが、私にとっては他人事だ」と。そこで私は告げる、「諸君は知らないだけだ。諸君は観察していない、一つの傷を真に見つめてはいない。一つの傷を持ち来たり、掌上に置き、眼前に置き、或いは鼻頭に置き、それを見つめよ」と。

PJ　私はそれを行いました。

K　貴方はそれを行った？

PJ　ええ、行いました。

K　では、貴方はもはや傷つかない、すべての傷を一掃した、と？

PJ　私はすべての傷を拭い去りました。

K　何と？

PJ　出来事の記憶は消え去りました。

K　否、否。そのすべての記憶が消え去る。

PJ　それは連綿と残る出来事に関する痛みです。

K　否、申し訳ないが、我々は異なったことを話しているようだ。

PJ　いいえ、同じ事柄を話していると思います。

K　私は問い掛けている、「貴方は、測定の動きなく一つの傷を見つめることができたのか?」と。この問いに、安易に「諾」と言わないで頂きたい。もしそのような観察が真に為されれば、意識、無意識を問わず、すべての傷は一掃される。即ち、心は傷つくことから自由になり、その自由は時間の埒《らち》外のことだ。

PJ　私は「諾」と言いましたが、師は別の言葉、「貴方は二度と傷つかないだろう」という表現をされました。

K　それは確かに私の言葉だ。それは、傷つくことが〈できない〉ことを意味する。さもなければ、数日は傷つかないかもしれないが、翌日には再び傷つき、次の日にはそれを楽しみ始め、竟には忘れてしまう――これは何という馬鹿げたゲームなのか!

MF　それを「恵み」とは考えられませんか?

K　何を恵みと考えると?

MF　二度と傷つかないことです。[笑い]　心が二度と傷つかないことは恵みと考えられる筈です。

K　捨て去ることだ。

MF　どうしてですか?　餞別の贈り物だと思いますが。

K　否。これは極めて重要なことだ。傷つくことから自由でなければ、常に傷つくことに曝され、常に傷つき、苦悶に喘ぐことになる。何としてもこの自由を手に入れなければならない、さもなくば何と悲惨な人生か!

AP　つまり、測定の伴わない精神はいかにあるべきかが分かれば、すべてが片付くということでしょうか?

K　測定がなければ、傷つくことはない。

AP　それが出発点なのですね。

K　然り。

第四章　注意、そして葛藤を伴わない行動

信念に基づく行動は、エネルギーの浪費だ。
一方、注意に基づく行動は、独自のエネルギーを生み出す。

一九七三年一月十八日　ボンベイ

クリシュナムルティ（Ｋ）　君たちは昨日から何か新しいことを論じ始めたようだね。

モーリス・フリードマン（ＭＦ）　行動（action）についてです。私たちは、必要とされる行動について論じました。我々ができる唯一のことは、ただ行為することによって、未知なるものを淀みなく通すことですが、できることはただ消極的行為のみです。そしてその行為は行動をもたらします。では、行為（behaviour）とは何でしょうか？　単に受動的で、法律を犯さないだけでは不十分です。では、行動とは？　また意志や目標、目的、動機の純粋さを保つには、どうしたらよいのでしょうか？

Ｋ　君の言う「行動」とは何だろうか？

MF　行動とは必ず変革をもたらすものです。

K　そうなのか？

MF　変革なき処、行動なし、です。

K　「行動（action）」「行動すること（to act）」、これらの言葉は語源的にはいかなる意味を持つのだろうか？

MF　「為すこと（to do）」。

K　「為すこと」。「為した」でも「為すだろう」でもない。過去でもなく、未来でもなく、ただ「為す」。

MF　未来の行動、過去の行動、現在の行動があるように思われますが……。

K　否。私は「行動している（be acting）」のだ。それは常に行動の現前であり、過去の行動や未来の行動ではない。動詞は「為す（to do）」であり、常に現在の行動なのだ。

MF　でもそのように考えれば、〈ありのまま（what is）〉は常に現在なのではありませんか？

K　然り。それが私の知りたい処だ。では、現今であるその行動とは何なのか？　それは果たして過去の行動の結果なのか？

MF　現在の行動はそのありのままを示します。なぜなら、それは即時であり、それに関して何ら為す時間を要しないからです。それに尽きます。

K　どうだろうか？　更に探究しなければならない。

ププル・ジャヤカール（PJ）　師は今、現今である行動に何が起こるかを話されましたが、現今からの行動もあり得るのでしょうか？

K　連続性を有し、それゆえ因果性のない動きである行動が果たしてあるのか、私は見出したいと思っている。

PJ　「連続性のある行動」とは何を意味するのですか？

K　行動には、常に原因、動機、方向が必要なのだろうか？

PJ　それは意味論的問題ではありませんか？　もし行動が「為すこと」ならば、須臾《しゅゆ》の間《かん》には為すことはできません。「為す」には……。

K　……過去、現在、未来がある。

PJ　もし「行動」をこの意味で用いるならば、動詞の「doing」とは異なった性格を持つのではありませんか？

K　「行動すること（acting）」とは、何を意味しているのか？

PJ　「為すこと（to do）」です。

K　「為すこと」。身体的行為、ここからそこへ行く等の身体的行為。知的行為、問題を解く等の知的行為。他にも、感情的行為等、様々ある。即ち、行動とは……。

PJ　……作用する（operating on）。

K　或いは作動する、労働すること。

PJ　はい、そうです。

アチュット・パトワルダン（AP）　路上で子供が遊んでおり、そこに車が走って来れば、子供を抱きかかえて車の進路を避ける等の環境変化の行為を起こすでしょう。過去も未来も介入しない行動の例として挙げました。

MF　私は、自分の経験から、予め認識したり熟考することなく即時的に行動した場合、思慮の入る暇《いとま》なく正しい行為が為されることを知っています。

K　ええ。

MF　でも、なぜそうなるのか、なぜ全筋肉の動きが一致するのか、そのメカニズムは分かりません。何が起こったかは分かりませんが、ただ行動は、瞬時に、即座に為されるということは分かります。

PJ　クリシュナジは「行動」という言葉に、我々とは異なる意味を与えておられるように感じます。

K　然り。

PJ　ここで、私たちの使う「action」とクリシュナジの説示される「action」の内容に差異があるのかどうかを明らかにしたいと思います。師の使われる「action」の意味とは何なのですか？

K　葛藤が全く存在しないこと。

MF　次の問いは、そのような行動は意識的か無意識なのか？　また葛藤がない時、それは意識されるのか、という問題です。

K　飛躍してはいけない。内外に葛藤を生まないような行動はあるのか？　断片ではない全的な行動はあるのか？　自責や報いをもたらさない行動はあるのか？　環境、自己、社会に関わらない行動はあるのか？　時間の制約を脱した行動はあるのか？　私にとっては、これらすべてが行動なのだ。

MF　それは、「行動」ではなく、「働き（function）」と呼ぶべきではないでしょうか？　貴方の述べられたことは「働き」と呼ぶべきです。

K　否。私には「行動（action）」という言葉が好ましい。ご存知の通り、私の行動は、私の貴方との関係に関わるものだ。同じく私の行動は、わが暮らすコミュニティに関係しており、また経済的条件にも規定される。

MF　或いは、動機づけられる。

K　動機づけられる。信念、理想等に基づく気候的、環境的、個人的な動機づけ。これが我々の知る行動だ。私は、環境的抑圧の結果ではない行動――そういう行動があればだが――を見出したいのだ。

MF　そのような行動は自分自身と分離できないのではないでしょうか？　それは私がする何かではないようです。

K　そうだろうか？　今は明言できない。

MF　この行動とは何ですか？

K　私は行動とは何かを知りたい。行動とは何か？　こちらからあちらへ移動することだろうか？　車が近付いて来た時に子供を抱き上げることだろうか？　或いは何かを考え、行動することだろうか？

MF　行動は問題ではありません。問題なのは動機です。

K　動機は行動の一部だ。

MF　貴方の説では、動機があれば、行動はない、ということです。動機が働き、自身が働かないのは行動ではない、ということですね。

K　それは話した通りだ。行動の中には動機がある。これは明らかだ。何かを欲し、それを獲得する。君が嫌いだ、そのように行動する。或いは君が好きだ、そのように行動する。私のグルは愚かな老人だ、だが彼に従う。今、我々は行動とは何かを見出そうとしている。

PJ　行動とは何でしょうか？　すべてがそうでないとすれば、その動きを促進させる要素とは何でしょうか？

K　私は行動の中の因果性を解消すべきだと考えるが、果たして可能だろうか？　またそれが行動だろうか？　私は君を愛する、君がお金、或いは肉体を与えてくれるからだ。

PJ　それは明らかです。行動における原因と結果が見て取れますが、注意の状態では……。

K　否、今は「注意」の問題には入らない。

PJ　どうしてですか？

K　今は行動のみに関わるべきだ。注意の何たるかを知らないからだ。

PJ　では、お尋ねします。因果性の動きや思考の動きが起こる、この経験は万人の経験です。人を特定の方向へ促す何らかの思考、思考の中に内蔵された結果というものがあります。

K　然り、周知の事実だ。

PJ　注意の中にも、常に動きがあると思います。でも、それは眠りに入るのではありません。私は今貴方に話し掛けていますし、彼も貴方に話し掛けています。そして、私たちはわが耳で傾聴し、わが目で注視しており、他の動作はありません。この話し掛ける動作は行動です。そこで、この「行動」という言葉の背景として浮かび上がるのが、脳細胞と意識の問題なのです。

K　ええ。

PJ　そこで質問です。注視し、傾聴する以外何もないこの状態において、何が私に話させるのでしょうか？　そのように促すものは何なのでしょうか？

MF　動機のない行動とは、我々が昨日話した無限のエネルギーの内発的な表現ということでしょうか？

K　更に深めたいと思う。我々は一応分かってはいる。だが、行動、恒に自己充電し、無限のエネルギーを持つ無限の働きである行動とは何か？　少しは明瞭になっただろうか？

PJ　無限のエネルギーを持つ無限の働き。

K　然り、それが真の行動だと思う。だが、我々一般の行動は断片的で、限定されたものだ。その行動は分裂を生み、その分裂から葛藤が生じる。我々の行動は常に既知の領域にあり、それゆえ常に時間に縛られ、自由ではない。そうなのだ。そこで、果たして別の行動がないかを知りたい。従来の行動、既知に属した機械的な行動、思考に基づく行動、動作等は知っている。だが、自律した別の行動といったものはないのだろうか？

PJ　その行動の流れは、どのように関わるのですか？
K　……日常生活に？
PJ　日常生活とは言いたくありません。それは人間誰にも起こり得ると師は話されました。
K　然り。
PJ　この行動の流れは、いかに脳細胞や意識に関わるのでしょうか？　もしそれが脳細胞や意識と無関係ならば、それは〈神〉と同義語ではないでしょうか？
K　然り。しかし、我々は何について語っているのか？
PJ　その時、それは何なのでしょうか？
K　私は行動について語っている。行動とは何か？　意識の領域における行動が何を意味するか、我々はよく知っている。だが、それ以上が必要だと思わないだろうか？
PJ　いいえ。
K　我々は、機械的行動、或いはそうではない行動については、その動機、賞罰、そのすべてを知っている。それはすべて……。
PJ　……時間の中の動き。
K　それに尽きる。その行動が、様々な葛藤、様々な悲哀、様々な分裂をもたらすことになる。ここまではお認めになるだろうか？　そこで自問する、「この葛藤、失敗、悲哀、悲惨、混乱をもたらす意識には属さない別の行動があるのか？」と。果たして時間に属さない行動というものがあるだろうか？　またこれは正しい設問だろうか？　人間は常に既知の領域で行動してきた、これが事実ではないだろうか？

MF　直接経験は必ずしもそうではないと思います。

K　いかなる意味だろうか？

MF　自分の心の中で多少でも省察を得た人ならば、誰でもその時の行動は必ず無因かつ無動機であることに気づく筈です。

K　そのようなことは誰も話していない。

MF　普通の行動のことを話しているのではありません。我々一般の行動は、動機づけられ、原因に基づき、或いは条件づけられているように見えますが、それはそのようなものとして描かれているからです。

K　然り。

MF　だが、実はそうではないのです。

K　然り。

MF　行動に《悪名を着せ、吊るした》のです。

K　然り、全くその通り。

MF　だが、そうではないのです。

K　分かった。単純に考えたい。私は、果たして葛藤を伴わない行動があるのかを見出したい。これがすべてだ。あらゆる行動が何らかの葛藤を生み出すからだ。

MF　記憶を基に……。

K　私は、葛藤をもたらさない行動を見出したい。明瞭だろうか？　私は、矛盾を生まない行動を見出したいのだ。

MF　あらゆる行動は純粋です。我々人間が矛盾を創り出すのです。

K　関知しない。脇道に逸れたようだ。

PJ　モーリスにお尋ねしますが、動機なくして行動は起こり得るのですか？

MF　行動に動機を結びつけるのは、既に後知恵ではないでしょうか？

K　否。

MF　原因を求めれば、原因が見つかるものです。

K　否。見給え、私は君が好きだ、私を喜ばせてくれるからだ。動機とは行動を意味するのだ。

MF　私は会社に行くために、バスに乗ります。バスに乗ることは、バスに乗ること以上でも以下でもありません。だが、「なぜバスに乗るのか？」と聞かれれば、「日々の糧を得るために、会社に通勤するのだ」と答えます。

K　無論。バスに乗るのは、生計を立てるためだ。

PJ　彼の言っていることは分かります。日々為される無数の行動は、実は身体的反射であり、それゆえ動機を生む精神の機構には関わりません。掻きたくなれば、掻く。動機は掻くことですが、それは身体的なものなのです。

K　その通り、それは認める。だが、退歩することは止めたい。そのような行動は既に周知のことだ。私は、葛藤を生まない行動、明日も矛盾しない行動を求めているのだ。だが、これは行動が首尾一貫していることを意味しない。或る一連のパターンに従うことと常にそれに従うことは決して矛盾しない。そして、単なる機械的反復は脳を完全に破壊してしまう。私は、反復や葛藤、模倣、適合を伴わず、それゆえ腐敗のない行動を見出したいのだ。私の意図する処をご理解頂けただろうか？

MF　理解できました。でも、いかなる世界にそのような行動があるのですか？

K　それを探究している、右往左往する必要はない。

MF　はい、確かに。

K　私はそのような生き方を求めている。生きることが行動なのだ。

MF　はい、でも生きることは「環境に影響を与え、また与えられる」営みを意味することを忘れてはいけないと思います。

K　然り。

MF　人間は環境から脱することはできないのです。

K　私は環境に依存することはなく、環境が私を創り上げることもない。既に述べた通りだ。

MF　ええ、貴方はそう語られました。だから、私は当惑しているのです。貴方が本質的に環境に依拠する言葉を使われるからです。

K　すべてを払拭し給え。私は真の生を生きたいのだ。
MF　葛藤のない……。
K　葛藤のない生。
MF　それに尽きます。
K　人生とは行動だ。朝起き、外出し、歩き、日々の糧を稼ぎ、子供を儲け、セックスする、これが人生。そして人生は常に葛藤の中にある。ここ、つまり天国でも地獄でもないこの地上のことだ。このボンベイに暮らし、人生とは絶えざる闘争だと気づく筈だ。
MF　それは真実です。
K　だが、それを詳説する暇はない。私は、葛藤のない行動、葛藤のない生き方を見出したい。葛藤とは、模倣、順応を意味し、葛藤を避けるために或るパターンに従うことは、機械的な生き方、自分の経験や記憶等に基づく行動、また自身の断片化を意味する。それゆえ、私は全く新しい生き方――生きるとは、関係における行動に他ならない――、葛藤の影さえ留めぬ生き方を求めている。無論、眠りに陥り、無為枯死、或いは為すべきことを指示してくれる誰かに従うことではない。私は、そのような生き方、模倣や順応、抑圧の影さえ留めぬ生き方を求めているのだ。
PJ　また言語の意味論的問題になりますが、師はお話の冒頭に或る言葉を使われました。「見つける（to find）」という言葉です。
K　確かに「見つける」という言葉を使ったが、不適切な語だ。意思疎通を優先するあまり拙速だった。

PJ　でも、私は知りたいのです。師のお話を伺い、それに対し、どのように取り組めばよいのでしょうか？

K　先ずそれは「発見（finding）」などではない。その語は削除して欲しい。代わりに、今日只今《こんにちただいま》の生、葛藤の影さえ留めぬ生。

MF　その行動において、貴方はその結果に対して十分考慮しておられますか？　その行動は悲惨なものになるかもしれないのです。

K　否、それは悲惨なものにはならない。

MF　何かを仕出かし、獄に入るかもしれません。

K　あり得ない。既知の領域に属するすべての行動を見つめることにより――今までやってきたことだが――、それを観察し、それに注意を払うことにより、わが知性は、この問いを発し始める。今や、英知が働き始めるのだ。それゆえ獄に入る必要も、脱税する必要も、強盗する必要もない。

MF　なぜ自己を小市民風に矮小化し、貶めるのですか？

K　そのような話ではない。

MF　なぜ爆弾を投げないのですか？

K　なぜ爆弾を投げないか？　わが知性がそれは最も愚かな行為だと言っているからだ。

MF　知性ならば、それは正しい行為だと言う筈ですが。

K　否、否。わが知性は、爆弾投擲を既に検証した。

MF　百万もの爆弾は悪いかもしれませんが、一個の特別な爆弾は正しいかもしれません。
K　否、正しい爆弾などあり得ない。
MF　爆弾に関しては、根本的に見方が異なるようですね。
K　正しい爆弾などはない。
MF　どのようにして、そうだと知ることができますか?
K　知る必要などない。世界に平和をもたらすために誰かを殺すことは、明らかに道に悖《もと》る行為だ。
AP　他人を傷つけることは、それ以上に自分自身を傷つけることだと、知性が語っています。
MF　それは貴方の知性ではなく、貴方の心が告げているのではありませんか?
AP　いいえ、この世界で他人に悪を為すことは、自分自身に対してそれ以上の悪を為すことになると、知性は語っています。
K　この件には深入りはしない。脇道に逸れたようだ。〈intelligence〉という言葉は、「極めて鋭敏な精神」という意味と共に〈inter legere〉即ち「行間を読む」という意味もある。既知の行動の行間を読む。読み終われば、知性は語るだろう、「既知の領域のすべての行動は常に矛盾対立がある」と。これにて終了。
MF　知性が何かを探し求める時……。
K　知性は探し求めない。
MF　私は「search」という語を普通に使っていますが……。

K　これらの語、「search（探し出す）」「look out（見つける）」「find（発見する）」等は使いたくない。

MF　何かの可能性を探究する……。

K　然り。「探求する（inquire）」「探究する（investigate）」。

PJ　私たちはここで完全に立ち往生のようです。

K　なぜ立ち往生してしまうのか？

PJ　なぜ立ち往生したか、お話しします。師は、探すこともなく、見つける道もなく、また触れる方法もない、と仰いました。

K　私は探究するつもりだ、と述べた筈だが。

PJ　「探究する（investigate）」と「探す（search）」の違いは何ですか？

K　大いなる差異がある。〈investigate〉は「跡を辿る」ことを意味し、〈search〉は「見つけるために何かを探す」ことを意味する。「探す」とはそういう意味だ。「見つけるために探す」のだ。

PJ　それは師が付与した特別な意味だと思います。両語の間にそんな大きな違いはないと思いますが。

K　差異はある。

PJ　私たちにも分かるようにお話し下さい。

K　私にはその差異は極めて明瞭なのだが。単なる「searching」即ち「finding」と、根源まで辿り、探究することに徹する「investigating」との差異。少なくとも私にとってはこの差異は明らかだ。

ＰＪ　では、どのように探究するのですか？
Ｋ　これからだ。
ＭＦ　科学においては、「investigation（調査）」は、既知のただ中で未知を発見することを意味します。既に明示的に既知なるものを取り上げ、何か未知なるものを発見するのです。
Ｋ　否。私はこの「investigate」という語を、科学の分野や世間で使用する意味としては用いない。辞書によれば、〈investigate〉〈investigare〉という語は、「跡を辿る（trace out）」という意味だ。
ＭＦ　はい。
Ｋ　それに尽きる。
ＰＪ　どのようにして跡を辿るのでしょうか？
Ｋ　それを探究している。注意を払えば、動機を含むあらゆる行動は不可避的に分裂と矛盾をもたらすことが分かる。観念ではなく、事実として見るのだ。［或るものを指さしながら］私がこれを事実として見るように。そこで、「探究している時、私の心の中に動機はあるのか？」と問う。私には動機がない。何が起こったのか？　更に注意を払う中で、信念に基づいた行動は裡《うち》に矛盾対立を抱えていることが分かる。そこで自問する、「私の中に信念はあるのか？　私は生き、行動する。それゆえ矛盾も？」と。もしあれば、私はその信念を追求し、払拭する。
ＰＪ　追求し、払拭するのは誰ですか？
Ｋ　それを示そう。私は〈in（注意の中で）〉という語を用いた。その注意の中では、追求も払拭もない。他ならぬ注意、信念を観察する注意それ自体が、信念を消滅させる。しかも、貴方ではなく、私の中で、注意が信念を消滅させるのだ。その注意の中で、いかなる順応の様式も、恐怖、抑圧、服従を生むものだと分かる。即ち、注意それ自体が私の中の信念を消滅させるのである。褒賞と処罰に基づくすべての行動は尽き、終了する。

関係の中では、イメージに基づくいかなる行動も人々を分断する。私は貴方のイメージを持ち、貴方は私のイメージを持つ、我々はこのように生きてきた。そこで、既知に対し、既知のすべての要素に対し、そしてその構造と性質に対し、注意力を注いだならば、すべては終了する――他の人の心ではなく、この私の心の中で。即ち、注意力は極めて重要なものとなる。そして注意力は問う、「これらすべてに汚されない行動が果たしてあるのか?」と。

PJ　でも、注意それ自体はこれらと無関係なのではないでしょうか?

K　それはいかなる意味なのだろうか?

MF　注意それ自体が行動だと仰りたいのですか?

K　まさにその通り。注意は行動における不朽の営みであり、それゆえ注意の中に葛藤はない。それは無窮なのだ。信念に基づく行動はエネルギーの浪費であり、脱却すべきだ。一方、注意に基づく行動はそれ自体のエネルギーを生み出し、それゆえ無窮なのだ。さて、その際、脳とはいかに関わるだろうか?

AP　素晴らしい。

K　脳は常にこの領域で機能してきた。つまり、葛藤、信念、模倣、順応、服従、抑圧の領域だ。そこに注意力が登場する。その時、心の中で脳細胞は極めて鋭敏になる、但し、強制された注意ではない。

PJ　つまり、注意力が働いている状態では、脳細胞の中には二元性の分裂が存在しないということですか？

K　その通り。二元性が生まれた瞬間に、再び古巣に逆戻りだ。

MF　今ここで私が理解したことによれば、貴方は、注意がエネルギーを招来する、と仰っているように思えます。

K　問題を複雑にしないことだ。

MF　エネルギーの流動化、何と呼ぼうが内容はそういうことです。その時、エネルギーは注意力によって差配される、或いは働く。

K　注意が行動なのだ。

MF　分かりました。では、そうしましょう。脳細胞が注意深くなると貴方が仰る時、その細胞自体の中に意識が予め想定されていますよね。

K　待ち給え。意識とはその中身、その中身とは意識だ、と述べた筈だ。

MF　それは複雑過ぎます。我々の脳の枠組みは脳細胞と呼ばれる生体を含み、その脳細胞は気づくことができる、と仰ってはいかがでしょうか？　もしそうであれば、全事態が変わってきます。生物学的にはこう言えます、生物学上、細胞はすべて単独です。生物学的には、全細胞は自身で自律して生存しています。
K　それで？
MF　貴方の仰ることが正しければ、細胞は注意の中で働くことができることになります。
K　然り。
MF　全細胞もまた気づくことができる、と敢えて言うことができますか？
K　私はそう思っている。
MF　そうでなければ、気づきが細胞の中に組み込まれているとは言えませんからね。
K　然り。
MF　そうなれば、それは一種の新しい脳の生理学ですが、それに関する言及は今までありませんでした。
K　ここで視点を変えてみたい。葛藤や模倣といったエネルギーの消尽があり、脳細胞はそれを経験してきたし、それに慣らされてきた。それが脳細胞の機能だ。脳細胞がそういった動きを止め、その領域から出たならば、脳はもはやその一切の残滓から解放される。機械的な機能は続くだろう。だが、生は行動であり、葛藤なき営みであることを知った脳は、注意の状態にあると言える。強制や指示或いは意志ではなく、真に内発的で完全な注意があれば、その時には全構造が生気に満ちたものとなる。古い感覚は絶え、全く新しい感覚が甦る。
MF　その時には脳は全体として活動し、もはや断片化されることはない、と。

K　然り、その通り。

MF　全心身が全体として行動する、ということですね。

K　そうなれば、どこに行き着くだろうか?

MF　身体的変容をもたらします。

K　然り、私は身体的変容がある、と思っている。

MF　それは死からの復活を意味します。

K　然り、死からの復活だ。死からも脱却できる。

MF　反復する脳は死んだ脳だ、と仰いましたね。

K　その通り。反復性のない行動があり、それゆえ既知からの自由とは、未知の中における注意に他ならない。

PJ　師よ、ご自分の仰っていることの意味をお分かりですか?

K　知らない。

PJ　そうなれば、既知からの自由も、脳細胞の中の出来事になってしまいます。

K　そうだ。

PJ　脳細胞とは既知です。

K　然り。

PJ　既知からの自由も脳細胞内の出来事ということですね。

K　然り、それゆえある一定の変容が存在する。

MF　脳は記憶痕跡を払拭します。

K　記憶痕跡（engrams）、それについては聞いたことがある。

MF　無です。記憶が働く溝《みぞ》も新たに生まれることはありません。

K　然り。

MF　これは一種の身体的変容です。悟りのようなものです。

K　つまり、論理的には、心が既知の領域、即ち矛盾の中で機能する限り、轍《わだち》の中で機能していることになる。そして、脳細胞はいずれにせよ轍の中で機能してきたのである。今、この轍が存在しない時、脳全体が活動し、轍という溝の中ではなく、注意という自由の中で、機能し始めるのだ。何か多少でも伝わっただろうか？

第五章　調和 —— 静寂の基礎

葛藤や訓練、歪曲を伴わずに、
精神に静寂をもたらすことは可能だろうか？

一九七三年一月二十九日　ボンベイ

ププル・ジャヤカール（ＰＪ）　今日は「静寂（silence）」の問題を論じたいのですが……。静寂には多くの様相と形態があるのか、或いは思考の存在しない唯一の静寂があるのか、異なった状態、異なった経験の中から生まれる静寂は、その本質、次元、方向において果たして異なるのか、といった諸問題です。

クリシュナムルティ（Ｋ）　どこから始めようか？　我々は既に多くの事柄を論じてきた。

ＰＪ　「静寂」とは何でしょうか？

Ｋ　設問はこうだ。静寂に対し、正しい取り組み方 —— 何が正しいかは、後に述べる —— があるのか？　あるとすれば、それは何か？　これを出発点としてはどうだろうか。静寂には多種あるのだろうか？　静寂に多種あれば、静寂に到達する方法も多種あることになる。では、静寂の本質とは何か？　この手順で進みたい。さて、静寂への正しい取り組み方はあるのか？　我々は「正しい(right)」と引用符をつけたが、では「正しい」とはそもそも何を意味するのか？

PJ　取り組み方は一つだけでしょうか？　すべての静寂が同じような性質を持つとしても、取り組み方には様々あるかもしれません。

K　だが、私が問い掛けているのは、「正しい取り組み方」とは何を意味するのか、ということだ。

PJ　私にとって「正しい」とは、唯一ということです。

K　唯一(only)の道？

PJ　多に対する一です。

K　ではその一とは？　真正の、自然で、理性的、論理的、また超論理的な道とは何なのか？　それがそうなのか？

PJ　分かりません。そのような道なのかどうか、私には分かりません。ただ、意識が働いていない時、思考が働いていない時に……。

K　それを探究したいのだ。

スナンダ・パトワルダン(SP)　一般的には、思考の不在が静寂とされているようですが。

K　私は空白になれる——いかなる思考もなく、何かを見ただけで空白になることができる。これが静寂だろうか？

SP　どのようにしてそれが真の静寂だと分かりますか？

K　問いから始めたい。静寂への正しい取り組み方はあるのか？　またその「正しい」とは何か？　静寂には様々な種類があるのか？　そして思考の不在が静寂なのか？　これらの問いには多くの事柄が内包される。例えば、私は突然空白になれる。私は多くのことを考えている、そして突然止め、何かを見るや、空白になる。朦朧たること白昼夢の如し。これが、これらの問題に対して「静寂への正しい取り組み方はあるのか？」という問いから始めたい理由だ。この問いから始めるべきだ。最初にこの問いを取り上げ、それから他の問題に入っていくのがよいと思う。

SP　師は、真の静寂の本質よりもその問題への正しい取り組み方を強調されているように見えます。

K　私はその方が適切だと思う。なぜなら、思考を制御し、自己催眠により静寂に入り、騒がしい心を抑え、全く愚かで鈍い静寂に至るまで、寂黙を修行した人間が多数いるからだ。それゆえ、私はこの探究を「正しい取り組み方」という点から始めたい。さもなければ、多岐亡羊の恐れがある。この方が堅実だと思うが、果たして……。

モーリス・フリードマン（MF）　……自然な取り組み方があるのか？

K　……自然で、真正かつ健全な取り組み。正気とは健全なこと。果たして、静寂に対して、健全、論理的、客観的で調和の取れた取り組み方があるのか？　ここから出発できるだろうか？　多くの人の主張についてはよく知っている。静寂に関する贅言《ぜいげん》多語。だが、そもそも静寂はなぜ必要なのか？

PJ　静寂の必要性は容易に理解できると思います。日常において、常にお喋りに耽る心、常に波打つ心が、休息に入れば、心は癒され、塵界を離れ、新鮮になります。だから、静寂それ自体が重要なのです。

S・バラスンダラム（SB）　それに加え、平時の感覚にとっても、或る一定の静寂がなければ、見色も聴声もあり得ないと思います。

K　無論、そうだ。

SP　また全伝統にとっても、静寂は重要であり、必要とされます。だから、修行のシステムとして、プラーナの観察、ブラナヤーマの呼吸法、その他静寂の境地に至るための様々な方法があります。それは静寂の不健全な状態ではありませんが、不健全なものもあります。

K　他人が様々に静寂の必要性を高唱するが、それに関して疑問があれば、問いを発してみてはいかがだろうか？

PJ　師は常に問いを発し続けられる。精神安定剤のようなレベルでさえ、師は問いを発することでしょう。

K　人間は、精神を安定させるために問いを発する。精神は常に喋り続け、退屈で疲弊をもたらす。そこで「ドラッグ以外に精神を安定させる方法はあるのだろうか？」と問うことになる。薬物で精神を安定させるやり方は知っている。だが、自然、健全、正気、論理的に精神に静寂をもたらす他の方法はないのか？　いかに取り組めばよいのか？　騒々しい精神に辟易し、疲弊した人は、こう自問する、「薬物を使わずに、精神を静寂にすることができるだろうか？　そのような方法があるのだろうか？」と。そのように問うことは全く自然だ。さて、そのような方法が真にあるのだろうか？

SP　多くの方法があると思います。

K　多くどころか、あるのかさえ不明だ。諸君は多くの道があると言う。だが、ご存知の通り、私は推理小説と若干の歴史物以外は読まない。直接知るものが何もない土地からやって来たようなものだ。そこで問いを発する、「精神は努力なしでそれが可能か？」と。努力は精神を攪乱するからだ。努力は静寂をもたらさず、疲弊をもたらす。そして疲弊は静寂ではない。恰《あたか》もビジネスマンが一日の終わりに疲労困憊し、アルコールを飲んで疲れた神経を鎮めるようなものだ。即ち、葛藤は静寂をもたらさない。葛藤は疲弊をもたらし、その疲弊は一日の終わりに完全に敗残となった人々によって静寂と誤訳される。そして「最後にわが瞑想室に入り、静寂を得ることにしよう」と呟くのだ。さて、葛藤や訓練、歪曲を伴わずに、精神に静寂をもたらすことは可能だろうか？　これらすべてが消耗の過程だからだ。

SP　少し可笑しいかもしれませんが、単純なことをお聞きしたいと思います。プラナヤーマを実修する時、葛藤はなく、静寂が存在します。ましてや人を疲弊させることなどあり得ません。この静寂の本質は何ですか？

K　呼吸法を行えば、より多くの酸素を体内に取り入れることができ、酸素は当然リラックスするのを助ける。

SP　つまり、それもまた静寂の状態ですよね。

K　その静寂については後で論じよう。今は、いかなる努力、呼吸法、強制、制御、管理等の計らいを介することなく、精神は静寂になることができるかを知りたいのだ。

T・K・パルチュレ（TKP）　精神は、興奮したり混乱した時にのみこのような問いを発するようです。外的扶助に頼ることなく精神の静寂を得ることは可能でしょうか？

K　否、「外的扶助」などとは言っていない。「葛藤や管理、制御や強制、呼吸法の実修等の類《たぐい》なしに」と言ったのだ。薬物や精神安定剤を摂り、精神を静寂に導くこともできる。プラナヤーマの実修も同様だ。また精神を制御し、静寂を得ることも可能だが、呼吸法や薬物の効果に等しい。そこで、私は、精神が絶えざる思念の葛藤に苛まれ、自ら興奮し、騒擾《そうじょう》し、疲弊するゆえに、「いかなる人為的手段に頼ることなく真の静寂に至ることは可能か？」という問いから出発したい。私にとっては、これが核心的問題なのである。そこでその問題を探究する上で、いかに取り組むかが問題となる。人為的なものは捨て去らねばならない。探究を進めれば、人為的なものとして、制御、薬物、呼吸法、調息、集中、観照、マントラ等、様々なものが現れてくる。これらはすべて各々それ独自の静寂へと導く人為的手段なのである。

ラーダ・バーニア（RB）　自然によってもたらされる静寂も、この人為的リストに含まれますか？

K　それも含まれる。私は、これらすべてを静寂へと導く人為的強制と見做している。

PJ　でも、秀麗な山を見る時、精神は静謐になります。

K　山を見る時、何が起こるのだろうか？　山の壮麗、美、荘厳さに魅了され、人は沈黙する。だが、これも所詮人為的なものだ。素晴らしい玩具を与えられた子供が、暫くはその玩具に夢中で、静かにしているようなものだ。静寂に導くいかなる業《わざ》も人為的なものだ――Kにとっては。

TKP　問題は動機と共に始まります。

K　動機も人為的なものだと言っている。

TKP　静寂をもたらす動機は偶発的なものです。

K　それが偶発的なものなのか、それとも誘引や動機、指示を伴わない自然な道なのかを見出したいのだ。

SP　山を見る行為は非二元的な経験ですが、それさえも静寂ではない、と仰るのですね。

K　それを静寂と呼ぶことはできない。偉大な事物に接する時、その偉大さが人を圧倒するに過ぎないからだ。

SP　そこには「私（me）」は存在しません、意識レベルでは存在しないのに、師は存在すると仰います。

K　存在する。

SP　どのように？

K　素晴らしい絵画、雄大な日没、巍々《ぎぎ》たる雄峰の連なり、それらは子供の玩具と同じようなものだ。その偉大さが「私」を暫く圧倒し、精神は静寂になる。諸君も経験したことがあるだろう。

SP　でも、師はそれをも真の静寂ではないと仰る。

K　それを静寂とは呼べない。なぜなら、山岳、落日といった壮麗な美は、観る者の魂を暫し奪い、その間「私」を傍らに押しやるに過ぎないからだ。だが、時が過ぎれば、再び元の自分、あの騒々しい心に戻ってしまう。従って、動機や指示などを伴う人為的な方法は、Kにとってはすべて欺瞞であり、それで静寂の深奥に至れるとは到底思えない。無論、修行や訓練、制御、或いはより偉大なるものとの同一化による自己寂黙などもそうだ。そこで自問せざるを得ない、「そもそも静寂は必要なのか？　もし動機がなければ、このような問いを発するだろうか？」と。

質問者1（Q1）　師が叙述された精神は静寂を感じるでしょうか？

K　私は精神を叙述（describe）した覚えはない。

Q1　動機を持たない精神という意味です。

K　否。いかなる形の誘引も、その顕微を問わず、真の静寂の深奥に至ることはない、と私は述べた。すべて皮相的なものだと思っている。無論、私が誤っているかもしれない。ゆえに探究しているのだ。

Q1　その状態の精神は既に静寂な精神ではないでしょうか？

K　そうかもしれない。さて、静寂に至る自然で健全な取り組みとは何だろうか？

RB　でも、その取り組み自体が動機づけられているのではないでしょうか？

K　否。自然な道、自然な静寂の状態とは何か？　いかに自然にその状態に到達できるのか？　バラスンダラムが言ったように、人の話を傾聴しようとすれば、私の心は静謐になる。これは自然なことだ。何かを明晰に観ようとすれば、心はお喋りを止めるだろう。これも自然なことだ。

S・W・スンダラム（SWS）　師は、「自然な」や「明らかに」という言葉を使われましたが……。

K　ああ、それは問題ない。「自然な（natural）」「明らかに（obviously）」、以前も使ったし、今後も使うだろう。ところで、なぜ我々は静寂をかくも大層なものに考えるのだろうか？

PJ　その中に、すべての調和、すべての健全さがあるからだと思います。

K　然り、真に深い静寂の基礎には、精神、身体、そして心の平衡、調和、大いなる調和があり、制御や訓練等のあらゆる人為的手段を排して得られるものだと思う。それが静寂の基礎であり、真の基礎は調和だと言いたい。

PJ　でも、それにどういう意味があるのでしょうか？　それでは何事も解決したことにはならないと思います。

K　先ず我々は何事かを解決している訳ではない。

PJ　師はここでまた新たに「調和（harmony）」という言葉を使われました。

K　然り。結局そういうことになる。即ち調和は静寂の基礎だ、ということだ。

SP　真の静寂。

K　真の静寂にとって。

PJ　しかし、すべてが葛藤の世界です。

K　宜しい。それゆえ静寂を語ってはいけない。静寂ではなく、葛藤と取り組むべきだ。心身に不調和があれば、静寂ではなく、不調和を扱うべきだ。不調和のままに静寂を扱えば、それは人為的なものになる。そういうことだ。

TKP　興奮した心は自ずから沈静化に向かうのではないでしょうか？

K　それゆえ静寂ではなく、興奮した心に関わるべきだ。〈かくあるべき（what might be）〉ではなく、〈ありのまま（what is）〉を扱うべきだ。これが論理的にも正しいと思う。このやり方でやってみ給え。

RB　興奮した心は、自らの興奮自体に関わることができるとお考えですか？

K　それはまた別の問題ではないだろうか？

SB　彼女の質問は、興奮した心は自然に「それは沈静化できるか？」という問いを発するのではないか、ということではないでしょうか？

K　然り。静寂ではなく、なぜ興奮しているのか、に関わるべきだ。

TKP　それは、興奮の反対、沈静の状態を考える、ということですか？

K　ゆえに葛藤なのだ。物事はその反対の中に根があることを指摘しておきたい。

RB　はい。考えそれ自体も思慮の中に含まれるのですね。

K　それゆえ、完全なる調和は、清浄なる寂默の基盤なのである。

SP　どのようにしてこの完全なる調和を知ることができますか？

K　知ることはできない。静寂ではなく、調和を探ることだ。後に静寂の多様性の問題に逢着するだろう。さて、調和とは何か？　私は、心身、情意間の調和とは何かを見出したい。断片化がなく、知の過剰もなく、反って知性が明晰に、客観的かつ健全に働いている全一体としての統覚。そして心情は、愛情、配慮、愛と慈悲、生命力に溢れ、感傷や過剰多感、ヒステリーの類に陥らない。そして身体は独自の英知を持ち、頭脳や嗜好の干渉を受けず、すべてが高性能の機械のように、単に物理的なものではなく、極めて流麗に作動し、機能する。これが重要だと思うが、果たして可能だろうか？

SWS　この調和の中で機能する中心はありますか？

K　この調和の中に中心があるのか？　分からない。探究しなければならない。精神、大脳は、いかなる摩擦や偏向なく、効率的に機能することは可能だろうか？　また知性や判断力、認識力も鋭敏で明晰に働くことは可能だろうか？　だが、中心があれば、それが無理なことは明らかだ。中心が、自らの限界に従ってすべてを翻訳してしまうからだ。さて、静寂に近づけただろうか？

RB　でも、なぜこの分離が起こるのでしょうか？　精神と……。

K　……身体との間に？　分離は、我々の教育が原因だ。生きることから遊離した記憶や理性としての知性を養成することを重視し過ぎる教育の責任だ。

RB　確かに知性への過剰重視はあるかもしれませんが、その教育がなければ、反対に感情を過剰重視することに繋がりませんか？

K　勿論そうだ。だが、人間は、感情よりも知性を過剰に崇拝しているのではないだろうか？　そして感情は、熱狂や感傷主義、あらゆる類の放縦、ヒステリー等の感情膨張に置換される。我々はこういうことをずっと続けてきたのではないだろうか？

TKP　いかにしたら、日々の技術的な記憶の蓄積と感情的記憶の蓄積を混同する習慣を止めることができるのでしょうか?

K　簡単だ。なぜ記憶の貯蔵庫である大脳は、知識——技術的、心理的、そして関係上の知識に、かくも重要性を与えるのだろうか? なにゆえ人類は知識に対し、かくも甚大な重要性を置くのか? 私は立派な職についている、私は高級官僚になる、私は専門分野に関する知識を持っている、こうして私は次第に尊大になり、愚かになり、鈍くなる。なぜ私はかくも知識を重要視するのか?

TKP　それは生来の欠陥なのでしょうか、それとも知識の影響でしょうか?

K　頗る簡単なことだ。安心のためだ、明らかに。

PJ　安心——自分が重要人物だということ。

K　知識は地位を与えてくれる。人間は知識に、知性に等しい地位を与え、崇拝してきた。博識の学者、哲学者、発明家、科学者たちは、すべて知識に関係する。彼らはこの世界に驚くべきものを生み出した、月に行き、新しい銃、潜水艦、ポラリス弾まで発明した。実に途轍もないものを発明したものだ。そして知識への賞讃、驚嘆の念が世界を覆い、我々はそれを受け容れてきた。それゆえ我々は、知識に対するほとんど崇拝とも言える程の過剰な賞讃の念を育んできた。聖なる書物やその注釈書もその類だ。そして、それとは対照的な反応がある。「お願いだから、これらすべてにもう少し感情を豊かに注ぎ、同情心を持とう」。熱狂、ヒステリー、感傷、感情過多、これらすべては、この反応から生じる。そして身体は顧みられない。

SP　そこでヨーガやその類が……。

K　そこでヨーガを実修して身体を快調に保とうとする。その結果、不自然な分離が起こることになる。我々は自然な調和をもたらさなければならない。知性は高級時計のように動き、感情や愛情、配慮、愛、慈悲、これらすべてが健全に働き、そしてかくも虐待され、かくも誤用されてきた身体は、それ独自の英知を獲得する。然り、調和だ。さて、諸君はどうだろうか?

ガネーシャム・メータ（GM）　私は知識を崇拝します。知識が必要だからです。

K　その件は議論済みだ。再論は不要。知識は必要だ。英語で話すためには、英語の知識が必要。私はインドの言葉を知らないので、英語を使わざるを得ない。それも知識。自転車に乗るのも知識、エンジンやモーターを操作するのも知識だ。

SWS　病人がいて、医師が治療できなければ、その知識の優れた人の処に行かなければなりません。

K　無論、だが依然それも知識の領域のことだ。知識は必要だ。だが、知識を持つ者が、「私」という中心に誤用された時、より知識の乏しい人に対し、優越感を抱き、知識を自身の地位として用いることになる。知識のない貧しい人間に比べ、「私」はより重要人物という訳だ。

P・Y・デシュパンデ（PYD）　次の問題になりますが……。知識と新規発見との区別は可能か、という問題です。

K　勿論。もし知識が新たなものの発見に干渉したならば、新たなものの発見自体があり得ないことになる。知識と新たなものの間に間隙が生じる筈だ。さもなければ、陳腐な旧物を持ち運んでいるに過ぎない。
PYD　確かにその通りです。師は知識を一蹴され、知識がない時に何が起こるかを知る試みをしておられます。
K　然り、それを求めている。少し立ち返るが、先程のラーダ女史の問いは「心身間になぜ分裂があるのか?」というものだ。我々はその原因を探った。そこで次の問いが出る、「いかにしてこの分裂は自然に真の調和に至ることができるのか?」と。いかにすべきか?　強制や調和の理想では無理だ。知性を減らさなければならない?　それはあまりに馬鹿げている。では、いかにすべきか?
SWS　その調和は私がもたらすことができるのでしょうか、それともそれ自身で自然に実現されるのでしょうか?
K　どういう意味かな?
SWS　私がその調和をもたらすことはできないようです。
K　では、何を為すべきか?　何人もこの分裂には気づいているだろう。知性、感情、そして肉体、その間には甚だしい分裂、大きな峡谷がある。精神はいかにこれら分裂をすべて解消し、完璧な全一的機能を取り戻すか?　この件に関する伝統主義者の意見はどうだろうか?
MF　努力、努力、努力あるのみ。「しっかり歯をくいしばれ」です。
K　「歯をくいしばり、噛み締めろ」だろうか?
PJ　何か泥沼にはまり込んでいるようです。

K　そうは思わないが。

PJ　その理由を述べたいと思います。師は「調和」という言葉を使われました。

K　確かにその言葉を使っている。他にはどのような言葉が？

PJ　はい、「静寂」という言葉も……。

K　ああ、今は「静寂」には触れない。

PJ　静寂には触れない。そこで「調和」という言葉。そして私たちは「調和」という言葉に触れることはできないのです。

K　では、いかにすべきか？　なぜ静寂を追求しないのか？

PJ　そこで私たちが知る唯一のことに立ち戻ることになります。つまり「不調和（disharmony）」です。

K　そうだ。そこに行き着くべきだ。

PJ　でも、この分裂が存在します。

K　それゆえ敢えて言いたい。静寂ではなく、不調和と向き合うべきだ、と。もし不調和を了解したならば、自然にそこから静寂が誕生するだろう。

MF　ラテン語の格言があります。《我正しきを知るも、従わず》。

K　ええ。

MF　また、貴方の説を否定するようなメカニズムがあります。師の説では、不調和に関われば、不調和は消滅する、ということになります。

K　ラテン語の格言など持ち出さなくて宜しい。ありのままの現実に向き合うべきだ。ププルの言う通り、我々は静寂から出発し、「静寂に至る自然の道を見出すまでは、静寂を論じても意味はない」と気づく。我々が辿ってきたのはすべて人為的な道だ。そこで「自然な道とは何か?」との問いが起こる。自然な道とは調和の是非を見出すことだが、我々は調和について何も知らない。我々は無秩序の状態にいるからだ。それゆえ、無秩序に取り組むべきだ。調和や静寂ではなく、無秩序に、だ。

MF　私たちの経験によれば、無秩序は決して消え去ることはありません。無秩序は無秩序のまま残るのです。

K　これから分かるだろう。自分の見解に固執してはいけない。

MF　いいえ、固執ではありません。私の観察の結果です。

K　君の君自身に対する個人的な観察?

MF　私の私自身に対する個人的な観察です。

K　それは君の無秩序だ。

MF　私は自分の無秩序を観察し、観察し、観察し……。

K　……そして無秩序はそのまま続いていく。

MF　私は無秩序を観察し、無秩序は私を観察する……。

K　君の観察の中には、「見るものと見られるもの」のような二元性、分離、矛盾がある。そしてこの戯れを際限なく続けていくのだ。

MF　その通りです。

K　これまで論じたことを振り返りたい。先ず「静寂」から出発した。静寂の本質とは何か？　多種多様の静寂があるのか？　静寂に至る別の取り組み方はあるのか？　ププルはまた問いを提出した、「静寂の起源は何か？　また静寂に至る道は何か？」と。それに対し、恐らく「正しい」道があるだろう、それを発見すべきだ、となった。人為的手段によって獲得されたいかなる静寂も決して真の静寂ではない――いかなる人為的手段であっても。ここまでは明らかだ。退転してはいけない。人為的な道でなければ、つまり努力や誘引、管理等がなければ、自然に静寂に至ることも可能ではないか？　そしてその過程で「調和」という言葉が浮かんできた。それに対し、ププルは「我々は調和の何たるかを知らない。我々が知り得るのは無秩序（disorder）だけだ」と指摘した。そこで我々としては、他のすべてを脇に置き、静寂ではなく、無秩序に関わるべきだ。無秩序な精神が静寂を尋ね求めれば、その静寂は秩序をもたらす手段と化す、または無秩序からの逃避となる。その静寂は無秩序に依存する、或いは無秩序から逃避する。我々はこれらすべての欺瞞を止め、「なにゆえ無秩序が存在するのか？　この無秩序に終止符を打つことは可能だろうか？」と問わなければならない。

PJ　無秩序は自らを表現する際、思考という形態を採ります。

K　それについては何ら関知しない。敢えて断定はしない。

PJ　知覚の問題として、発言しています。もし間違っているとお考えならば、是非議論してみたいのですが……。

K　宜しい、論じてみよう。

PJ　無秩序が自らを表現するのに、何か別のやり方がありますか？

K　そもそも無秩序とは何か？　私の中の無秩序とは何か？

PJ　私の中の無秩序は、思念が起こり、何かを欲する時に現れます。

K　否。貴方は無秩序を原因に還元しようと、原因を求めている。無秩序の原因は何かを求めているに過ぎないのではないか。

PJ　いいえ、違います。

K　違う？

PJ　はい、違います。

K　それで？

PJ　私は無秩序の本質を観察します。原因を求めている訳ではありません。私には原因は分からず、原因を発見することもできません。

K　貴方は無秩序を観察する、ということだろうか？

PJ　私は無秩序を観察します。

K　貴方は自身の中の無秩序を観察する、人は自身の中の無秩序を観察する、ということだろうか？

PJ　はい、そして無秩序は思念として現れることが分かります。

K　それは分からない。少し探ってみたい。私は自身の中に無秩序を観察する。ところで自分の観察するものをなぜ無秩序と呼ぶのか？　そのためには既に秩序とは何かを薄々でも知っていなければならない。

SP　その通りです。

K　私はそれを過去の秩序の経験或いは知識と比較し、その結果「それ」を無秩序と呼んでいる。そこで、「それでは駄目だ。比較してはいけない。ただ無秩序とは何かを観察せよ」と呟く。私の心は、秩序と比較することなく無秩序を知ることができるのか？　わが精神は比較を止められるのか？　比較が無秩序かもしれない、比較自体が無秩序の原因ではないのか。すべての測定（measurement）は無秩序であり、比較がある限り、無秩序が存在する。私が官僚であれば、より高級の官僚と比較する。そこに無秩序が存在する。私は現在の自らの無秩序を、過去に味わったことのある秩序の香りと比較して、それを無秩序と称する。即ち、無秩序という名称ではなく、比較の念が決定的に重要なのだ。精神が比較や測定の領域にある限り、無秩序は存在するのだ。

RB　でも、私の場合、比較の念なく自分自身を見つめても、無秩序があることに気づきます。私の中のすべての部分がそれぞれ異なった方向に引っ張られているのです。

K　私は、自分が無秩序の中にあると感じたことはない。

PJ　師のことは話しておりません。

K　分かった、分かった。［笑い］　しかし、ごく稀な時を除いて、自分が無秩序だと感じたことは本当にないのだ。そこで私は自問する、「なぜこの人々は無秩序について語っているのだろうか？　彼らは本当に無秩序を知っているのだろうか？　或いは比較によるのみでそれを知っていると思い込んでいるのかもしれない」と。

MF　少々荒っぽいですが、私にとっての事実を述べますと、自分が欲するものを手に入れられない時に、それを無秩序と呼びます。

K　私ならば、それを無秩序とは呼ばない。私はロールス・ロイスが欲しい、月に行きたい。が、実現しない。だが、これを無秩序とは言わない。

PJ　師のお言葉の中で――失礼をお許し下さい――、容易に首肯しかねる処があります。心の中に「これは無秩序だから、私は秩序を求めよう」といった意識的な比較はないようですが。

K　私は尋ねているだけだ、「いかにして無秩序を知るのか？」と。

PJ　混乱の感覚で分かります。或る思念に対して起こる別の思念。師ならば、「混乱（confusion）」という言葉は「比較」と同じだと仰るかもしれませんが。

K　否、否。それを言うなら「矛盾（contradiction）」だ。

PJ　私は他のことは何一つ分かりませんが、混乱だけは分かります。

K　貴方は矛盾のみを知っている、そしてそれは混乱だ。そこに注意を注ぐべきだ。「私の心は混乱状態にある。なぜなら心は常に自らが自らに矛盾しているからだ」ということだ。

PJ　はい。

K　結構、そこから出発することだ。

PJ　私は自分の心を観察し、そこに無秩序を認めます。
K　然り。過食すれば、そこに無秩序が生じる。
PJ　無秩序、不調和は分かりますが、調和に関しては分かりません。
K　無秩序は分かる、何を為すべきか？　その後は何を？　そこから進まなければならない。
PJ　そこで問わなければなりません、「それが精神の自然なのか？」と。
K　問い給え。
PJ　そこから脱け出せる道が見つかる筈です。
K　それで？
PJ　その問いを発している自分自身を観察します。
K　ええ。
PJ　それから暫くの間は終息します。
MF　今の過程で、どこかに誤謬があるのでは？
PJ　誤謬はないと思います。
K　ここまでに誤謬はないだろう。更に議論を進めたい。
PJ　これは私たちが論じ始めた問題の本質だと思います。
K　然り。
PJ　議論によりこれらの段階を踏み、結論に至ると思います。

Ｋ　否、それはよくない。

ＰＪ　お言葉を返すようですが、順々に段階を踏んでいくのが最善策だと思います。先程「終息」という言葉を使いましたが、真の終息ではないかもしれません。やがて「この本質は何だろうか？　これが真の静寂だろうか？」という問いが起こります。そこで私の質問に立ち返りますが、その文脈はまだ活きているのでしょうか？　同じ静寂を論じても、その内実、本質、次元が異なっていれば、そういう結果になります。因みに伝統的見解では、思念と思念の狭間が静寂ということになります。

Ｋ　それは真の静寂ではない。

ＰＪ　それが私の論じたいことです。

Ｋ　二つの音声の狭間の静寂は、真の静寂ではない。その音声外に耳を傾ければ、そこに間隙がある。その間隙を静寂と呼ぶのだろうか？　全くのナンセンスだ。それは音声の不在に過ぎない。音声の不在は真の静寂ではない。

ＰＪ　これで、不安な状態における自己の知覚という問題に行き着くようです。

Ｋ　ププル女史、未だ明快ではないようだね。

ＰＪ　いいえ、私にとっては極めて明快です。不安の認識が不安を終息させるということです。

Ｋ　それに対しては疑問を感じている。諸君が無秩序の何たるかを知っているとは確信が持てない。諸君はあれこれを無秩序と呼ぶ。過食すれば、それが無秩序だ。感情的妄想に耽溺すれば、それが無秩序だ、という風に。

PJ　声高に話していることに気づき、思わず口を噤《つぐ》む――これも無秩序です。

K　それも無秩序。だから何なのか？　そもそも無秩序とは何か？　いかにしてそれが無秩序だと分かるのか？　よく聞き給え。過食し、腹痛を起こす。私はそれを無秩序とは言わない。単に「食べ過ぎた。これからは食べ過ぎないようにしよう」、これで終わりだ。

TKP　私は平時の健康状態を知っています。ですから、何らかの障碍が発生すれば、それを無秩序と呼びます。

K　否、そうではない。過程のすべてを説明はしないが、例えば、食べ過ぎて、お腹が痛いならば、「次の食事には気をつけよう」と言うだけだ。

PJ　クリシュナジ、私たちは静寂という問題から調和に移行し、そこで無秩序の中に深く入らない限り、調和の本質を理解することは不可能だということが分かりました。

K　それに尽きる。その三つの課題を保持するように。

PJ　でも師は「なぜそれを無秩序と呼ぶのか？」と疑問を呈されました。

RB　心身間に葛藤のある時は、必ずしも無秩序の認識は必要ないのではないでしょうか？

K　諸君は葛藤を無秩序に関連づけている。

RB　いいえ、師が仰るように、葛藤は人を疲弊させ、人も本能的に何かうまくいっていないのを感じています。

K　つまり、正しく理解すれば、葛藤は無秩序を示すということだ。

RB　それを敢えて葛藤と名づけなくても、ですね。

K　葛藤は無秩序を示す。それが二つの思念であれ、心身であれ、何であれ、それは葛藤だ。これは我々が言及してきたこと。葛藤は無秩序なのだ。

SWS　葛藤は無秩序を示す、ということですね。

K　否。葛藤が無秩序なのだ。「示す（indicate）」ではない。君の心が葛藤を無秩序と変換しているのだ。

SP　そして師は「そもそも無秩序はあるのか？」と問われました。

PJ　クリシュナジは「それは無秩序だ」と言われ、また「君の心がそれを無秩序に変換する」とも言われました。その違いは何でしょうか？

K　宜しい。私は単に葛藤は無秩序を示す、と言った。そこに留まってはいけない。諸君は堂々巡りをしているに過ぎない。

PJ　そこから脱する道がある筈だと思います。

K　何から？

PJ　葛藤（conflict）から。

MF　無秩序から。

K　否。静寂、調和、葛藤――これがすべて。無秩序ではない。

PJ　失礼をお許し下さい。師は、「無秩序」という言葉を採り上げられ、「葛藤」という言葉と共に、探究を続けてこられ、同じ問いに行き着きました。「葛藤に関して何ができるか?」という問いです。

K　それはまさに今我々が関わっている問題だ。即ち、静寂、調和、葛藤。人為的なやり方ではなく、いかに葛藤と正しく取り組むか? 貴方は何も知らない、初めて聞く話だ。それゆえ私と共にそれに参入しなければならない。その時に「最初はそれをどのように認識できるのか?」と問うことは無意味だ。やがて誰かが傍らに来て「この素晴らしい機械を見給え」と言い、貴方は見ることになる。

SP　葛藤の真只中にいる時は静寂や調和など考えることもできません。これは明らかです。

K　精神は自らを葛藤から解放することができるのか? これが諸君が問うべき唯一の問いなのである。

PJ　師は問い掛けておられますか?

K　私は問い掛けている、「精神はあらゆる類の葛藤から自らを解放できるのか?」と。この問いの何が誤りだろうか。

RB　この問いに答えるのもまた同じ精神ではないでしょうか?

K　否、断じて否。

PJ　その問いは「精神は無秩序から自由になれるか?」という問いと実質的には同じことではありませんか? 私には違いが分かりません。

K　こう告げたい、「この一事に留まるべきだ。右往左往する必要はない。この一事、即ち葛藤にのみ意を注ぎ、精神が葛藤から自由になれるかを探究すべきだ。そこから逸脱して『いかに』と問う勿《なか》れ」と。精神は、葛藤の何たるか、葛藤の為すことを知り、その葛藤を終わらせることができるだろうか？　無論、この問いは正当な問いだ。どうして諸君は沈黙を守っているのかね？

MF　貴方が精神には可能だと仰ったからです。

K　私の関知する処ではない。

質問者2（Q2）　この葛藤の問題を考える時、その一面として比較が考えられるのではないでしょうか？　なぜなら比較がなければ葛藤もないからです。

K　葛藤とは、矛盾、比較、模倣、順応、抑圧、これらすべてだ。これらすべてを一語に込め、今定義したような意味を受け容れた上で問う、「精神は葛藤から自由になれるか？」と。

SP　勿論、精神が葛藤から自由になることは可能です。でも次の問題が湧き起こります。「そもそも葛藤からの自由とは何なのか？」という問題です。

K　貴方は自由である前にいかに自由を知るのか？　理論上はそうなる。

SP　いいえ、たとえ束の間でも葛藤から自由になれば、その状態は分かります。そして更に葛藤を探究していくと、少なくとも一瞬は葛藤が終息する時があります。

K　それは葛藤が完全に終息するということだろうか？

SP　はい、それでも問題は残ります。この葛藤の終息の本質は何か？　また師の「全的（total）」という言葉の意味は何でしょうか？

K　これからそれを探究していくことになる。

MF　我々の住む限りの宇宙においては、葛藤の終焉などあり得ないと思います。

K　宇宙においては、現象的にはすべてが秩序を以て運行されている。だが、宇宙など持ち出さなくて宜しい。絶えざる葛藤の中にある我々の精神に留意すべきだ。それがすべてだ。さて、その精神はいかに自然に葛藤を終息させることができるだろうか？　他のすべての方法は、強制的、管理的、制御的手法であり、相応しくない。精神は自らを葛藤から解放できるか？　然り。葛藤の終焉といかに取り組むか？　精神は完全に隈なく葛藤から自由になれる、と言いたい。

SP　永遠に。

K　「永遠に（forever）」という語はよくない。その言葉により時間の概念が忍び込むが、他ならぬその時間こそ葛藤の要因だからだ。

PJ　問いがあります。精神は葛藤そのものになれるのでしょうか？

K　精神は葛藤そのものの状態になれるか？　いかなる意味だろうか？　少し判然としないのだが。

PJ　この葛藤の状態では、自分自身が全く無力なのを感じます。事実は、葛藤が存在し、それに関して自分は為す術なく……。

K　我々はそれについて十分検討してきた。再論が必要だろうか？

PJ　その本質を看破して、精神は「それが葛藤ならば、葛藤ならざるはなし」と言うことができるでしょうか？

K　精神は葛藤のない状態に気づくことができるか？　貴方の言わんとすることはこういうことだろ

うか？

PJ　いいえ。その状態そのものになることです。

K　或いは精神は葛藤のみを認識できるのか？　精神は全的に葛藤に気づくことができるのか？　それとも言葉だけなのか？　一事に注力しなければならない。精神自体が葛藤の中にあることに全的に気づくことができるだろうか、或いは「全的に葛藤の中にいることに気づいている」と称する精神の一部なのだろうか、或いは葛藤を見ている私の一部なのか、或いは葛藤から自由になりたいと望んでいる私の一部なのか？　つまり「私は葛藤を脱している」と言う何らかの断片ではないのか、或いは葛藤全体から自らを分離した断片ではないのか？　もし分離した断片があれば、すべてが虚妄となる。だが、断片は「行動しなければならない、やらなければならない、抑圧しなければならない、超越しなければならない」と囁く。精神は葛藤のみが存在することに全的に気づくことが可能か？　これは正しい問いだ。これが貴方の問いだろうか？

Q2　精神は自身を測定し、葛藤を生み出しているように見えます。しかし真の葛藤は、精神が葛藤の中に囚われていることだと思います。

K　それはまさに今我々が論じていることだ。精神は、葛藤以外に何ものもないことに心底気づくことができるだろうか、或いは一断片、一小片がしゃしゃり出て、「うん、俺は知っている、葛藤の中にいることに気づいている。俺が葛藤の中にいる訳ではないが、知っている」等と告げるのだろうか？　私は同じことを話している、その時々で言い方を変えているだけだ。さて、すべてが漆黒の闇なのか、どこかに微かな光があるのか？
RB　その光がなければ、気づくこともないのではありませんか？
K　それに関して、私は何も知らない、ゆえに尋ねている。精神の断片化がある時、他ならぬその断片化自体が葛藤なのだ。では、その断片は葛藤全体を果たして認識できるのか？　ププルは「然り」と言う。
PJ　葛藤全体については何も分かりません。
K　貴方が分かるのは部分的な葛藤に過ぎない、ということになる。
PJ　葛藤は分かります。部分なのか全体かは分かりません。
K　いや、それが重要なのだ。
PJ　葛藤そのものの全体性とは何ですか？
K　それが重要な問題なのだ。
RB　精神の自覚自体が断片の存在を示唆しているのではありませんか？
K　その通り。それゆえ「私は部分的に葛藤の中にいる」と言える。つまり、決して葛藤と共にあることはない。
SWS　でも葛藤そのものは、それを観察する何かがない限り、自らを認識できないのではないでしょうか？
K　その問題を少し探ってみよう。

PJ　まだ五里霧中の状態です。葛藤は激情に駆られ消耗するものではありません。師が「全的(total)」と言う時、それは精神を満たすのですね。

K　あまりよい譬えではないが、部屋が家具で満たされれば、移動するスペースはない。混乱の極致を考えてみ給え。そこから逃避する術がないほど、精神はこの混乱に隈なく満たされることが可能だろうか？　部屋が家具で満たされるように、精神が混乱や葛藤で満たされた時、何が起こるだろうか？　それが私の知りたいことだ――この部分、あの部分ではなく。蒸気が充満すれば、どうなるか？　やがて爆発する。我々はこの混乱、この葛藤全体を隈なく見ているとは思えない。

ここで「悲しみ(sorrow)」という言葉を使うことを許して欲しい。今や、悲しみから逃れ去る術はない。悲しみを避けるならば、それは単なる逃避、抑圧に過ぎない。人は悲しみに満たされ得るのか？　否、「人は」ではない。果たして悲しみに満たされるものがあるのか？　満身幸せなものがあるのか？　満身の幸せを感じれば、それはもはや幸せではない。同様に、全心身が混乱、悲しみ、葛藤といったもので満たされれば、それ自身はもはや存在しない。分裂がある時にのみ諸々の存在が発生する。これがすべてだ。

RB　でも、それではあまりに希望のない結論のように見えます。なぜなら人間はいつも……。

K　それゆえ物事の結論ではなく、物事の真実と共に留まることが肝要なのだ。物事の真実とは、精神が完全に何かで満たされない限り、葛藤を生み出すだけだ、ということだ。私が誰かを愛し、そこに執着があれば、それは矛盾を生み、それゆえ愛ではない。そこで私は告げる、「物事の事実と共に留まれ、他のものを導入する勿れ」と。精神は隈なくこの悲しみ、この混乱、この葛藤に満たされているだろうか？　満たされるまで逃げずに留まらなければならない。

MF　貴方の取り組み方は独特のような気がします。貴方の画法は常に明確な黒の輪郭があり、色彩とは調和しないように思います。現実は、そのような輪郭はなく、互いに混じり合う色彩があるだけです。

K　私には明確だ。心が愛に満たされ、嫉妬の影もなければ、問題はそれで解決だ。どこかに嫉妬という部分が存在する時にのみ、あらゆる問題が噴出するのだ。

PJ　部分ではなく、全存在が嫉妬に満たされれば……。

K　それゆえそれと留まるのだ。嫉妬そのものと留まる。通身嫉妬となり、感じるのだ。

PJ　その時、全存在は……。

K　……途轍もない変革を遂げる。

PJ　それ自身の中で変革が起こる、と。

K　然り、それが私の指摘していることだ。「私は嫉妬深いが、そうあるべきではない」と言ったり、どこか暗所に教育の桎梏があれば、物事は決してうまくいかない。そうではなく、「確かに私は嫉妬深い」と認め、そこから逃避しなければ……。逃避とは合理化や抑圧等のことだ。その感情と共に留まることがすべてだ。

MF　或るロシアの神秘家は、「悔い改めなくして救いなし」と言っています。

K　私は悔い改める必要もないし、救われたいとも思わない。
MF　葛藤を全的に知覚することと葛藤を反省することの間には、どのような違いがありますか？
K　反省とは、反省する主体、反省者、後悔者の存在を意味する。
RB　でも、嫉妬と共にあり、それを全身全霊で感じれば……。
K　否。感じるのではない。貴方は嫉妬深い、ただ貴方は嫉妬深い、それだけだ。
RB　それは知覚ではないのではありませんか？
K　それが知覚だ。
SWS　それは人を損なってしまうのではありませんか？
K　否。人を損なうのは、それを抑圧や超越、或いは合理化しようと試みる時だけだ。単純なことだ。
MF　混乱の渦中にある時は、自分自身で惨めだと思うのではありませんか？
K　惨めなほど思わないね。「混乱が一掃されればなあ」など、後知恵だ。混乱の渦中にある時は、混乱そのものになり、ただ見守る、逃げてはいけない。
MF　いま貴方の仰ったことすべてが後知恵ではありませんか？「逃げない」という考え自体が後知恵だと思います。
K　私は事実を述べているが、君はそれを復唱しているに過ぎない。
MF　時間とは無情なものです。
K　これも無情だ。他のすべてはまやかしに過ぎない。悲しみがあれば、余すことなく悲しみと一体となることだ。

MF　現今の中に時間はありません。

K　君の言っていることはよく分からない。我々は今、悲しみについて語っている、時間ではない。わが息子が死んだ。あの物乞いを見給え。悲しみのみだ。悲しみを創り出す必要などない。悲しみはあるのだ、わが眼前に。私はその悲しみから一寸も離れるつもりはない。

MF　しかし、それだけでは必ずしも行動が起こらないのではないでしょうか？

K　行動は既に起こっている。何かと全く一体となる時、行動は既に起こっている。更に何か行動を起こす必要はない。全的行為が起これば、それが悲しみの終焉となるのだ。

SWS　物乞いが眼前に存在する時、私たちはいかに静寂を保つことができるでしょうか？　物乞いが悲しみを体現しているゆえに悲しみを感じるのでしょうか？　私たちは彼らに対し、何もしてこなかったのです。

K　静寂とは悲しみの終焉だ。

MF　悲しみの受容が静寂ではありませんか？

K　否。それは悲しみの崇拝に等しい。

MF　いえ、そうではないと思います。

K　明らかにそうだ。

MF　もし悲しみを受容すれば……。

K　悲しみの崇拝も悲しみの受容という形態の一つだ。

MF　「崇拝（worship）」という言葉を導入する筋合いはないと思います。受容は崇拝ではありません。

K　否。その論は受け容れられない。

MF　私は身体障害のわが子を受容しますが、崇拝している訳ではありません。

K　否。趣旨が異なる。真実は先に述べた通り。

MF　私は悲しみと共に生きています。共に生きなければならないのです。

K　受容には受容者という主体が含意される。

MF　どんなことにもそれを為す主体が含まれると思いますが……。

SWS　悲しみの代わりに暴力（violence）に満たされている場合はいかがでしょうか？　悲しみの代わりに暴力を取り上げたいのですが。

K　同じく暴力と共にあれ。

SWS　破壊的ではありませんか？

K　否。もしそうであれば、それは事実からの逃避を意味する。暴力的であれば、徹底してそこに留まることだ。但し、暴力的に振る舞うことは暴力からの逃避に他ならない。暴力から逃げ去ることになるからだ。暴力を抑圧することもまた逃避、暴力を克服しようと試みることも依然として逃避に他ならない。

SWS　全的に暴力的であるとは、精神的、身体的、あらゆる方法で暴力的ということでしょうか？

K　否。暴力的状態については、諸君がよく知っている。ゆえに殊更暴力的になる必要など全くない。

RB　暴力的ではないが、暴力と共にある。その識別は可能だと思います。

K　然り、暴力と共に生きる、暴力と共にある、だが暴力的であってはならない。言うまでもなく我々は既に暴力的だ、いまさら暴力と共に生きる必要はないだろうが……。［笑い］

第六章　衰頽の要因

路上のあの物乞いが見えるだろう。
なぜ彼のためには慟哭しないのか？
息子が死んだ時にはかくも慟哭するのに。

一九七三年一月二十五日　ボンベイ

ププル・ジャヤカール（ＰＪ）　今日は、衰頽《すいたい》と死、精神が肉体に与える影響、そしてエネルギーの減衰の問題等について論じたいと思っております。

クリシュナムルティ（Ｋ）　なぜ肉体は衰頽するのか？

ＰＪ　肉体は年齢と共に衰頽します。時間の経過と共に、肉体は衰えます。一方、死に際し、その終焉と共に精神が衰滅するのはなぜでしょうか？　肉体の死があり、精神の死もあります。また肉体は生きているのに精神の死が起こる場合もあります。

Ｋ　衰頽は既に十歳頃から始まる。

ＰＪ　師のご指摘に従えば、脳細胞はすべての意識を包含します。そうすると脳細胞や体細胞の衰頽に伴い、精神もまた衰頽するのは不可避に思えます。

Ｋ　我々は今、年齢や時間の経過と共に、精神や大脳の全構造がなぜ衰頽するのか、という問題を議論している。

モーリス・フリードマン（ＭＦ）　生理学者は既にその解答を示しています。

Ｋ　何と言っているのかな？

ＭＦ　脳細胞や体細胞が衰頽するのは、細胞が老廃物を十分に排出できないことが要因です。排出機能が不十分なので、新陳代謝も不十分なのです。細胞が自らを完璧に浄化する適切な方策が与えられれば、細胞は永遠に生きることができるでしょう。

Ｋ　化学的説明としてはそうなのだろう。だが、問題は、或る一定期間活発に機能する大脳がなぜ衰頽するのか、ということだ。それに対する生理学者の説明は、十分な浄化力があれば、それは永遠に生き永らえるということだ。では、その浄化の本質とは何か？

ＭＦ　適切な排出だと思います。

Ｋ　何かもっと深い意味があるのではないだろうか？

ＭＦ　そうですね。適切な排出とは、浄化力というものの外的表現になるのではないでしょうか？

Ｋ　ええ。

スナンダ・パトワルダン（SP）　科学者たちは、エントロピーの過程やエネルギーの減少傾向は、物理的物質にのみ有効だとも言っています。精神に関しては、それがそのまま適用できるとは言えないようです。

K　それが知りたい処だ。

PJ　ところで精神は脳細胞とは別々なのでしょうか？

K　つまり、エネルギーが衰頽しているのか、或いは脳細胞のエネルギーを生み出す能力が減衰しているのか、ということだろうか？　少し明快ではないようだ。何かを見出したいのであれば、先ず問題を明確にしなければならない。

MF　二つの作用があります。エントロピーとエクストロピーです。エクストロピーにおいては、エネルギーは蓄積され、再生されます。エントロピーの場合、エネルギーは消散します。物理的過程はエントロピーの作用ですが、精神的過程は他の作用、エクストロピー的作用かもしれません。つまり精神的過程においては、エネルギーを集積するのです。

K　では、探究の旅を始めたい。エントロピーやエクストロピー、その類《たぐい》は暫く脇に置いておこう。問題は、大脳はなぜその鋭敏性や明晰性の質、深甚なエネルギーを保つことができないのか、またなぜ年齢と共に衰えるように見えるのか、ということだ。この衰頽は二十歳頃には顕著だが、その要因は既に組み込まれており、生は轍《わだち》に陥り、次第に衰頽していく。この衰頽は加齢の問題ではない。それを確認したい。極めて若い十代で既に精神がその敏捷さを失う例も多い。精神は深い溝に陥り、衰頽の要素は既に始まっているのだ。

SP　この事実は、私たち人間は誕生時に或る一定の条件づけと共に生まれるのか、という問題を惹き起こします。

K　それは条件づけの問題なのか、或いはその条件づけを突破してエネルギーを解放し、大脳は肉体の生存と共に限りなく生き続けるのか、それとも選択の中で機能する精神次第なのだろうか？

SP　「選択の中で機能する」とは、どういう意味でしょうか？

K　精神は選択と意志を通して機能する。人間は、これから採ろうとする行動の行方を決定するが、その決定は、明晰性や全領域を見渡す展望によらず、自身の満足や快楽に従って為される。それは生全体の断片である。人間はその断片化の中で生き続け、それが衰頽の一要因なのだ。この点に関しては確信している。例えば、私は科学者になることを選択し、生の全領域、全体の広大で豊穣な生の領域を無視してしまう。そして、その科学者になるという私の決定は、環境の影響や家庭の影響、或いは或る目標を達成し成功したいという自らの欲望等によって為されるのだろう。それら多くの組み合わせが、或る特定の職業――自然科学、社会学、生物学等のあらゆる専門職――の選択をもたらし、この決定、この選択、そしてこの選択から生じた行動が履行されることこそが、衰頽の一因なのである。その結果、広大な生の全領域を無視し、或る特定の狭小な領域に跼蹐《きょくせき》して生きることになるからだ。脳細胞も全的活動を怠り、一側面のみ稼働するに過ぎなくなる。これは興味深い説だが、安易に受け容れないで欲しい。我々は何事も検証しなければならないのだ。

PJ　脳細胞は全機能を発揮していないという訳ですね。

K　大脳全体が活動しておらず、それが衰頽の要因だ、と私は考えている。

MF　お言葉を返すようですが、精神が全体性を理解するのは不可能なのではないでしょうか？

K　待ち給え。ププル女史の問いは「衰頽の要因は何か？」ということだ。精神が全体を理解できるか否か、ではない。私は幾年もの間、精神が行動の全体性を無視し、或る特定の方向にのみ従うのを見てきた。精神は、論理的で、健全或いは不健全な、安楽や満足を与える専門職を追求し、他の領域を無視してきたが、それが衰頽の一因であることは容易に見て取れる。

PJ　そこを検証したいと思います。脳細胞はそれ自体の中に、時間の感覚、記憶の感覚、本能の感覚等を内蔵しています。すべて脳細胞自体の中に組み込まれていて、反射的に機能します。そこで、もし反射的に機能すること自体が、大脳が全的に機能することを妨げているならば、我々としては万事休すという訳です。

K　何かポイントを外れているようだ。我々は、衰頽の要因は何かを見出そうと試みている。要因が何かが分かれば、他方即ち全体の把握に進めるのではないだろうか？

PJ　その要因としては、ざっと二十くらいが挙げられます。

K　いや、それは多過ぎる。

PJ　例えば、葛藤。

K　選択に基づく行動を追求することは、その動機を満足や充足、或いは達成への欲望に置き、必然的に葛藤を生み出す。それ以外と相容れないからだ。これも衰頽の一要因だと言える。

PJ　もう一つ、衝撃（shock）があります。

K　つまり葛藤は衰頽の一因であると同時に、恐らく衰頽の主要因でもあるのだ。

質問者1（Q1）　もう少し実生活に卑近な例を挙げて頂けないでしょうか？

K　宜しい。例えば、私は政治家になることを決意した、宗教家になることを決意した、芸術家、サニヤーシ（出家者）、或いは何かになることを決意した。その決意は、その本質自体が断片的な文化に基づく条件づけによって為される。私は独身でいることを決意した。今まで読んだり、見たり、聞いたりしたことによれば、神、真理、悟りに達するためには、何よりも独身でなければならない。ということは、人間の生物的、社会的、その他のあらゆる全実存的構造を無視するということだ。この決定は、明らかに自らの中に種々の葛藤、性的葛藤、脱社会に伴う葛藤等、あらゆる葛藤を生み出し、その葛藤は脳細胞に衰頽をもたらす一因となる。大脳の一部、特定の細胞のみを使用するからだ。脳細胞は何億個あるか何兆個あるか知らないが、とにかくそのごく一部のみが働いており、残りの大部分は稼働していない。ゆえに必然的に葛藤が生まれ、葛藤は衰頽の要因となるのである。

PJ　一つだけ言わせて頂きます。時に混同が見られるので。これをやり、あれをやることが、葛藤をより減少させるということにはならないようです。今日は独身、明日は既婚ということも、むしろ葛藤を生み出すのではないでしょうか？

K　無論、そうだ。葛藤をもたらすいかなる要素も衰頽の要因となる。百の要因か一の要因かを問わず、結婚、セックス、ビジネス等、いかなる要因も葛藤を生むことは明らかだ。

Q1　私たちの構造の中には、見たり探ることのできない深く隠れた矛盾があるように感じます。私たちの選択過程で何が働いているのでしょうか？

K　それは極めて明らかではないだろうか？　私は政治家になると決意する。政治家になることで、人生に成功し、より多くのお金を稼ぎ、より高い立場、特別な地位を得ることができると思うからだ。だが同時に、不正を働き、腐敗する等、あらゆる不祥事を伴うが、私は敢えてそれを選択する。この人生を政治家とその他に分離するという行為そのものが、衰頽の要因なのである。今まで論じてきたことだが、甚だ単純なことだ。即ち選択と意志が衰頽の要因なのである。

PJ　それでも選択と意志は、私たちの持つ行為における二つの道具ではないでしょうか？

K　その通り。それを見てみよう。しかし実に面白い、何かが分かるかもしれない。我々の全人生はこの両要因に基づいている。弁別、選択、満足を求める意志という行為のことだ。

SP　なぜ「弁別（discrimination）」なのですか？

K　弁別とは選択と同義だ。これとあれを弁別するということ。

PJ　核心か周縁かを見分けるのが問題ということでしょうか？

K　否。我々は今、衰頽の要因、衰頽の根本原因を見出さんと試みている。その探究の過程で何か異なったことに行き着くかもしれない。そして行動における選択と意志が衰頽の要因であることが分かれば、次には「この二つの要因、この二つの原則を含まない行動が果たしてあるのか？」という問いが起こる。飛躍し過ぎだろうか？

PJ　少し飛躍し過ぎです。

K　宜しい。

PJ　他の要因も取り上げたいのですが。要因は多々あります。例えば、遺伝（heredity）や衝撃等も挙げられます。

K　私が愚鈍で怠惰な性質を遺伝的に受け継げば、それはそれで仕方がない。無為に過ごすこともあれば、様々な寺院や教会にも行くだろう。だが、私の脳細胞自体は変わらない。

PJ　例えば、人生における衝撃があります。

K　その何が衝撃なのか？

PJ　人生そのもの……。

K　なぜ人生そのものが衝撃を生むのか？

PJ　でもそうなのです。

K　なぜなのか？

PJ　死は衝撃をもたらします。

K　何故《なにゆえ》？　わが息子が死んだ。このことは衝撃をもたらす。それまで息子が死ぬなどとは考えたこともなかったからだ。息子が死んだことを突然理解する。それは心の内的衝撃であると共に、神経的な衝撃でもある。

PJ　それは身体的衝撃でもあり、神経的衝撃でもあります。
K　そして心理的衝撃でもある。
PJ　それは物理的に終焉を迎えるものとの実際の接触に当たり、その結果衝撃を惹き起こします。
K　その通りだ。それは衝撃だ。突然何かを失う、或いは突然誰かを喪失した物理的、心理的、感情的衝撃、孤独になることの衝撃、物事が突然終焉することの衝撃。これらはすべて衝撃であり、脳細胞はその衝撃を受ける。では、我々には何ができるのか？　それも衰頽の要因なのだろうか？
PJ　勿論、衰頽の要因です。
SP　そうでしょうか？　それに対する私たちの対処の仕方が衰頽を生むのではないでしょうか？
K　そうだ。いかに衝撃に応えるかが鍵なのだ。
PJ　事実としては、人はそれに精神全体で対応できると思いますが、ただそれは理解を超えた深さなのです。
K　慎重に進むことだ。わが子供が死んだ、わが弟が死んだ。言語を絶した衝撃だ。共に暮らし、共に遊び、共に生きてきたのだ。途轍もない衝撃。いかにこの衝撃から脱するかが重要だ――その衝撃がいかに精神を麻痺させようとも。
PJ　衝撃は確かに心身を麻痺させます。
K　衝撃により当面は麻痺する。衝撃は確かに暫時精神の麻痺をもたらす。心がいかにそこから脱するかが重要な問題だ。いかに脱するか？　心に傷を抱き、傷を残してしまうのか？　或いは心の傷一つなく脱することができるのか？
SP　ププルジの言ったことと関連しますが、人は心の傷には中々気づかないものです。もし気づけば、それを克服したと言ってもよいのではないでしょうか？
K　いや、そういうことではない。
SP　ではどうやって傷跡のないことを知るのですか？
K　我々は今探究している。先ず見ることだ。諸君はあまりに拙速過ぎる。
P・Y・デシュパンデ（PYD）　死でもその他の何かでも、精神のパターンを完全に終わらせることは可能なのかどうか……。
K　然り。私の弟或いは子供が亡くなれば、わが全人生は全く変わってしまう。その転変が衝撃なのだ。この家を出なければいけない、今までとは異なる生計を立てる必要がある、だが、その為すべき幾多のことを何一つ知らないのだ。これらすべてが〈衝撃〉という語に含まれる。この語を詳述する必要はない。今私が提起している問いは、衝撃が傷跡を残すか否か、ということだ。一個の傷痕、一個の傷、一個の爪痕、微かな悲しみの影さえ留めることがなければ、精神は完全に新鮮な状態でそれを脱し、全く新しく生まれ変わることができる。だが、傷痕や傷、暴力性が残れば、それは衰頽の要因となる。では、私或いは精神は、いかに心底から傷つかないことを知覚することができるだろうか？
PJ　どのようなやり方であれ、精神が深く傷ついていれば、希望の余地はなく、万事休すとなります。それとも傷痕があったとしても、それを浄化する道があるのでしょうか？

K　探究してみよう。衝撃は自然なものだ。比喩的に言えば、突然路上に放り出されたようなものだ。いずれにせよ、神経的、心理的、内的、外的にすべての物事が変わってしまう。いかに精神はそこから脱することができるか？　それが問題だ。傷を残したままか、それともすべての傷を一掃できるのか？　傷は浅いのか、それともその傷は精神が気づくことができないほど深刻なのか？　深刻なものであれば、再三再四その傷は甦る。そしてこれらすべてがエネルギーの消尽である。さて、精神はそのような深刻な傷に気づくことができるだろうか？

PJ　表面的な傷ならば対処できると思いますが、深刻な傷の場合は……。

K　その傷にいかに対処するか、是非知りたい。いかに対処するのか？

PJ　私ならどうするか、と？

K　そうだ。深刻な傷にいかに対処するか、問いを発し、見出すことだ。精神はいかに深刻な傷に対処するのだろうか？　そもそも傷（hurt）とは何か？

PJ　深甚な痛み（pain）です。

K　深刻な傷（deep hurt）が？

PJ　はい。

K　では「深刻な傷」とは、どういう意味なのか？

PJ　意識の本質と構造が変化を蒙り……。

K　意識が何を？　より簡明に。

PJ　真の深い傷とは、存在の本質そのものが剣の刃上にいるような危機にある時のことです。

K　単純に。これらすべての要因を知ることはできない。わが弟が死んだ、わが息子が死んだ、わが夫或いは妻が死んだ。まさに衝撃だ。そして衝撃は傷の一種である。そこで尋ねる、「傷は極めて深い。その〈極めて深い〉とはいかなる意味か？」と。

PJ　それに対する意識的対応は分かります。そして無意識の領域から何かが吐き出されることも分かります。

K　その吐き出されるものとは何か？

PJ　吐き出されるものとは痛みです。

K　痛み、以前は感じなかった痛み。衝撃がその痛みを明るみに出したのだ。さて、存在したのは痛みなのか、それとも痛みの要因なのか？

PJ　痛みの要因です。

K　そうだ。痛みの要因はそこにあったが、気づくことはなかった。衝撃が起こり、その結果その痛みに気づいたのだ。

MF　ではなぜ衝撃が痛みを生むと言えないのですか？

K　否。それは言えない。いかにして衝撃が痛みを生むのか？　痛みは既にそこに存在していたのだ。

MF　そうではないと思いますが……。

K　では示そう。フリードマン、結論に飛び付いたり、無意味な質問をする必要はない。わが弟が死んだ。決定的な終焉だ。彼を蘇らせることはできない。世界はこの問題に直面している。単に貴方や私の問題ではない、すべての人間がこの問題に直面しているのだ。これは衝撃である――今まで論じてきたように。この衝撃は深い傷を伴う。その傷は以前から存在したのか、或いは傷の要因が存在したのか？　そして衝撃のみがそれを明るみに出すことができるのか？　気づくことはなかったが、傷は以前から存在したのか？　私は弟に全幅の信頼を置いていた。それゆえ私は孤独感を味わったことがなかった。孤独感は傷の要因の一つなのだ。

衝撃が起こる前に、私は孤独を見つめた。衝撃が起こる前に、私は孤独の何たるかを知った。衝撃が起こる前に、私は信頼や依存の問題に取り組んだ。これらはすべて傷の要素であり、原因でもある。これらはすべて衝撃が起こった時に露わになる。では、衝撃が起こった時に何が起こるのか？　私は傷つかない。これが事実だ。

MF　貴方はどのようにしてその準備をされたのですか？

K　準備などしない。私は、生を見つめた。私は、執着や無関心の意味を見つめ、独立心の養成を試みた。依存する訳にはいかなかったからだ。依存は痛みをもたらす。それゆえ私は独立心を養ったが、それも痛みを生むことになる。私は自身の中を見つめ、いかなる依存であっても、それは不可避的に深い傷をもたらすことに気づいた。その渦中に入り、私は呟く、「今や終了した」と。それゆえ実際に衝撃が起こった時には、傷の原因は存在しなかった。全く異なったことが起こったのだ。それが確認したいことだ。

ＰＪ　師よ、これらすべてを私たちは経験してきました。孤独を観察し、恐怖の問題、執着の問題に取り組んできました。これは虚栄心から言っているのではありません。

Ｋ　衝撃は苦しみだということだろうか？

ＰＪ　衝撃は私の存在の深淵に達します——私が嘗《かつ》て触れたことがなく、また達することもできない深淵に。

Ｋ　いかなる意味だろうか？　もし孤独、執着、恐怖を経験しながら、執着の対極として自立や分離を求めず、これらすべての欺瞞を求めることがなければ、その時には何が起こるだろうか？　死の衝撃が襲ってきた時、何が起こるだろうか？　その時、人は傷つくのだろうか？

ＰＪ　師よ、更にこのことを詳しく探究したいのですが……。

Ｋ　結構、是非やり給え。

ＰＪ　死の衝撃は、私の持っていたあらゆる痛みを目覚めさせるようです。

Ｋ　いかなる意味だろうか？　貴方はこれらの痛みを解消していないのでは。

ＰＪ　或いは。

Ｋ　それこそ獲得すべきことだ。無論、貴方は孤独の痛みを解消してはいない。これは一例として挙げたものに過ぎない。

ＰＪ　私が問いたいのは、孤独の痛み、執着の痛みといったものに果たして解決はあるのか、ということです。

K　無論、ある。

PJ　それはこの痛みの全過程に対する完全な把握もしくは覚醒なのでしょうか？

K　苦しみ（suffering）とは痛みのことだ。痛みは苦しみを惹き起こす。ここで「苦しみ」とは、孤独、執着、分離、自立、葛藤といった苦しみとその原因からの逃避行為全般を蔽う語である。この語をこれらすべてを含む意味で用いたい。だが、他にもっと適切な語があれば、それでもよい。隠れた或いは露わなあらゆる痛み、あらゆる苦しみ――村人の痛み、夫を失った寡婦の悲しみ、無学文盲で貧窮に喘ぐ男の悲しみ、野心を持ちながら満たされない男の痛み、これらすべてが苦しみだ。そして衝撃がそのすべての痛みを露わにする。すると、何が起こるのか？　私はそれにいかに対処すべきか分からない。私は、泣き、叫び、祈り、寺院に参る。これが起こることだ。私は、わが弟、わが息子、わが夫に、来生或いはアストラル界で会うことを願い、あらゆることをやってみる。この痛みの拷問から逃れるために、あらゆることを試みるのである。

PJ　或いは静かに座り、痛みを見つめるかもしれません。

K　然り。観察することにより、語ることにより、泣き叫ぶことにより、夢を通して、この責め苦を経験する。なぜ衝撃はこれらすべてを露わにするのだろうか？

PJ　それまで痛みの根源が明らかになったことがないからです。

K　なぜ？

PJ　痛みの深みに達することができなかったからです。

K　なぜ？　私の問いに十分には答えていない。人は、路上の物乞い、癩病病み、或いは絶えざる労苦と悲しみに満ちた村人を見ても、なぜ心を動かされないのか？　なぜその衝撃に心を打たれないのか？

PJ　「なぜ？」と問う理由がありますか？

K　無論。問う理由がある。

PJ　それは起こるのです。

K　否。あの物乞いを見た衝撃は、なぜ私の心を動かさないのか？　腐敗した社会そのもののゆえか？

PYD　衝撃は脳細胞の全構造を急襲し、何らかの行動を強います。

K　私は極めて単純な問いを提起している。路上の物乞いを目にして、なぜ貴方は衝撃を受けないのか？　なぜ貴方は慟哭しないのか？　自分の息子が死んだ時にはかくも慟哭するのに。

質問者2（Q2）　自分のことだからです。

K　否、そうではない。私はローマで一人の僧を見たが、彼のために真に慟哭した。宗教という軛《くびき》に縛られた囚われの身。我々はここで慟哭し、そこではしない。なぜか？　理由がないなどあり得ない。理由は判然としている。我々が鈍感だからだ。

S・バラスンダラム（SB）　私たちの精神は眠り続けており、衝撃によってやっと目が覚めるのです。

K　衝撃が精神を目覚めさせる――これがポイントだ。衝撃が精神を揺り動かし、我々は痛みに目覚める。他でもない我々自身の痛みだ。だが、我々が痛みに真に目覚めることはない。これは理論ではない。

PJ　でも、今の師のお言葉を聞けば、私は痛みを覚えます。痛みは重大事です。私の痛みや誰かの痛みといった問題ではないのです。

K　然り。その痛みに関して、いかに対処するか？　痛みは苦しみである。それに対して、いかに対処すべきか？

Q1　それから逃れようと色々試みます。

K　それから逃れようと種々試みる。我々は今までそうしてきた。その結果、何が起こったか？　うまく逃れたり、逃れられなかったり、様々だ。何が起こったか？　それらすべてを真に経験すれば、何が起こるのか？

PJ　嵐の真只中に居る時は、何が起こるか、とは問わないと思います。

K　宜しい。今や十日が過ぎた、時は過ぎゆく。わが弟が亡くなって、十か月或いは十年を経た。それが何だと言うのか。逃避したり、代替を見つけるといった問題ではない。私の魂、私の心の痛みなのだ。

PJ　もう一つあると思います。それは個人的感情に基づく痛みではない、ということです。

K　ププルよ、その通りだ。

PJ　その痛みはあらゆる痛みを目覚めさせます。

K　然り。その痛みは、貴方や私のものではない。ただ痛みそのもの！　あの物乞いを見た時、痛みた。金持ちの男を見た時には苦悶に襲われた。その村人を見た時には慟哭した。かの僧を見た時には慟哭した。かの僧を見た時も同様だ。社会、文化、宗教等、人間のあらゆる営みも、わが弟を失った痛みに等しい。痛みなのだ。さて、この痛みに対して、いかに対処するか？　その痛みとは深いものなのか、浅いものなのか？　諸君ならば、「極めて深い」と言うかもしれないが。

アチュット・パトワルダン（AP）　はい、それは極めて深いものです。痛みは深刻なものです。

K　その「深い（deep）」とは、いかなる意味なのか？

AP　私の言う「深い」は、痛みが自身の全存在のあらゆる処を貫くという意味です。一部分ではありません。人生の一部でのみ感じられるものではないのです。

K　それで？　貴方は「痛みは極めて深い」と言う。だが、痛みは測ることができない。それを深いとは言えないのだ。痛みは不可測だ。深いとか浅いとかの問題ではない。痛みは痛みだ。では、いかにすべきか？　そこに留まることができるだろうか？　或いはこれからの人生で子供を持つことができない心の傷に耐えて暮らすのか？　さあ、答えてみ給え。

PYD　明らかに、すべての人が痛みから逃げるか、その代わりを見つけようとしています。

K　その通りだ。

PYD　代わりが見つからなければ、それを「深刻な痛み」と呼ぶのです。

K　では、自分の抱えるこの痛みに対して、いかに対処すべきなのか？

質問者3（Q3）　無視します。できることは何もないからです。

K　無視する？

Q3　できることは何一つないと思います。

K　それはこれからだ。この痛みから逃れるために、精神分析医のもとへ行くのか？　或いはその痛みから逃れるために、ティルパティやベナレスのような聖地に行くのか？　或いはかの痛みから逃れるために、聖典を読むのか？　さて、痛みに対し、我々は何を為すべきなのか？

PYD　痛みを持っているのは誰なのかを見出す必要があると思います。

K　それは既に述べた。さあ、我々は何を為すべきか？

PJ　私は静かに佇んでいると思います。

K　「静かに佇んでいる」とは、痛みと共にあること……。

PJ　まさにその通りです。

K　貴方がその痛みなのだ。貴方はそこに留まり、痛みを保持する。貴方の子ゆえにその子を抱く。それから何を為すべきか？　私は、その痛み——村人の痛み、あの物乞いの痛み、金持ちだが、彼なりの苦悶を経験した男の痛み、かの僧の痛みそのものだ。私がその痛みなのだ。さて、何を為すべきか？

SB　この痛みを覚醒に転換することは可能でしょうか？

K　それこそ私が見出したいことだ。死の瞬間、或いは死から数日、数か月後には、私のすべての神経的、生物的、心理的システムは停止するが、私が話しているのはそのことではない。

SP　その件は語り尽くしたように思います。

K　再論は不要のようだ。さて、時は過ぎゆき、一年が経った。しかも私はこの痛みと共に取り残されている。私はいかにすればよいのか？

SB　苦しみによって、人々が目覚めることはありません。なぜなら世界全体が苦しんでいるからです。全世界が眠りに就き、苦しみ、また眠り、また苦しみ、再び眠りに就くのです。いかにも愚劣の極みです。

K　或る母親がわが子をヴェトナムで亡くしたが、わが子がナショナリズムや理念、教義によって殺されたとはつゆ気づかぬようだ。恐らく理解できまい。それが痛みなのだ。だが私は気づいている、それゆえ私は苦しむ。私は苦しむ――私ではない――苦しみが存在するだけだ。さて、いかにすべきか？

Q2　ありのままを見つめます。

K　ありのままを見つめる。あの物乞いは、車に乗ることも、大臣になることもあり得ない、小役人になることさえあり得ない。かの僧も自らの信条、自らの神の観念に、拷問の如く苦悶している。私には明々白々だ。精査の要もない。いかにすべきか？　私はこの痛みと共に取り残されたのだ。

質問者4（Q4）　村人の痛みや物乞いの痛みを理解することにより、自分自身の痛みとなれば、既にこの痛みを理解する上での階《きざはし》となります。ただ、すべての人が村人の痛みや物乞いの痛みを自分自身の痛みとして理解できる訳ではないと思います。

Ｋ　私はこの痛みを懐いている。いかにすべきか？　すべての人がその痛みを理解しているかどうかは知らない。人々は多くのものを見ないものだ。私は何を為すべきか？　貴方の息子が死んだ、誰かの息子が死んだ。それが痛みだ。

ＰＪ　事が起これば、人はその真只中に居ることになり、そこに拘束されます。

Ｋ　然り、今そのことを話している。その真只中に居ること。あの物乞いが或る夜に歌っているのを見たが、凄まじい光景だった。そこに居たのだ。事実はそこにあり、それが痛みであり、苦しみだ。さて、いかにすべきか？

Ｑ４　それを正すために行動します。

Ｋ　何によって行動するのか？

Ｑ４　物乞いの状況を変えようと行動します。

Ｋ　おお、何と！　それは君の固定観念（idée fixe）だ。そこで誰かが「宗教的な人間になれば、すべてが解決する。君の人生をイエスに捧げよ」と告げるのだ。

Ｑ４　少し違う点があると思います。

Ｋ　多くは異ならない。君は君のやり方で、彼は彼のやり方で行動するだろう。だが、私は痛みについて語っているのだ。

Ｑ４　私たちが建設的な行動を採れば、痛みは去って行きます。

Ｋ　君が主張する痛みが消え去るための行動とは、結局何かをすることなのだ。

PJ　私たちは行動に次ぐ行動をしてきました。

K　行動は行動に過ぎない。君は君でそれを農村に入ることだと考え、私は私で出家或いは神の僕《しもべ》か何かになることだと考える。何の違いがあろうか？

Q4　私が感じる痛みは、行動できないことです。私の感じる痛みは、挫折の痛みなのです。

K　我々は痛みについて語ってきた。欲求不満の痛み、挫折の痛み、物乞いの痛み、村人の痛み、僧の痛み、ヴェトナムで息子を失った母親の痛み、戦争で足を失った男の痛み、すべて凄惨なものだ。その痛みは、君の痛みや私の痛みではないが、同時に私の痛み、君の痛み、万人の痛みを包含する。そこで「農村へ行って、行動せよ」と、人は言う。私は尋ねたい、「行動とは何か？」と。

PJ　行動にも拘らず、依然として痛みは存在します。

K　私は痛みを隠蔽し、逃避しているのだろうか？　然り、人はこれらすべてをやってきた。イエスに身を捧げる、クリシュナに献身する、寺院や神殿に参詣する、社会を改造する等、様々なことを為してきたが、それでも痛みを終わらせることはできなかった。

我々は問いを発した、「脳細胞や精神の衰頽をもたらす要因は何なのか？」と。そして主因の一つが葛藤であると分かった。他の要因として、心の傷、痛みが挙げられた。更に他の要因は？　恐怖、葛藤、苦悩、それを神と呼ぼうが、社会奉仕と呼ぼうが、神の王国招来のための献身と呼ぼうが、すべて快楽の追求に他ならない。その行動はすべて満足と快楽に基づいているのだ。もしこれらが衰頽の要因だとすれば、人は何を為すべきか？　誰が行動するのか？　私は何を為すべきか？　精神がこの問いを解決しない限り、その行動は更なる苦しみと痛みを生むだけだ。

PJ　そうなると、衰頽は増進するだけではないでしょうか？

K　無論、それは明白だ。

SB　「人間は経験と共に学ぶ」と言われますが、誰一人経験から学ぶ人はいません。このことも、衰頽の主因の一つではないでしょうか？

K　然り。愈々《いよいよ》論点に来たようだ。これ以上煩瑣にならぬように。痛み、心の傷、苦しみ、不安、快楽、そして快楽の追求が衰頽をもたらす要因であることが分かった。では、私は何を為すべきか？　精神は何を為すべきか？

S・W・スンダラム（SWS）　こう問うことにより、精神は何か別のものに成ろうとするのではないでしょうか？

K　いかにそれが可能なのか？　精神が痛みの中にある時、人は何を為すべきか？　いかに精神が何かに成ることができるのか？

SWS　痛みではない何か別のものに成ることです。

K　その「成ること（becoming）」が衰頽のもう一つの要因だ。「成ること」は葛藤を生むがゆえに衰頽の要因となる。私は何か別のものに成りたい。何かに成ることは痛みの回避であり、それゆえ葛藤を生み出す。では、何を為すべきか？　農村労働に励む、社会奉仕に勤しみ、宗教活動にも参加する、読書に励み、映画鑑賞に浸り、セックスも試みる、あらゆることをしてきたが、依然として痛みは残る。私は何を為すべきか？

SWS　痛みが消え去る何らかの方法がある筈です。

K　痛みはなぜ除去しなければならないのか？　諸君の全関心は、痛みを除去することにあるようだが、なぜ痛みは除去しなければならないのか？

SWS　今私たちが論じているやり方では、痛みを除去する道はないように思えます。

K　活路がない、ということかね？

SWS　痛みと共に生きるより他に道はないようです。

K　それと共に生きなければならない。痛みであり、悲しみでもあるその何かと共に、いかに生きるか？　いかに共に生きるのか？

Q2　もうこれ以上何かをすることを止めることができるでしょうか？

K　貴方は何かをすることを止めたのか、それとも単なる観念を表明しているのに過ぎないのか？　実際に行っているのか、それともその話をしているだけなのか？　痛苦や苦悩、その他脳細胞の衰頽要因をもたらすこの深刻な心の傷に対して、この絶えざる苦悶に対して、精神はいかにあるべきか？

SWS　それを見つめるしかないと思います。

K　何を見つめる？　わが苦しみ、わが痛みは、見つめる者と別物だろうか？

SWS　いいえ、別物とは言えません。

K　では、何が起こるのか？　見るものが見られるものである時、何が起こるのか？

SWS　関係がなくなります。

K　だが、見る主体は言う、「私は痛みを脱しなければならない」と。そしてあらゆる欺瞞をやってきた。痛みを逃れるために、農村、教会、薬物、社会奉仕、国家、神などといったあらゆる欺瞞を試みてきた。だが、その旅の果てに、痛みは依然として存在している。さて、いかにすべきか？

MF　私たちは「衰頽の要因は何か？」という問いから議論を始めました。そして紆余曲折を経て、「痛みが衰頽の要因だ」という結論に達しました。衰頽を望まず、新鮮かつ明晰でいたいと望むならば、痛みや苦しみを避けるべきです。そこで痛みを除去することが重要になります。つまり「私は痛みだ、痛みと直面しなければならない、痛みと共に生きなければならない」などとは言えないのです。糾弾すべき誤った論だと思います。私たちは苦しむことを止めなければならないのです。さて、その秘訣は何でしょうか？　師なら教えて頂けますね。［笑い］

K　何の秘訣？

MF　私たちは痛みに対して、免疫を持つべきです。鈍感になれ、という意味ではありません。

K　何と！　私が決して使わない言葉を、君はまた導入した。

MF　私の言葉はすべて英語の辞書に載っているものです。

K　否、私も辞書に従って言葉を用いるが、痛みも感じない無感覚の障壁にはなりたくない。それが免疫だ。免疫とはそういうことだ。

MF　師は私の言葉を聞いておられないようです。免疫（immunity）とは無感覚（insensitivity）を意味しません。

K　君こそ人の話を最後まで聞き給え。我々は皆痛みを除去したい。これは明白だ。「痛みに耐えなければならない」などと言うのは愚かなことだが、多くの人がしているのはそれだ。痛みに耐えるため、人は寺院に隠遁するなどの神経症的行動に走る。まさに神経症的行為だ。それゆえ、痛みを辛抱しなければならないというのは馬鹿げている。全く逆だ。痛みが衰頽の主因だと知れば、いかにこの痛みは終焉を迎え、いかに精神は単に鈍感で無感覚の精神ではなく、途方もなく情熱的な精神になることができるのか？ ［沈黙］

その秘訣を知りたくはないだろうか？

MF　師はその秘訣をご存知です。

K　望むなら、語りたい。少し視点を変えたい。精神が二度と傷つかないことは可能だろうか？ 教育が傷つけ、家庭が傷つけ、社会が傷つける。我々はこうして傷つけられてきた。そこで私は問う、「この世界、常に傷つけ、棄損するこの世界に生きる精神が二度と傷つかないことは果たして可能だろうか？」と。人々は私を馬鹿と呼ぶ、或いは偉大な男、或いは覚者、或いは賢者、或いは愚かな老人と種々に呼ぶ。何と呼ばれようとも、決して傷つかない。少し趣向は異なるが、同じ問題だ。

SP　少し違いがあるように感じます。事実として精神は傷つきます。そこで問いを発するのですが、その問いは「痛みを拭い去り、二度と傷つかないことは可能か？」という意味ではないでしょうか？

K　然り、示したいのはそれだ。それが秘訣だ。何を為すべきか？ 人類が溜め込んだあらゆる傷に

対して、いかに対処するか？　ああ！　この問題が解けなければ、何をしようと、更なる悲しみに行き着くだけだ。［沈黙］

MF　その秘訣は次回の会合に取って置きませんか？

宜しい、先に進もう。その気になれば、秘訣は五分で示すことができる、僅か五分だ。

K　次回の会合に取って置く？［笑い］　秘訣は明らかだ。我々は今「見るものは見られるものだ」と述べた。では、問題は何なのか？

SWS　師が昨日述べられたように、中心のない観察が必要なのではないでしょうか？

K　そうだ。中心なき観察とは、そこに我々が痛みと呼ぶそのものだけが存在することを意味する。「痛みを超越しなければいけない」などと言う者は存在しない。見る主体がなければ、痛みは存在するだろうか？　これは言葉の綾ではない。他ならぬ痛みを受けるのは見る主体であり、誉れを受けるのは中心である。「これは衝撃だ」「私は痛みを知っている」等と言うのは中心だ。さて、中心なく、見る主体なく、この痛みと呼ばれるものを観察することができるだろうか？　その時に痛みは存在するのか？　もし痛みが存在しなければ、その時、何が起こるだろうか？　それは空虚ではなく、何ものもない訳ではない。さて、何が起こるだろうか？

Q1　痛みは感情に転じます。

K　その「感情（feeling）」とは、いかなる意味なのか？　これは難しい課題だ。我々は常に見る主体として中心から痛みを見ており、その見る主体は「私は何かをしなければならない」と言いがちだ。

即ち、行動は痛みを差配する中心に基づいているが、その中心が痛みそのものならば、いかにすべきか？　何が起こるだろうか？　［沈黙］

「慈悲（compassion）」とは何か？　語義は「すべてに対する情熱」を意味する。これは辞書的語義だ。いかに慈悲は生まれるのか？　やたらと行動を追い求めることによって生まれるのだろうか？　いかに慈悲は誕生するのか？　苦しみがなければ、他のものが存在する。苦悩に苛まれる精神が、いかに慈悲を知ることができようか。

MF　痛みがあるという知識が慈悲だと思います。

K　君は何でも知っている、何と悧巧なことか……。私は決して「知識（knowledge）」という語を用いないし、「慈悲深くなる（becomes compassionate）」とは言わない。我々は事実を、〈ありのまま〉を求めている。そしてありのままは苦しみだ。私は苦しんでいる――これは絶対的事実だ。精神はそこから逃れるためにあらゆることを試みる。だが逃れることがなければ、観察し始める。観察者が極めて真摯ならば、観察者は被観察者となる。その時、他ならぬ痛みは情熱と化す。これが慈悲だ。諸君は言葉は知っているが、現実は知らない。苦しみから逃げてはいけない。無論、これは病的になることを意味しない。苦痛と共に生きよ。快楽と共には喜んで生きるではないか。快楽ならば、進んで欲し、維持しようとするだろう。この苦痛に対しても、なぜ徹底して共に生きようとしないのか。

MF　人は痛みと共には生きられないからです。

K　戯論で時間を浪費してはいけない。

MF　人は、痛みと共に死ぬことはできますが、痛みと共に生きることはできません。

K　では、示そう。苦と共に生きるとは、苦から逃げず、苦に対していかなる行動も採らないことだ。嬰児がいるとすれば、どうするだろうか？　嬰児と共に生きるのではないだろうか。その子供がすくすくと育ち、成長するのを見届けるのではないだろうか。

MF　親愛なる師よ、その子供がサリドマイド児だったらどうされますか？

K　待ち給え。サリドマイド児は母親の薬物服用によって奇形として生まれると言われている。幸い、私の母は自らも薬物を摂取せず、私にも与えなかった。お蔭で私の精神は極めて明澄、極めて鋭敏だ。それゆえ余計な雑音を持ち込む必要はない。私はこの苦という事実に正面から向かい合い、苦と共に生きている。即ち、苦から逃避しないということだ。何が起こるかを見たい。苦と共に生き、苦を見守り、苦から逃避せず、苦を破壊したりしない時、何が起こるかを知りたいのだ。他ならぬ苦そのものが情熱に転じるとは、実に驚くべきことだ。そこから二度と傷つくことのない精神が誕生する。これが秘訣だ。

第七章　自己中心的活動と精神的エネルギー

私は諸君に最捷径を示そう。
ただ見つめ、終わらせることだ。

一九七七年一月十九日　ボンベイ

ププル・ジャヤカール（ＰＪ）　師の言葉を理解し、その日常生活への関わりを見極める能力を妨げる主要な障壁について論じたいと思います。それは、自己中心的な活動の問題です。

クリシュナムルティ（Ｋ）　自己中心的な活動。よい観点だ。では、それについて論じたい。さあ、探究の旅を始めよう。

ＰＪ　何をするかを問わず、自分自身への関わりはその行動にも影響を与えるように思えます。自分自身と取り組むに当たり、それを適切に処理する方法があるのでしょうか？

Ｋ　自己中心性（self-centredness）を語る際、中心（centre）には周縁（periphery）の意が含まれる。

中心がある処、境界があると言える。そして中心と境界或いは周縁のある処、あらゆる行動はこの中心と周縁の範囲内に限られる。中心には、周縁或いは境界や限界の意が含まれ、すべての行動はその領域内に限られる。私が考える自己中心的活動とは、このようなものだ。

PJ　自己の境界とは、どのようなものでしょうか?

K　それは限界がないかもしれないし、極めて限定的なものかもしれない。が、常に境界は存在する。

P・Y・デシュパンデ（PYD）　限界がない?

K　無限定（limitless）だ。好きなだけ伸長することができる。

PYD　中心がある限り、その大小に関わらず、それは必然的に限られたものではないでしょうか?

K　その通り。中心がある限り、周縁があり、境界がある。だが、その境界は拡張することができる。

PYD　拡張することができるのですね。

K　私の言いたいのはそういうことだ。

PYD　限界がない訳ではないのですね。

K　だが、好きなだけ拡張することができる。

PJ　その拡張性には限界がないということですか?

K　慎重に進もう。我々が自己中心的活動について語る際、それは即ち中心と周縁、限界のことである。そしてすべての行動はその円周の中で行われる、それが自己中心的活動である。自分自身のことを考えても、何かに向けて前進するのだが、依然として中心から或る点に向けての周縁内、円周内の活動だ。自らの意志に応じて、中心から様々に拡張することができる——社会奉仕、民主主義、選挙独裁、専制政治等々。だが、すべてがこの領域内の活動なのだ。

アチュット・パトワルダン（AP） クンダリニーの目覚めもあります。

K おお、何と、クンダリニーの目覚め！ この問題も探究したいのだろうか？

AP いいえ、私はただ中心の投影の例として述べただけです。

スナンダ・パトワルダン（SP） 師よ、私たちはこの問題も探究したいのです。

K 諸君全員が目覚めていることがよく分かったよ！ ［笑い］

アパ・パント（APP） クンダリニーの方が中心より面白そうですしね。［笑い］

AP クンダリニーに関心を持つインドのグループ間では、それは高度な行動様式になると理解されています。

K あらゆる行動——善と悪、何かに成る、何かに成らない、達成する、悟りに至る等のすべての行動には、中心があれば必ず周縁がある。そしてすべての行動は、この領域内で終始する。才知、ビジネス、神々、儀式等、すべてだ。さて、要点は何か？

AP 要点は、中心なき行動があるのかないのか、その可能性を……。

K ……中心なき行動の可能性？ 或いは……。

AP ……中心を助長しないような行動？

K 否。中心なき行動があり得るのか？

AP　私たちは、中心の問題から出発しました。正直に申しますが、確かに私たちの行動には中心が存在し、呼吸も含めたすべての行動はこの中心を強化することだと自覚しています。

K　アチュットよ、呼吸まで含むのは過剰だ。呼吸は除くべきだ。

AP　意識的に呼吸する際には、「今はこの呼吸法、次はあの呼吸法をやってみるつもりだ」と言うのではありませんか?

K　呼吸には必ずしも中心は必要ない。呼吸は単なる身体運動に過ぎない。

AP　少し不明な処があります。通常この問題からは何らか別の成果が得られるかもしれませんが、この件はこれで終わりにしましょう。私たちに言えるのは、「人間にとって様々な行動がその中心を助長しないことは可能か?」ということだけです。

K　そのことを論じたいのだろうか?

PJ　……目覚めることは可能でしょうか?

K　クンダリニーが……。

PJ　……そのエネルギーが――クンダリニーという言葉は使いたくないので――意識することなく、それを一掃するのでしょうか?

K　然り、これはホリスティック（包括的、全一的）な問題だ。

AP　素晴らしい問題提起だと思います。

K　これは全く異なった問題だ。だが、要点は、中心と周縁内で費やされるエネルギーは、限られたエネルギー、機械的なエネルギーだということだ。このことを更に確認すべきだろうか？

AP　いいえ、この件は明瞭です。

K　単なる言語上ではなく、実際に心底から明瞭であることが重要だ。中心があれば必ず周縁があり、この領域内で行われるいかなる行動も限定され、断片的だ。ゆえに、すべてがエネルギーの浪費となるのだ。

ヴィジェイ・アナンド（VA）　中心（centre）と周縁（circumference）という言葉は、図式として理解され易いと思いますが、そのことを自身の中で了解できるか否かが当面の課題です。

K　それが問題だ。我々は利己的存在、自己中心的な人間存在だ。自己中心的人間は、徹頭徹尾利己的だ。貴方は完璧に利己的だ——自分のことだけを考える、自分の心配、自分の家族、自分、自分、自分、どこまでも自分のことだけだ。貴方が、その中心から、社会活動や政治活動に行動領域を移したとしても、それも依然として中心の活動なのである。

PJ　これは少し微妙な問題です。そういうことに関わる時、それに中心が関係しているとは感じられないからです。

K　貴方はそう考えるかもしれないが、事実は事実だ。貧しい人のために奉仕することは、この国では熱狂的に行われる。だが、この活動も依然としてこの限界内の活動なのだ。

PJ　まだ少し明快ではありません。貧しい人への奉仕活動は、それ自身の中に中心があるとは思えませんが……。

K　否。それは自分自身の貧者への同一化なのだ。自身の国家への同一化、神があるとすれば、その神への同一化、或いは何らかの理想への同一化、これらは常に中心から周辺、周縁への動きであり、それゆえ極めて限られたエネルギー、むしろ自己破壊的なエネルギーなのである。

APP　ププルジの質問は、この精神の自ら消費し消尽し尽くす絶え間ない運動が止まるかどうか、ということだと思います。噴出するいかなるエネルギーが、この運動を無効もしくは影のようにすることができるのでしょうか？

K　少し意味が分からないが……。

PJ　実はこういうことです。私たちはこの自己中心的活動の本質を理解するために、あらゆることをやってきました。観察し、瞑想もしました。が、事態は変わっていないのです。

K　我々は錯覚しているのだ。我々は観ていない、真には観ていない、真には受け止めていない。この領域——中心から周縁へ、そして周縁から中心へ——の行動、この行きつ戻りつの運動は、エネルギーの浪費であり、それゆえ限られており、より一層の悲しみをもたらすだけだ。我々はそれを観ていないのだ。

PJ　それは脳細胞の一部であり、常にこれらの波紋を投げ掛けるのは、私たちの脳細胞の行動です。そして常に自己中心的な存在感に包まれているのです。

K　大脳は、既に述べたように——脳の専門家の多くが同意すると思うが——、二つの条件を必要とする。安全と恒久感だ。

PJ　その両者とも、自己によって準備されます。
K　それゆえそれが重要なのだ。この重要性を認識すべきだ。
APP　大脳は機械的もしくは物理的存在で、その習慣として安全性や永続性を求めます。人はいかにこの習慣、或いは機械的障害から脱却できるのでしょうか？　ププルジの問いは、この問題に示唆を与えてくれます。
K　先ず、私は脱却しようとは思わない。脱却しようとするいかなる試みも、やはりこの領域内のことなのだ。
APP　それこそ私の言いたかったことです。それは習慣なのです。安全と永続を求める習慣の轍《わだち》に陥っているのです。
AP　一歩進めたように感じます。私たちの精神、私たちの頭脳、考える過程のどの点をとっても、安全性、永続性はなく、この両者は共に無知の為せる業《わざ》だと確信できます。それが認識すべき事実です。この事実に反対する人は万人に一人も居ないと思います。師の「最大の安心は不安の認識であり、儚さは生の香り」という言葉に違和感を感じることは一毫もありません。
K　仰りたいことの要点は何だろうか？
AP　私が言いたいのは、我々は真実の言葉を聞き、それを真実だと知っているということです。
K　では、自己中心的ではない働き、行動といったものがあるのだろうか？
AP　そこで、ププルジの「注意のエネルギーがある」という言葉を思い出します。

PJ　少し異なった視点で問いたいと思います。自分自身の利己的活動を観察すれば、それは消えます。それは分かっています。恰《あたか》も自己がないようにも見えますが、その種子が脳細胞に保存されれば、それは再び活動を始めます。もし保存され、その活動自体がそれを外部に放出するのならば、別のエネルギーがあると言わざるを得ません。つまり別の……。

K　精神の質……。

PJ　それを一掃するような……。

APP　我々の脳はコンピューターであり、非常に複雑になっています。そして日々のフィードバックとプログラミングにより、益々複雑化していきます。では、そのエネルギーは何でしょうか？　注意力でしょうか？　静寂でしょうか？　外部にあるのでしょうか？　内部にあるのでしょうか？

K　我々の脳は、何世紀もの間、中心から周縁へ、また周縁から中心へと行きつ戻りつの運動をするようにプログラムされてきた。脳はかくもプログラム化され、訓練され、条件づけられている。そこで、貴方は問う、「この条件づけを打破することは可能か？　常にこのように働く脳細胞の運動を止めることは可能か？」と。

PJ　いいえ、私はそのような質問をしておりません。

APP　それは私の質問です。

PJ　私は、その運動を止められるかどうかではなく、全く別の問いを提出したいのです。それは、別のエネルギーが……。

K　動機を全く持たないエネルギー……。

PJ　私の意志も、いかなる意志も伴わず、それを一掃するような……。

K　ププルジよ、論点を整理したい。二つの問題がある。この働き、何千年もの間条件づけられ、プログラム化されてきた脳は、この運動を停止することができるのか？　停止した瞬間に、脳はこの運動を破棄する。否、それが停止した瞬間に、人はそれを破棄する。もう一つの問題は、利己的ではないエネルギー、動機なく、原因なく、永遠に尽きないエネルギーといったものはあるのか、という問題である。

PJ　この問題を探究することは可能でしょうか？

K　そのエネルギーの問題？　論じてみよう。

AP　それに加え、我々が持つ唯一の道具は注意力だということも指摘したいと思います。つまり我々が発するいかなるエネルギーも、注意力として現れるということです。

SP　どうして注意力として現れると言えるのでしょうか？

PJ　私は何も仮定したくはありません。ただクリシュナジに今まで問われたことのない問いを尋ねてみたいのです。

K　貴方の問いたいことは分かった。その問いに入ってもよいだろうか？

PJ　はい、お願いします。

K　貴方の問いは、「中心に由来しないエネルギー、原因を持たないエネルギー、消尽されず、それゆえ機械的ではないエネルギーといったものは存在するのか?」ということのようだが、それでよいだろうか?

PJ　はい。

K　では、最初の問いに取り掛かろう。次のことが分かっている。脳は、何千年にも渡り、中心から周縁へ、また周縁から中心へ、行きつ戻りつ、或る時は伸長、或る時は収縮する等の動きをするように条件づけられてきた。この動きを終わらせる道はあるのか?　そして停止、即ちプラグが抜かれれば、それが終結することは明らかだ。脳はその旧来の動きを停止するが、もしそこに原因があれば、再び元の円環運動に戻ってしまう。それが答えだろうか?　またその動きは止まるのか?

さて、次の問いは、それは可能か?　ということだが、この問いは誤った問いだと思う。停止することの必要性が分かり、脳自身がその動きを見つめ、停止したならば、それは既に動きを終結させている。少しは明瞭になっただろうか?

VA　はい。でもその動きはまた始まります。暫くは動きを停止しますが、また始まるのです。

K　否。その動きを求める瞬間に、再び中心に取り込まれているのだ。

質問者1（Q1）　彼は永遠の終結をもたらす方法を聞いているのではないでしょうか?

K　おお、それは欲張り過ぎだ。［笑い］

真実、即ちこの動きが停止した瞬間が動きの終焉だという真実が分かれば、事は終わる。それで終わりだ。持続する停止などはない。それを持続させようとすること自体が、時間の運動なのである。

APP　見ることは動きを伴いません。その見ることは中心から外れた動きとも言え、異なった次元に属するものです。

K　否、否。見ること、即ち中心から周縁へ、周縁から中心への全活動を観察することだが、その動きとはありのままであり、諸君が慣れ親しんでいることだ。

APP　でも、その見ることはいかなる中心とも関わらないと思います。

K　無論、然り。

APP　その見ることは、全く異なった地表、異なった次元に属するものです。

K　注意を注ぐ、いかなる選択もなく注意を注ぐ時、そこには知覚がある。この動きに注意を注ぐことだ。プログラムは停止する。これで一旦終了。また後にこの件に触れることもあるだろう。

さて、次の問いは、恐らく諸君が皆待ち望んでいる問題、「機械的ではなく、因果関係を持たず、それゆえ恒久的に更新し、決して尽きないエネルギー、そのようなエネルギーは存在するのか?」というものだ。この問いでよいだろうか?

PJ　はい、そうです。

K　諸君はいかに答えるだろうか?

VA　死のエネルギーが存在します。

K　いかなる意味だろうか?　終焉という意味の死ということだろうか?

VA　全き終焉です。

K　然り、動きの全き終焉。

VA　自分自身のこととして認識しているのです。

K　聞き給え。君の言葉によれば、中心から周縁へというこの動きの全き終焉は、個人の感覚では死ということになる。そして、そのエネルギーは因果関係を有しない、と？

VA　それは因果関係を持たず、血液のように溢れます。

K　分かった。しかし、それは仮説や理論の類《たぐい》なのか、それとも事実なのか？

VA　事実です。

K　その意味は？　君が行動する際に中心はない、ということだろうか？

VA　はい。そのエネルギーが存在するその期間は……。

K　否、否。期間はいけない。

VA　時間を超越した感覚があります。

K　宜しい。その次には何が起こるだろうか？

VA　その次には思考が再び帰ってきます。

K　そこで君は、中心から周縁へという動きに再び戻ってしまい、その出来事の記憶とその出来事を渇望する心が芽生える。

VA　師よ、その通りです。

K　それが中心から周縁へと再び稼働し始めるのだ。

VA　同時に恐れてもいます。単にそれを再び得ようと望むだけではなく、そのことが再び起ることを恐れてもいるのです。なぜなら、それは全き死を意味するからです。

K　それは君の意図に関係なく起こってしまう。

VA　はい。

K　今、君はそれを待望している。

VA　私には、それを待望しているのか、それを恐れているのか、よく分かりません。

K　恐怖、待望、何であれ、すべては依然として、この自己、中心の領域内の出来事だ。さて、もう一つの問いは、ププルジが提起した不朽のエネルギーの問題だが、諸君は〈クンダリニー〉について論じたいのだろうか？

PJ　はい、是非。

K　先ず最初に、諸君が真にこの件を論じたい、或いは対話の機会を持ちたいと望むならば、今までこの件に関して聞いてきたこと一切を忘れなければならない。諸君にそれができるだろうか？これから極めて厳粛な問題に入るからだ。朝食前の娯楽などではないのだ。今までこの件に関して感じてきたこと、グルが語ったこと、その覚醒への試み等、すべてを忘れ去り、〈白紙（carte blanke)〉の状態で参入できるだろうか？〈白紙〉とは、完璧に清浄な石板のことだ。

VA　はい。

K　安易に「はい」と言わないで頂きたい。諸君は、一切の知識を持つことなく、探究しなければならない。クンダリニーに関する一切の知識、今まで語られたこと、今まで為されたすべての修行、その一切を忘れ去る必要がある。

現在、アメリカで起こっていることをご存知だろうか?「私はクンダリニー体験を得た、その覚醒を成し遂げた、その痛みも経験した」と称する人間によって「クンダリニー・センター」が各地に開かれている有様だ。それにより、科学者も関心を持つ全く別種のエネルギーが得られるそうだ。彼らによれば、或る特定の型の訓練や呼吸、更にはあれやこれらを修行すれば、それを獲得できるということだ。この現象は全世界で燎原の火の如く広まっており、金になることも分かった。恐ろしく狡賢い人間たちの関心を煽り、彼らにこの業を与えている。ビジネスマンなら、この種のエネルギーは渇望ものだ。「私にそれを与えて下さい。何百万ドルでも稼いでみせます」と嘯《うそぶ》くことだろう。この種の惨劇が至る処で進行中なのだ。

APP　或る教授からは、「ヨーロッパではコミュニストたちが〈ヨーガ・センター〉を開設し始めている。それにより人間の精神に影響を与えられるからだ」という話も聞きました。

K　然り。

APP　もしそうなら、彼らは或る力を獲得し、他人の心に影響を与えられます。つまり、精神操作の手段となる訳です。

K　これこそグルたちがやってきたことであり、プロパガンダ屋がまた別のやり方でやってきたことなのだ。諸君がこのエネルギーとは何かを知りたいのは、それが理由なのだろうか?

VA　いいえ、そうではなく、このエネルギーが現在の条件づけを一掃できるかどうかを知りたいからです。

K　それは無理だ。何ものもこの自己中心的活動を打破することはできない。どこに向かうかお分かりだろう。それが、クンダリニーを含む様々なエネルギーを論題とすることに、私が反対する理由だ。我々はそれに見合う基礎作業を何らしてこなかった。我々は現に正しい生活を送っていないのみならず、更に新規に何かを加え、この馬鹿げた営みを続けようというのだ。

Q1　クンダリニーが目覚めた後でさえ、自己中心的活動は続きます。クンダリニーを覚醒させたと主張する人々がいますが、彼らの自己中心的活動は相変わらず続いているように感じます。

K　私は、彼らがクンダリニーを覚醒させたという言葉自体を信用していない。彼らのクンダリニーが何を意味するのか、疑問に思っている。

VA　私たちは、その本質を本当に知りたいと思います。その現象は、時々現実に存在するからです。

K　あり得ない。

PJ　自己中心的活動が束の間でも止む時に、私たちはエネルギーを感じます。そして、これが尽きざるエネルギーの源泉だと考えてしまいますが、そうではないのかもしれません。

K　つまり貴方の言いたいことは、中心から周縁へ、そして周縁から中心へという動きの終焉が……。

PJ　私たちが知っている束の間の終焉です。

K　否。この動きの終焉、徹底した終焉は、同時にあの無限のエネルギーの発露に他ならない。

ＰＪ　私はそのようなことは発言しておりませんが……。

Ｋ　私が発言している。我々は、このエネルギー、クンダリニーというエネルギーを正しく把握できるだろうか？　多くの人々がクンダリニー体験をしたと称するが、私はこれに疑義を感じている。疑義を感じるということは、それを究明しなければならないことを意味する。反対しているのではない、彼らが誤っていると主張しているのでもない、私はただ尋ねているのだ。それが真実の体験なのか、或いは或る種の単なる生理的現象なのか、それとも一種の身体的疾病なのか？　これらすべてが考えられるが、それをクンダリニーと称しているのに過ぎないのではないか？　一方でふしだらな生活、愚劣な生活、空虚な利己的生活を送り、その日々の営みが自己中心的でありながら、自らクンダリニーを覚醒させたと称している。私はそこに疑義を呈しているのだ。

ＰＪ　師よ、自分自身でも吟味したいと思います。クンダリニーは、身体の特定の部分に位置する特定の霊的センターに関連づけられています。

Ｋ　そのように言われているが、それは正しい。

ＰＪ　そのように言われていますが、それが師にお尋ねしたかった最初の質問です。

Ｋ　具体的には？

ＰＪ　この尽きることのないエネルギーの発現は、身体の枢要に座を持つ霊的センターとどのような関係があるのでしょうか？

Ｋ　あまたの質問だね。

AP　その問題に入る前に、あまり注意を惹きませんが、極めて重要だと思う問題に触れたいと思います。それは、あれやこれやによるエネルギーの発現に伴い、その当人が害毒を為さないかどうかを知る必要があります。

K　慎重であるべきだ。当人が害毒を為さないといかに言えようか？　聖者たち、特にインドの聖者たちは恐ろしい害毒を流し続け、人々を誤らせてきた。

AP　その通りです。その人の心から憎悪が洗い流され、危害への渇望が徹底して変革されなければ、このエネルギーも馬鹿げた振舞いに使われるだけです。

K　アチュットジ、愈々《いよいよ》この問題に逢着したようだ。ププルジの質問は、様々なセンターを経て、顕現するこのエネルギーの正しい受け取り方はあるのだろうか、というものだ。

AP　インドの伝統には〈アディカール〉という言葉がありますが、極めて価値あるものです。〈アディカール〉とは、人はこの問いを自らに提起する前に自身を十分に浄化しなければならない、という意味です。

K　分かった。では、中心から周縁、周縁から中心へというこの動きが停止しない限り、ププルの問いには意味がない、ということだろうか？

AP　そう思います。

PJ　人がこの種の質問を提起する時、その人には問い相応の深い自己認識があると思います。それに関して他の言い方はできませんが、自己の究明自体がエネルギーを発現するのではないでしょうか？

K　勿論。

PJ　その人の内面生活が一定の均衡に達していなければ、クリシュナジの言葉も意味をなさないでしょう。我々の自己認識が少なくともその意識と師の言葉が接する深さにまで達していなければ、どうしてその言葉が我々の意識の深淵に及ぶことがありましょうか？　クリシュナジの言葉を聞く時、人は自身を開拓した深さに応じて、その言葉を受け容れる訳ですから、質問を提起することは相応しいことだと思います。

AP　私に言わせれば、それは芸術家とその創造性との関係に似ています。

K　芸術家が創造的という点には疑問を感じる――彼がホリスティックな生を営まない限りは。が、この件は終わり。

AP　私もそう思います。私の言いたいのは、芸術家が通常の無我の状態で得た創造性では、ププルジが話しているエネルギーの獲得には至らないということです。

PJ　私たちは二つの異なったレベルで話しているようです。私は一つの質問をしたいと思います。なぜそれが危険なのでしょうか？　私はこの質問を他の質問――神とは何か？　瞑想とは何か？　これは何か？　あれは何か？　といった質問にも増して、クリシュナジにお尋ねしたいのです。なぜこの問いが一層危険なのでしょうか？　把握できる精神はあれもこれも把握できるでしょうし、把握できない精神は何ものも把握できないでしょう。濫用を好む精神は何でも濫用します。

AP　私はそれには同意できません。
K　それは明らかだ。
Q1　そのエネルギーは人体にとって危険なものになり得るのではないでしょうか？
PJ　でも、それが私たちの中で目覚めていないのも事実です。
K　徹底して自己中心的ではない日常生活を送らない限り、他のものが入って来る余地はない。
VA　でも、それは別問題ではないでしょうか？　自己中心的活動の終息する時に誕生するエネルギーは、クンダリニーやその類のエネルギーとは全く性質の異なるものではありませんか？。
K　否！
PJ　しかし、すべては推測ではないでしょうか？
K　すべては推測に過ぎない。
SP　幾人かの人がクンダリーの覚醒体験について語ってくれましたが、多くのことが起こったそうです。そして一様に驚き、恐れています。多くの人が恐怖を抱いているのです。
PJ　驚き恐れる。しかし自己の探究を始めれば、或る種の霊的体験を得ることは自然なことではありませんか？
SP　恐怖を生み出すそのエネルギーの本質を知りたいのです。そのエネルギーとは何なのですか？
VA　恐怖は後にやって来ます。人は死を体験し、一切が消滅するのです。人間は一旦死滅し、再び甦る、そして甦ったことに驚愕します。世界を再び発見し、自分の思考、所有、欲望、そして全世界がゆっくりと戻って来るのです。

K　それを「クンダリニーの覚醒」と称するのかね？

VA　分かりません。

K　符牒を貼るべきではない。

VA　符牒を貼っているつもりはないのですが……。

K　申し訳ないが、それを「符牒を貼る」と言うのだ。

VA　その何日か後、約一か月の間に全生命は一変するのです。

K　それは分かる。

VA　性欲も欲望も消え去ります。

K　そして再びそこに戻っていく。

VA　そこに戻ってしまうのは恐怖のせいです。起こっていることが理解できないからです。

K　その通りだ。再び元の黙阿弥に戻るならば、その人は果たしてそのエネルギーを得たのかどうか怪しいと思う。

VA　私自身も疑問に思います。

K　然り。

PJ　師よ、一つだけお伺いさせて下さい。私のこの質問がなぜこのような大きな波紋を喚起したのでしょうか？　ほとんどの人が自己認識の旅の過程で幾多の霊的体験を経験します。しかし同時に、クリシュナジの言葉を聞いたがゆえかもしれませんが、霊的体験に遭遇してもそれに関わらないことが肝要だということも理解しています。

K　霊的体験には全く関知しないことだ。

PJ　人生に対して正しく取り組む時にのみ、それは可能になります。

AP　ププルジが今指摘した要点――霊的体験に遭遇したとしても、それに関知しないこと――が、出発点だと思います。既に二十五年前にこの心得を聞いたことを思い出しています。

K　然り。

AP　私たちはここから出発したいと思います。

PJ　霊的体験には価値を置かないということですね。

AP　価値を置かず、関知しないことです。

VA　身体には新しい経路が開かれ、エネルギーはその経路を上昇していきます。霊的体験に関知しない訳にはいかないと思います。

PJ　私には分かりません。ただ他の人の体験について語ることは極めて困難だということを指摘しておきたいと思います。

VA　その時、神経は震え、甚だしい頭痛に襲われます。

K　なぜその現象を何か異常なものとして捉えるのだろうか？　なぜ我々はそれを異常なものとして帰着させるのか？　私はただ指摘しているだけだ。全心身が鋭敏になっただけかもしれない、極めて鋭敏に。ただそれだけだ。

VA　その時、より多くのエネルギーに満たされます。

K　鋭敏になれば、より多くのエネルギーに満たされるものだ。

VA　つまりエネルギーが湧いてくると、仰るのですか？

K　そうだ、真に鋭敏であれば。だが、なぜそれを特別なもの、クンダリニーとか、あれやこれやと呼ぶのだろうか？

PJ　真の問題は、人生がいかに変革したか、ということです。

K　そうだ、それが問題だ。

PJ　目覚めの唯一の意味とは、全く新しいものの見方、新しい生き方、新しい関係が生まれることです。

VA　新しい脳が誕生したとしても、古い脳はいつも古い習慣と葛藤を抱えていると思います。

K　あり得ない！　それが全核心だが、諸君はそれを見過ごしている。

VA　それがクンダリニーでなければ、本当のクンダリニーとは何ですか？　全的生を生きていれば、クンダリニーのようなものが誕生するのでしょうか？

K　全的生を生きれば、何かが生まれるのか？　これは不可能な問題だ。仮定ではなく、現実に君は全的生を送っているのかね？

VA　いいえ。

K　では、そのような質問は無意味だ。
VA　私はただ、クンダリニーに基づいた生活の結果がどのようなものになるか、知りたくて尋ねているだけです。
K　否。
PJ　私の質問は、全く異なった視点からなされたものです。
K　全く異なった視点。然り。ププル、再度その質問を提起してくれ給え。
PJ　一つの問いを提起します。一般にクンダリニーと呼ばれているものは、人体の或る部位に存在する霊的エネルギーの目覚めを指しますが、この霊的エネルギーを目覚めさせることは可能だろうか……？
K　……様々な修行を通して？
PJ　……様々な修行を通して、この種々の心身的センターを開発し、意識を変容し、最終的にすべてを突破した時、その人の自己中心的活動も突破したことになります。これが過程全体の基本的意味になると思います。
APP　メスカリンのような薬物でもそれは可能だと思いますが……。
PJ　クリシュナジにお伺いしたのは、中心を完全に一掃するようなエネルギー、人為的に覚醒させられるのではなく、自ら覚醒するエネルギーが果たしてあるのか、ということです。
K　別の視点で答えたいのだが。自己中心的活動が終結しない限り、他のものは起こり得ない、ということだ。

SP　つまりこちら側の視点からの問いは全く成立しないということでしょうか？

AP　私が言いたいのは、ヒンドゥー教や仏教、ジャイナ教のような伝統宗教には偏りがあるということ……。

K　申し訳ないが、私は伝統宗教の教えには興味がないのだ。

AP　師よ、でもこれはとても大事なことです。と言うのも、すべては宗教の名の下に行われており、ハタ・ヨーガの全伝統流派は、これらのセンターを巧みに操作することが修行の成就だという信仰を生んできたからです。

K　然り、それはよく分かる。

AP　私に言わせれば、すべての教義は誤った信仰に基づいているのです。

PJ　分かりました。私の言ったことをすべて忘れます。

AP　我々はそれらを一掃しなければなりません。

PJ　別の質問をさせて下さい。自分自身で探究したかったのですが、無理のようなので……。準備が必要な人間精神の本質とは何なのか？　無限なるものを経験するために準備が必要な脳を含め、人間精神の本質は何か？　このように問いたいと思います。

K　つまりエネルギーが誕生する土壌は何か、ということだろうか？

PJ　はい。そのエネルギー自体について語るつもりはありません。むしろ我々自身の意識、我々自身の脳細胞に他ならない土壌の本質について論じたいのです。

K　それを経験するために、大脳或いは精神の土壌を耕している、ということなのだろうか？

PJ　その意味は分かります。

K　私の問いに答えてはいない。

PJ　問いの意味は分かりますが、それに対し、「イエス」とも「ノー」とも答えられません。

K　では、なぜその土壌から生まれるエネルギーを気にかけるのか？　準備し、真剣にそれと取り組むことだ。

PJ　そもそもなぜ土壌を耕す必要があるのでしょうか？

K　簡潔に示そう。私は、矛盾と葛藤、悲惨に満ちた人生を送っている。私は、自身の悲しみのみならず、全人類の悲しみを終わらせ、慈悲の世界をもたらすことが可能かどうかを知りたい。この問題に専念し、他のことには見向きもしないつもりだ。

SP　「慈悲と共に生きる生き方は可能か？」という問いも、土壌を耕し、動機を持つことになりませんか？　なぜこの「土壌を耕す」ことに関する問いを出されたのでしょうか？

K　私は「土壌を耕す」と言ったことはない。

PJ　その質問は、私がしたものです。

K　質問の意味は分かる。ただ言えることは、そのエネルギーを獲得するために、土壌を耕すという動機（motive）を持つ限り、決してそのエネルギーは得られない、ということだ。

SP　動機とは何でしょうか？　この牢獄の全体を見つめ、そこから出る方法を模索することが、動機なのでしょうか？　もしそうなら、どのような問いにも動機が含まれるのではありませんか？

K　否、否。それは詭弁だ。私は、悲惨で混乱に満ち、拷問に等しい人生を送っている。これが根底にあり、そこからこれを終わらせることは可能か、という問いが生まれる。

SP　それは分かります。

K　そこに動機はない。

SP　既に動機はないのに、師は更に新たな問いを出されます。

K　否、私は新たな問いなど出してはいない。最初の問いだけだ。即ち、このすべての過程を終わらせることができるのか？　この問いを解決しない限り、深甚な意義を持つ他の問いに答えることはできない。それは素晴らしい玩具を与えられたようなもの、この惨めで哀れな私の人生に与えられた特別な贈り物のようなものだ。

SP　その問いをしなかったとは言い切れません。

K　その問いとは何だろうか？

SP　師によれば、特別なエネルギーに関する質問は全くすべきではない、なぜならそれは依然としてこの領域内の出来事だからだ、ということです。

K　否、私はその問いを提起するだろう。

SP　どのようにして問いを出すのですか？

PJ　私はそのような質問を提起しました。
K　彼女は私にその質問をした。
SP　師はその質問にはお答えにならないと思いました。
K　不可と言った。
PJ　私としては、問い続けると思います。ここではお尋ねしませんが、その問題は問い続けたいと思います。
K　貴方の問い掛けている問題とは何だろうか？
PJ　私の質問は今撤回しました。
SP　第二の質問は？
PJ　私の提起した第二の質問は、耕し醸成しなければならない人間精神の土壌の本質とは何か、という問題……。
K　……他のものを得るために？
PJ　……他のものを得るために。師は、それも間違った問いだと仰るでしょう。私は葛藤の中にあり、苦悩の中にある。と共に、その葛藤と苦悩の生活を終わらせなければならないことも知っています。
K　その通り。それを終結することなく、別のこと――これを一掃するために、他のものを探究し、究明し、覚醒を図ること――は、蹉跌の過程になる。これは明らかだ。それは自分の家を綺麗にするのに外部業者に委託するようなものだ。家を清掃する過程で、様々なことが起こる。千里眼を得ることもあり、所謂《いわゆる》〈シッディ（超能力）〉の類も得るだろう。様々な奇跡が起こるかもしれない。だが、それに囚われたら、それで終わり、もはや進歩することはない。もし囚われることがなければ、新たな天地が諸君の前に開かれる。文字通り新たな天地だ。

耕すべき土壌がある、その力を得るためではない。それでも土壌は耕さなければならない。人は矛盾に満ちた人生を送るがゆえに、逃避の影さえ留めぬように、準備し、専念し、徹底して家を綺麗にしなければならない。そこで初めて問うことができる、彼らが皆話しているこのものは何か？ と。私はそれを実践し、土壌を耕している――否、土壌ではない。私は準備している――否、準備ではない。私は、悲しみを終焉させることに専念している、倦《う》まず弛《たゆ》まず努めている、なりゆきには任せない。そして誰かが傍らに来てこう告げる、「クンダリニーというあの特別なエネルギー、様々なチャクラを味わうことができる」と。それに対して、どう答えるのか？ これが諸君の提起した問題だ。諸君はこの問いを提起したのだ。

PJ　私はこの問いを提起しました。

K　そして「見よ、私は成就した、それを理解した、私はそれに精進している」と言う人間が現れる。

PJ　少し異なるようです。私には「それを理解した」とは決して言えません。私が発言できるのは「それに精進している」ということだけです。

K　然り。それを言ったのは私だ。

APP　はい、それは師の発言です。

K　私がそれを言った。諸君は決して「私は成就した」と言うことはできない。

PJ　私には「私は成就した」とは決して言えません。でもそれが何でしょうか？　問い自体が正しくないという意味でしょうか？

K　否。それに精進しているのであれば、その問いは正しいと言える。もし私がそれに精進しており、人が傍らに来て「そこにはクンダリニーの発現がある」と言えば、私は喜んでその人の話を聞くだろう。だが、その人がそれを否定して「君は先ずそれを獲得すべきだ。そうすれば……」と言えば、どうだろうか？　もし人が「私はこのことに日夜精進している。それは私の天職、私の人生そのものだ」と告白し、傍らに来て「クンダリニーとはいかなるものですか？」と尋ねれば、私は極めて明快に答えるだろう。いかがだろうか？

APP　大丈夫です。ププルジの問いは正しいものです。

K　彼女がその問いを提起した。

PJ　私がその問いを提起しました。

K　然り、それゆえ私は答えている。諸君はそれに精進しているだろうか？

Q1　はい。

K　グルに依存せず、神通力を求めず。

Q1　グルに依存せず、それに精進します。

AP　私が反対した理由は、『ハタヨーガ・ブラディピカ』に「このクンダリニーの探究は、修行者の歩みを促進するものだ」とあるからです。

K　あり得ない！

AP　そう書いてあるのです。

K　アチュットジ、私はその中で成長してきたのだ。そしてそれは虚偽だった。

AP　それらの書物は一つのことを述べています。彼らはそれを変質させ、歪曲し、人々を誤導してきました。私は本当に苦悶に悶えました。この国がすっかり堕落してしまったからです。その要因の一つは、宗教の名の下で毒を広めてしまったことです。それゆえ私のような人間が、そういったことを繰り返さないように警戒に当たらなければならないのです。

K　アチュットジ、何と！　家を綺麗にする作業には励んでいるのだろうか？

AP　勿論です。

K　これが第一の問いだ。次いでププルの第二の問い――「私はそれに励んでいる。それ自体のために精進している。そして、これらのことは世界に広がり、それに関して多くのことを聞いた。それについては、どう思うか？」、これが問いのすべてだ。

AP　その問いは正当だと思います。

K　宜しい。以上が問いのすべてだ。では、問いの本質は何か？　機械的ではなく、尽きることもなく、自らを更新する力、エネルギーといったものがあるのか？　私は「ある」と答える、確信を以て「ある」と答える。だが、それは所謂「クンダリニー」ではない。身体が鋭敏でなければならないのは明らかだ。身体という家の浄化に励めば、身体は極めて鋭敏になり、独自の英知を持つに至る。その英知は、精神が身体に指図する知性ではない。その時に身体は独自の英知を持ち、身体によくないものはすべて拒否する。身体は極めて鋭敏になるのだ。欲望や何かを求めて、鋭敏なのではない、身体それ自身が鋭敏になるのだ。その時に何が起こるか？　諸君が真にそれを探究し、私とそれについて語りたいならば……、私はご遠慮したいが。［笑い］

私はこのことに関して多くのことを経験してきた。ゆえに、私の話は空談義ではない。クンダリニーを目覚めさせたと称する人々がいるが、そのことに真摯に取り組んでいなければ、私はそれを疑う。そのことに真摯に取り組んだことはないが、それを目覚めさせたという。私はその正当性、真偽を疑う。私は反対しているのではない、ただ疑義を呈しているのだ。肉食する者が売名を求めるに飽き足らず、更にあれやこれやを求め、「私はクンダリニーを得た」などと称する。私に言わせれば、全くのナンセンスだ。つまり、常に家の清掃、あれやこれやの一掃が必要なのである。

そこで、ププルが発言する、「単なる理論ではなく、実感として存在するものについて語ることはできませんか？　私はそれを一瞥し、その尽きざるエネルギーの実感を得ました」と。そしてKが傍らに来てこう告げる、「然り、そのようなものは存在する。恒に自ら更新し、機械的ではなく、原因によらず、始原なく終焉なきエネルギーは存在する。それは恰も永遠の運動のようなものだ」と。今、「永遠」なる語を使ったが、後に変更したい。が、とにかく存在すると告げる。これは諸君にはいかなる意義があるのだろうか？

PJ　はい。

K　私は「イエス」と言い、貴方は傾聴する。そこで私は自問する、「それは貴方にとっていかなる意義があるのか？　貴方はそれに取り組むが、家を清掃することなく、ハタ・ヨーガが言うあれこれ、様々なことに囚われてしまうのではないか？」と。

PJ　それは、探究する人間にとって、土壌の醸成とは苦しみに終止符を打つことであり、実に……。

K　……彼が為すべき唯一のこと。

PJ　唯一のこと。

K　然り。他には何もない。あの人々を見よ。彼らは、家の清掃に努めることなく、驚くべきセックス・マニア、馬鹿げたことまみれでありながら、クンダリニーについて語る。遺憾なことだが、これは最も神聖なことであり、人が人為的に招来することはできない。にも拘わらず、皆が人為的に招来しようとしているのだ。

VA　人為的招来なしに、それに憑依されたなら、どうなりますか？

K　その時は、貴方は存在しない！［笑い］

家の清掃には、途方もない修練が求められる。但し制御や抑圧、服従などの訓練ではない。それ自体が途轍もないことを求めるのだが、何を？

VA　エネルギー。

K　否。

PJ　自己中心的活動の終焉。

K　然り。その全過程に対して途轍もない注意力が必要とされる。もし十全の注意力を注ぐことができれば、全く異次元のエネルギーが発生する。反復はなく、行くことも来ることもない。或る日にはあって、一ヶ月後にはなくなるというものでもない。同時に次の問いを意味する、精神を完全に空虚な状態に保つことができるだろうか？

VA　暫くの間ならば。

K　ああ！　わが手を握り給え、だ。［笑い］

VA　空虚は満たされることを求めます。

K　否。精神を空虚に保つことができるだろうか？　できれば、あのエネルギーが生まれる。それに関して、殊更問い質す必要はない。科学者も——私はボーム博士と話したのだが——空間が存在すれば、それは空虚ゆえにエネルギーが充満している、と言っている。家屋を綺麗にする過程で、その中の事物、悲しみやその類のものを終焉させ、精神は、いかなる動機、いかなる欲望、いかなる支配をも免れ、完全に空虚になることができるだろうか？

PJ　一つだけお伺いしたのですが。人間意識の変容とは、人間意識の全的変革を意味するのでしょうか？　それとも人間ができることは土壌の養成だけであり、変革、変容、エネルギーといったことは別の事象なのでしょうか？

K　それが起こり、それと真摯に取り組み、家屋を清浄に保つことができれば、他のことは自然について来る。そのために土壌を養成するといった問題ではない。
PJ　その実践自体の中に……。
K　然り、それが瞑想（meditation）だ。
PJ　そしてその本質は、人間精神の変容である、と。
K　然り。アパ・サヘブが言及したように、我々はこの条件づけにプログラム化されているのだ。それを止めることができれば、それ自体の終結となる。プラグを抜けば、コンピューターはもはや機能しなくなる。同様に、終結が実現すれば……。
PYD　今のお話で、〈movement（動き）〉という語の意味が少し明らかになったように思います。中心から周縁への動きとは連続性を意味し、更新の動きもそれと同じなのではありませんか？
K　否。中心から周縁へ、周縁から中心への動きは、諸君周知の如く、利己的運動であり、一方向或いは他方向等、方向に関わらず、依然として利己的なものである。そこで、問題は、この利己的な存在である中心が、継続するその動きを止められるか、ということだ。止めることができれば、時間の運動も停止する。すべて時間の運動なのだ。そこからここに戻る、そこから彼の地に移動する、これらはすべて所謂時間の範疇なのだ。中心が止まれば、時間も止まる。一旦利己的動きが止まれば、全く次元の異なる動きが誕生するのだ。
VA　時間が止まれば、空間も消えるのでしょうか？
K　仮定は無意味だ。それに関して何かしたことがあるだろうか？「時間が止まることは可能か？」

と自問したことがあるだろうか？　それについて何かをしない限り、また「時間とは何かを見出すつもりだ」と言わない限り、すべては無意味だ。時間とは何かに「成る」動きだ。「私はこれだが、あれに成らなければならない」、或いは「これは間違っている。かくあるべきだ」。これらは、時間の動きなのだ。これらすべてを終わらせること。ププル、これで貴方の質問に答えたことになるだろうか？

VA　今のお話は、精神を徹底して空虚に保つことに関係していますか？

K　なぜ君は空虚な精神を欲するのだろうか？　精神が今何かに占拠されているのではないだろうか？

VA　はい。

K　或るもの或いは別のものに占拠される——常に動き続ける発電機のように。それを止めることができるだろうか？　大脳自身がこの動きの浪費を悟り、「もうこれで十分だ」と言えるだろうか？　君にそれができるだろうか？

VA　他ならぬその理解が中心の消滅に繋がるのでしょうか？　つまり、中心は消滅するのでしょうか？

K　意識とはその中身、不安、恐怖、悲しみといったその内容物そのものだ。その中身が意識を形成するのだ。では、この中身を空虚にすることは可能だろうか？　それができれば、精神も空虚になる。

VA　連続性の空虚化。

K　否、ただ空虚だ。

VA　はい、中身の空虚です。でも、それでも思念の動きという持続性は残るのではありませんか？

K　否。何かが終わるということは、持続性も存在しないということだ。

Q1　それでも何かが持続すると思います。

K　否、断じて否！　諸君は常に更なる何かを求める。意識の中身が空虚であれば、その時は君の意識は存在しない。以上だ。

VA　私の知る限りの意識。

K　君の意識とは何だろうか？

VA　私の認識するもの。

K　認識するものとは？

VA　何であれ、内面のこと、中身のことです。

K　単純に。君の認識するものとは何だろうか？

VA　教えられたことすべて、そして条件づけられてきたことです。

K　然り。苦しみ、その他すべてが諸君の意識の一部なのだ。これらすべてを空虚にすることは可能だろうか？　執着せず、何にも属さず、いかなる結論も持たず、恐怖を抱くことなく、悲しみを終わらせることが可能だろうか？　諸君にそれができるだろうか？

VA　それを試みてきました。

K　試みることはできない。今実践しているか、してこなかったかのどちらかだ。

VA　今理解できつつあります。
K　否！　君は今それを実践しているのだろうか？
VA　はい、実践しています。
K　それは恐怖を終わらせることを意味するのだが。
VA　はい。
K　即ち、恐怖を終わらせるか、恐怖が依然としてどこかに潜んでいるか、どちらかを意味する。
VA　恐怖は依然としてどこかに潜んでいるようです。
K　それを表に出すことだ。それを見つめ、観察し、成長するに任せ、開花させ、それ自身で終わらせる。他の花々と同様、成長するに任せれば、やがて開花し、一定の期間咲き続け、そして萎れていく。恐怖に対しても、同様にできるだろうか？
VA　恐怖が現れる時はいつもそれを見つめます。
K　ああ、いつも……。それから？
VA　恐怖は消えます。
K　確かに。見つめた瞬間に、それは消え去る。
VA　それは消え去ります。
K　そして再び現れる。
VA　はい、でも恐怖には様々な面があると思います。

K　無論、そうだ。だが、恐怖の根は明らかに一つだ。恐怖は幾多の枝葉を持つが、その根は一つだ。その根を根こぎにすることができるだろうか？　精神はその根を伐採し、「終了」と宣言できるだろうか？　悲しみやその類も同様だ。根こぎにしたにも拘わらず、愛や慈悲が誕生しなければ、再び蒔き直しが必要だ。機会を逸したのである。何かが間違ったのだ。愛や慈悲がなければ、実態の伴わない単なる虚仮威《こけおど》しに過ぎない。そしてこれらの人々は愛や慈悲とは無関係だ。精神を空虚にするとは、恐怖等の内容物そのものである意識を空虚にすることだ。やってみ給え。即ち、思念のあらゆる動きに注意を払い、一つの思念も見逃さない、ということだ。

VA　もう一つ質問があります。空虚の瞬間、精神が停止した瞬間を感知するとします。その後、再び物事は続きます。運動は継続するのです。この継続するものとは何でしょうか？　これはすべての理解が及ばなかったということでしょうか？

K　無論、そうだ。

VA　完全に空虚にはなっていないということでしょうか？

K　然り。

VA　でもその瞬間は起こり、成長するのではありませんか？　空虚を知覚する瞬間に、精神は停止し、その瞬間を認識します。そして、また思念の過程が始まり、再び元の自分に戻っていくのです。

K　空虚の瞬間など忘れ、本分を尽くすべきだ。

VA　分かりました。

K 「ああ、あの空虚の世界に戻りたい」と言う時、君はもはや単に記憶の世界に生きているに過ぎない。

VA 了解しました。

K くれぐれも理解して欲しいのは、私は規範を敷いているのではなく、ただ事実を示しているだけだということだ。

VA 私たちは確信を得たいだけなのです。自分が正しい道を歩んでいるという確信を欲しているのです。

K お望みならば、諸君に最捷径《さいしょうけい》を示したい。それは、ただ見つめ、終わらせることだ。つまり、見る主体なく、過去を伴わず、ただ見ることだ。その時に始めて恐怖の全体像を把握し、終わらせることができる。以上が実行できれば、これが最捷径の直路《じきろ》だ。

第八章　恐怖の根源

諸君は、恐怖に対して英知を以て取り組むことができる、と言う。
私は疑問に思う。
英知は、恐怖が存在しない時にのみ働くからだ。

一九七二年十一月十三日　ニューデリー

ププル・ジャヤカール（ＰＪ）　クリシュナジ、貴方は昨日の講話で、恐怖に向き合い、恐怖を解消する上で、最大の秘策は英知（intelligence）だと述べられました。しかし問題は、無意識から発する恐怖が危機の渦中で襲う時、英知は存在するのか、英知の働く場はあるのか、ということです。師が仰ったのは、英知はその道を遮るものを否定しようとし、また傾聴と観察が必要だ、ということでした。しかし、制御不能の恐怖が、その要因の有無、認識の難易を問わず、自己の存在を脅かす時、英知の働く余地はどこにあるのでしょうか？　人はこれらの恐怖にいかに取り組めばよいのでしょうか？　その恐怖とは、人間心理の奥底にとぐろを巻く原初の根源的な恐怖です。そして、そのような恐怖には自己崩壊も含まれます。

質問者1（Q1）　或いは自己存在の無意味さ。

PJ　他は別として、非存在に対する恐怖は対処の仕様がありません。

クリシュナムルティ（K）　昨日、論じた筈だ。「存在しないこと（not being）」或いは「成らないこと（not becoming）」が恐怖の根源だ、と。

PJ　それが実は恐怖の構造なのです。

K　問いは何だろうか？　我々が論じ、共に探究すべき問題は何か？

PJ　いかに恐怖に立ち向かうか？　未だその解答は与えられていません。英知はその最大の方策になるのでしょうが、恐怖の濁流に飲み込まれる時、英知の働く余地はどこにあるのでしょうか？

K　恐怖の津波が襲う時、英知の働く余地はない。この恐怖の濁流に対して、いかに対処するか？　これが問題だろうか？

PJ　はい。

K　では、それを論じよう。

スナンダ・パトワルダン（SP）　個々の恐怖は一本の樹木の枝葉のようなものだと思います。各種の恐怖と一つ一つ取り組む過程で、その恐れる要因を知ることができても、すべての恐怖から自由になることはできません。枝葉に囚われずに恐怖の根幹を理解するにはどうしたらよいのでしょうか？

K　諸君は悧巧だ、悧巧過ぎるほどだ。彼［K］は問う、「その枝葉を刈り取るのか、或いはその根源に直接向かうべきか？」と。

SP　枝葉に当たる各々の恐怖の根源という意味ですか？

K　否、恐怖そのものの根源という意味だ。あらゆる小枝、大枝、幹といった個々の恐怖を生む根、全体の根源、恐怖の深奥ということだ。

SP　時にはその一つを通して根源に至ることもあります。

K　それを見出したい。

PJ　一つを通して根源に至り、自由を感じるかもしれません。でも、全く意識に上らない幾多の恐怖が存在するのではないでしょうか？

K　言わんとする処は分かる。つまり、恐怖にも意識下の潜在的なものと意識され得るものとがあり、時にその潜在的恐怖が極めて深刻な濁流となり襲ってきた時、もはや英知は機能しない。この意識されず、制御不能で脅威的な恐怖に対して、いかに対処するか？　こういうことだろうか？

PJ　はい。それは或る意味、物質的な形態を採るようです。人を圧倒する物質的な力なのです。

K　然り。恐怖は、神経的に生物的に人間存在を根底から震撼させる。探索してみよう。恐怖――意識的、無意識を問わず――、深い恐怖は、不安や深刻な不確実感、孤独感、徹底した疎外感、完全な孤立感、非存在感、全き喪失感等のある時に存在する。これらの情感は極めて深刻な恐怖を惹き起こし、この深刻な恐怖が起こる時、明らかに英知は機能しない。そこで我々は問う、「この制することも律することもできない招かれざる恐怖に対していかに対処するか?」と。問いはこういうことだろうか?

PJ　はい、どんなに自分の知っている恐怖に直面していると感じても、無意識裡には依然として窮地に居るのです。

K　その通りだ。そこで問う、「この恐怖に対していかに対処するか?」と。意識的には一応対処できるだろう。身体的、意識的な日々の恐怖に対しては、何とか対処することができる筈だ。

PJ　そして恐怖はそのままにしておく。

K　恐怖はそのままにしておく。或いはそれをどう処理するかを知っている、ということは、英知の周縁であってもそれに対処できる、ということだ。

PJ　その恐怖を花開かせることさえできるのではありませんか?。

K　花開く、その開花の過程で、英知が働く。では、無意識に関しては、いかに取り組むのか?なぜ無意識は――当面この語を用いることになるが――これらの恐怖を保存するのか?　或いは無意識がこれらの恐怖を招くのだろうか、或いは恐怖は無意識の伝統的深層に存在するのだろうか、それとも恐怖は環境から凝集されたものなのか?　恐怖には、これら三側面があるのではないだろうか?　なぜ恐怖は無意識に存在するのか?　そもそも内在(inherent)のものなのか?　内在のものなど本来ないが、暫くこの語(inherent)を使うことにする。内在の恐怖とは、人間の無意識的、民族的、伝統的歴史の一部なのだろうか?

PJ　承継される遺伝子。

K　然り。では、それに対していかに取り組むのか？

PJ　師は、第三の側面、環境から凝集された恐怖についても言及されました。

K　先ず、第一の側面から論じてみたい。そもそもなぜ無意識はそれらの恐怖を保存しているのか？　またなぜ無意識或いは深層意識を、恐怖の貯蔵庫、恐怖の残渣と見做すのか？　なぜなのか？　なぜ無意識はこれらの恐怖を保持するのか？　我々の住む文化によってもたらされたのだろうか？　現意識（conscious mind）では恐怖と取り組むことができず、恐怖を奥底に押し込めてしまい、そのまま残ったのだろうか？　或いはその内容物そのものである心は、いかなる問題も解くことができず、その解けないことに怯えているのが真相なのだろうか？　我々は探究している。無意識の意味とは果たして何かを見出したいのだ。今、これら恐怖の津波が襲う、と諸君は言った。だが、恐怖は常にそこに存在し、危機の中でそれに気づく、というのが真実ではなかろうか。

SP　恐怖は意識の中に存在します。なぜ無意識と意識を分けるのでしょうか？　意識自体の中に恐怖は存在しています。

K　先ず、意識はその中身によって創り上げられる。中身がなければ、意識もない。その中身の一つが、この根源的恐怖であり、現意識は決して捕捉できない。恐怖がそこにあるにも拘わらず、心は「恐怖と取り組まなければならない」とは決して言わない。そして危機の瞬間に、現意識の一部が目覚め、恐怖に怯える。恐怖は常にそこにあるのだ。

PJ　はい、そうとも言えますが、事はそんなに単純ではないと思います。
K　否、否。その構造が単純だなどとは言っていない。
PJ　それは恐らく両様であり、外的環境から集められた恐怖と核心的恐怖。
K　「非存在（non-existence）」という核心的恐怖。
PJ　「存在の否定」という恐怖。
K　まさに然り。
PJ　他にも恐怖はありますが、それらも包含されます。
K　恐怖は常にそこに存在する。
PJ　はい、恐怖は常にそこにあります。
K　この点を明らかにしたい。恐怖は常にそこに存在するのか？　それとも文化的伝統の一部に過ぎないのか？
PJ　師は二つに分けられましたが、その必要性はないように感じます。いかに分けられるのでしょうか？　恐怖は常に存在し、かつ文化的伝統の一部なのではないでしょうか？
K　それを問い掛けている。
PJ　でもそもそも両者に違いはあるのでしょうか？
K　ある。恐怖を許容する文化圏に生まれるかもしれない。
PJ　そのような文化はないと思います。

Ｋ　無論、そのような文化はない。ただ私は自問している、恐怖は文化の一部なのか？　或いは人間に内在するものなのか――動物を始め、すべての生物の中に存在する「消滅する」恐怖や「破壊される」恐怖と同様に？

ＰＪ　それは恐怖の衣を纏った自己保存の本能だと思います。

Ｋ　そうかもしれない。

ＰＪ　でも、それは肉体の本能とは異なるようです。

Ｋ　私もそう思う。自己の全構造が消滅することを恐れる。この恐怖は全生物に共通しており、小さな蟻でさえも消滅することを恐れる。全生物を通して、その恐怖は軌を一にしているのだ。即ち、その恐怖は予め存在し、人間存在の一部となっている。そして、危機の中で改めてその存在に震撼するのだ。そこで「この恐怖の濁流に襲われた時、いかに対処するか？」という問いが起こる。問いはこういうことだろうか？

ＰＪ　はい。

Ｋ　では、なぜ危機を待つのか？　私は問いを提起しているだけだ。こうすべきだとかすべきでないとか言っているのではない。

ＰＪ　恐怖を喚起することはできないからです。

Ｋ　よく分からないが……。

ＰＪ　どのように恐怖を呼び覚ますのでしょうか？　恐怖は非常に強い情感なのです。

K　それを見出したい。恐怖は常に存在し、生物的、心理的な人間構造の一部となっている。全構造が震撼するのだ。恐怖は、卑小の生物、極微の細胞に至るまで、遍く存在している。その恐怖を呼び起こすために、危機をなぜ待ち望むのか？　これは甚だ不合理な態度と言える。改めて問う、「恐怖と取り組むために、なぜ危機が必要なのか？」と。

PJ　さもなければ、それはなきに等しいからです。

K　否！

SP　どうしてなきに等しいと言えるのかしら？

PJ　顕在化していないから。

SP　私には、或る事物に対する恐怖が危機の到来を意味するように感じるのですが。

PJ　そういう恐怖への対処法は知っています。

SP　知っていて、たとえそう対処したとしても、何か別のことになるのではないでしょうか？

PJ　どう対処するかは知っているつもりです。自身の死を取り上げてみましょう。死に直面するとします。今、私は空論ではなく……。

K　……自分自身の直接経験から語っている、と。続け給え。

PJ　英知を以てそれに立ち向かうことができると思います。他の恐怖に対しても英知を以て対処することが可能です。

K　ププルよ、急ぎ過ぎないように。では、貴方は、これらの恐怖に対して英知を以て立ち向かえる、と言うのだね。

PJ　はい。

K　そこが私の疑義を呈する処だ。恐怖に対して「英知を以て」対処することができるのか、甚だ疑問に思うのだ。

PJ　私もその点は明確にしたいと思っています。恐らく私の使う「英知を以て」という語は、師のそれとは……。

K　私が問いたいのは、果たして人は、恐怖を解消する前に英知を持つことができるのか、ということだ。貴方は、或る恐怖に対しては英知を以て対処できる、と言った。その点が疑問なのだ。英知(intelligence)とは、元来恐怖がない時にのみ、存在するものだ。英知は光、恐怖は闇だ。闇が消えれば、光が輝く。光を以て闇に対処するのではない。光は闇のない時にのみ存在するのだ。

SP　光を以て闇に対処できない、と仰るのですか?

PJ　その時には、対処すべき闇自体がなくなっています。

K　まさにその通り!　単純に考えるべきだ。ゆえにこれらの恐怖に英知を以て対処できるという発言に対して疑義を呈しているのだ。それは不可能だ。恐怖を合理化する、その性質を観察する、恐怖を避ける、恐怖を克服する、こういったことは可能だろう。だが、それは英知ではない。

PJ　英知は、恐怖の襲来に気づく、恐怖から顔を背けない、恐怖を解消することの中にある、と言いたいのですが、英知があれば恐怖は起こらないと、師は仰るのですね。

ナンディニ・メータ（NM）　恐怖を発生させてはいけないと思います。

K　然り。

SP　それでも恐怖は起こります。恐怖に関する知識は得たとしても、現実の恐怖は再来するのです。

NM　そうかもしれませんが、それに抗うことはできます。恐怖に翻弄されなければ、なきに等しいのではありませんか？

S・バラスンダラム（SB）　その際、一つの恐怖の解消が、すべての恐怖の解消に繋がるものなのでしょうか？

K　否。今、私が提起しているのは、危機（crisis）に対するホリスティックな対応、恐怖という対応の問題だ。この恐怖を喚起するために、一見危機が必要に見えるが、本当にそうだろうか？　恐怖は元来ある。ならば、なぜ危機を待つ必要があるのか？　恐怖を喚起するのに、なぜ危機が必要なのだろうか？

PJ　危機は必要ありません。

K　危機が起こり、恐怖が目覚める。危機が襲来し、恐怖が覚醒する。

NM　何を以て危機と称するのでしょうか？　言葉や思念でさえ、危機をもたらすのではないでしょうか？

K　然り、言葉、仕草、動作、何でも危機になり得る。すべてが危機なのだ。息子が死んだ時だけが危機なのではない。言葉、仕草、表情、思念、これらすべてが試練（challenge）なのだ。

NM　例えば、何かを聞けば……。

K　そうだ、それも含まれる。それが危機をもたらす。だが、なぜその危機を待ち望むのか？

NM　では、私たちはどうしたらよいのですか？

K　我々は探究している。〈investigate（探究する）〉という語の意味はご存知だろう。「trace out（跡を辿る）」という意味だ。それゆえ辿らなければならない。あれやこれやと理由を詮索するのではなく、それを辿らなければならない。私は問う、「なぜ危機を待ち望むのか？」と。仕草、思念、言葉、表情、囁き、これらすべてが試練なのだ。

NM　私は危機を待ち望んだりはしません。ただ、恐怖が起これば、茫然自失している自分に気づくだけです。

K　恐怖が起これば、茫然自失してしまう。なぜか？　それが貴方には必要だからだ。

NM　いいえ、私は単にそれと出会っただけです。

K　核心を逸れたようだ。試練の前になぜそれと出会わないのか？

PJ　私たちの問いは、「それをいかにすべきか？」ということです。

K　今それに取り組んでいる。だが、先ず私の問いを聴いて欲しい。諸君はあまり聴いてはいないようだ。たとえ小さな危機でさえも、その危機が恐怖を目覚めさせる、と諸君は言う。仕草、言葉、囁き、表情、思い、手紙といったもの、すべてが危機だ。それは恐怖を喚起する試練である。そこで自問する、「なぜ試練がなければ、恐怖は目覚めないのか？」と。元来存在するのならば、目覚めている筈だ。眠っている訳ではあるまい。いや、眠っているのか？　ならば、なぜ眠っているのか？　現意識は、恐怖が目覚めるのを恐れ、睡眠に押し込め、それを直視するのを拒否しているのか？　我々はそれを慎重に辿っている。丁度ロケットを宇宙に送り、その軌跡を注意深く辿っているようなものだ。現意識にそれができるだろうか？　現意識はそれを直視することを恐れ、「頼むからそのまま静かにしていてくれ」と呟くのではないか？　或いは恐怖は存在し、目覚めているのに、現意識の方が、恐怖が花開き、登場するのを抑圧しているのではないか？　つまり、諸君が認めればだが、恐怖は人間存在の一部ということになるのではないか。

ＰＪ　恐怖は外的経験の刺激から独立した存在ではないと思います。

Ｋ　ならば、刺激がなければ、恐怖はない、ということかね？

ＰＪ　そうです、私にとっては。

Ｋ　それはどうか？　先ず「私にとって」というのは認められない。貴方にとってそうならば、私にとってもそうなのだ。なぜなら、我々は同じ人間だからだ。

ＰＪ　外的もしくは内的刺激。内なる刺激とは思念、外なる刺激とは出来事です。

Ｋ　私には内と外を分けることはできない。すべて一つの動きなのだ。

ＰＪ　それこそ内外の刺激なくして恐怖は存在しないと、私が主張する所以です。

Ｋ　ププルよ、失礼だが、核心から外れているようだ。

ＰＪ　いいえ、お聞き下さい。師は、「貴方はなぜそれを見ないのか？　なぜそれと直面しないのか？」とお尋ねになりました。

K　否、私はそのようなことは言っていない。

PJ　いいえ、確かに仰いました、「貴方はなぜ危機と取り組まないのか？」と。

SP　「なぜ危機を待ち望むのか？」では。

K　それは全く異なった問題だ。諸君はあまりに拙速に結論へと飛躍する。始点に戻ろう。私は自問する、「この恐怖を喚起するために、危機を待ち望まなければならないのか？」と。これが私の問いだ。もし恐怖が予め存在するのならば、いずれ発現するだろう。もし眠っているのならば、なぜ眠っているのか？　或いは何者が恐怖を眠らせているのか？

NM　何者が恐怖を眠らせているかは、明らかです。

K　現意識だろうか？　では、現意識はなぜ恐怖を休眠状態に置くのか？　現意識は恐怖を解消できないからだ。現意識は恐怖を解消しようと試みるが、それができないため、眠らせ、抑圧し、押し込めるのだ。それゆえ、危機が発生し、恐怖が立ち現れた時に、現意識は震撼するのである。そこで自問する、「何故《なにゆえ》に現意識は恐怖を抑圧しなければならないのか？　現意識にいかなる権利があるのか？」と。なぜ現意識はそうするのか？　現意識が恐怖を扱うことができないからではないのか？

SP　現意識の用いる道具としては、分析機能や認識機能がありますが、いずれも恐怖を取り扱うには相応しくないと思います。

K　現意識は恐怖と取り組むことはできない。この問題の解決には、分析ではなく、真の単純さが求められるからだ。現意識は恐怖を取り扱えないので、それを眠りに就かせ、「それから逃れたい、それを直視したくない」と言うのだ。

NM　そして危機の中で恐怖は爆発するのです。

K　それは爆発する。だが、私は言う、「君のしていることを見よ。恐怖を喚起するために、危機を待ち望んでいる」と。そして現意識は常に危機を避け続ける。現意識の何と狡猾なことか！　見よ、何と狡賢いことか！　現意識は回避し、推測し、合理化し、逃避する。我々はこのゲームの主人公なのだ。そこで呟く、「存在するのならば、それは目覚めている」と。とは言え、眠りに就いていないと言える訳でもない。だが、内在するもの、固有のものを眠りに就かせることはできない。現意識は恐怖を眠りに就かせたと思い込むかもしれない。ゆえに危機が立ち現れた時に、現意識は震撼する。全く別のやり方で恐怖を扱うべきである。以上が要点だ。私の根源的恐怖は、非存在の恐怖、不確実性、消滅性、衰亡性に対する恐怖感である。だが、なぜわが心は恐怖を表出せず、それと共に働くことを拒むのか？　なぜ危機を待ち望む必要があるのか？

NM　やってみます。少しずつですが、やってみたいと思います。

K　否、「少しずつ」とは言っていない。それではあまりにつまらない、馬鹿げたことだ。すべて戯れのゲームだ。怠惰ゆえに、その根源に迫るエネルギーを発揮できないのか？　私の言うことは不合理だろうか？

PJ　不合理ではありませんが、それが本当かどうかを検証したいと思います。

K　私もそれを検証したいと思っている。すべての生物は、消滅すること、生存の喪失を恐れている。その恐怖は、我々の血液となり、細胞となっている。我々の全存在が、存在の喪失、死ぬこと、殺されることを恐れている。恐怖は常にそこにあるのだ。恐怖は、我々の一部、我々の全心理的、生物的構造の一部となっている。そこで自問する、「試練の大小は問わず、なぜ危機の類《たぐい》が必要なのか？なぜ危機がかくも重要になったのか？」と。私は、あらゆる類の試練に反対する。私は、試練の背後ではなく、前面に立ちたいのだ。

PJ　師の仰ることについて行けないので、私はお聞きするだけに止めます。

K　貴方は何を言っているのか？　なぜついて来れないのか？　私は今まさに死のうとしている、死に瀕していることを知れば、私は死の前に立つことになる。

PJ　はい。

K　慎重に進めよう。私はまさに死に瀕している、そして今や英知的、理性的に死の前に立っている。私はそれらを合理化し、知的に処理した。それゆえ恰《あたか》も自分が前にいる、自分の心が自分の死を遥かに優越しているように自ら考える。だが、事実は異なる。思考の中でのみ優越しているに過ぎないのだ。

SP　はい、思考の中で。

K　実際に優越している訳ではないのだ。

PJ　このお話の真実はどこにあるのですか？

K　私は真実をそのまま語っているつもりだ。
PJ　死に直面し、一歩前進したように感じますが、とぐろを巻いた蛇が動き出すように、危機とは関係なく、勃然とそれは現れます。そして決して前進していたのではないことを、忽然と悟るのです。
K　言わんとすることは分かる。だが、起こったのが一年前か昨日か今日かを問わず、それはすべて試練の結果ではないだろうか？
PJ　では、質問です。いかなる道具を以て、いかなるエネルギーを用いて、そしていかなる次元から、人は見るのですか？　また何を見るのですか？
K　二つのことを明らかにしたい。それは我々の構造の一部であり、我々の内在的遺伝の一部なのである。
PJ　それは脳細胞の……。
K　無論、脳細胞も含め、ごく卑小なもの、微細なものでさえも、生物的、心理的に、非存在を恐れている。だが思考は、「私はそれを見るつもりはない」と嘯く。そして試練が起こった時に、その思考は不在なのだ。
PJ　「それを見るつもりはない」とは、どういう意味ですか？
K　それを見ることができないのだ。思考は、それを合理化し、応諾し、予測し、推論し、狡猾にも分析さえするが……。
PJ　この自ら企図する道具は、どのようにしてそれを実現するのですか？

K　私は諸君に尋ねている、「なぜ心は試練を待ち望むのか？　試練は必要なのか？」と。必要だと言えば、それを待ち望んでいることになる。

PJ　必要ではない、と言えば……。

K　否、私は必要ではないと言っている訳ではない。ただ尋ねているのだ。そもそもそれは諸君が言い出したことだ。

PJ　私には分からないと申し上げます。私に分かるのは、試練が到来し、恐怖が湧き上がることだけです。

K　否、否。試練が恐怖を惹起するのだ。そのことに注意すべきだ。そしてこう問う、「なぜ恐怖を目覚めさせるために試練を待ち望むのか？」と。

PJ　師の問いは矛盾しています。

K　否、矛盾してはいない。

PJ　更に師はお尋ねになるでしょう、「試練を待ち望まないで、しかも試練をいかに喚起するのか？」と。

K　否。私は試練そのものを認めない。貴方は曲解している。

PJ　では、どのようにして恐怖と向き合うのですか？

K　それを示そう。私の心はいかなる時にも試練を拒否する、ということは、目覚めるために試練は必要ではない。つまり、私は眠っていて、目覚めるために試練が必要だというのは、誤った論理だということだ。

PJ　でも、師はなぜ「必要（necessary）」という言葉を使われるのですか？

K　そうでなければ、諸君は眠り込んでしまうからだ。

PJ　いいえ、私は「目覚めるために試練が必要だ」と言った覚えはありません。

K　それゆえ試練を拒否する。

PJ　そうではないと思います。

K　つまり、それは目覚めている。

PJ　それは目覚め、かつ眠っています。両様の形態があると思います。

K　眠っているのは何なのか？　意識ある心、或いは無意識の心？　多くの部分が眠っており、ごく一部のみが覚醒しているのだろうか？

PJ　私が目覚めている時は、つまり目覚めているのです。

K　然り。目覚めていれば、試練は必要ない。だが、慎重に。それは、決して死滅することのない生の一部であり、いかなる時も目覚めている、と既に言及した。それは恒に目覚めているのだろうか？

PJ　いいえ、いつも目覚めている訳ではありません。

K　いかなる意味だろうか？　貴方はそれに気づかず、その跡を辿っていないだけではないだろうか？　貴方が気づかなくとも、それは恒に絨毯の下に潜んでいる。貴方は見ようとしないが、それはそこに存在しているのだ！

ＰＪ　何を見る、と仰りたいのですか？

Ｋ　それは絨毯の下に潜んでいる、と言った。絨毯を捲り上げ、見るのだ。譬えはそこまで。それはそこに存在する。それはそこにあり、目覚めている。当然、目覚めさせるための試練など必要ではない。私は、存在の喪失、死滅すること、蹉跌することを四六時中恐れている。このことは我々の生の根源的恐怖であり、それはそこに居り、目覚めており、常に自らを観察し、警戒し、守護している。それは完璧に覚醒しており、一瞬たりとも眠らない。

ＰＪ　はい、今仰ったことは認めます。

Ｋ　それゆえ試練は必要ではない。「何を為すべきか、いかに為すべきか」は、その後の問題だ。どうか安易に同意しないように。

ＰＪ　それは事実です。

Ｋ　それは恒に目覚めているのだ。

アチュット・パトワルダン（ＡＰ）　その中で、不注意（inattention）の要素はお認めになりませんか？

Ｋ　私は〈注意〉については話していない。それは目覚めていると言った。部屋の中でとぐろを巻く蛇のように、いつもそこに居る。どこを見ても、それは居る。そこで現意識は対処しようとするが、処理できずに逃げ出してしまう。次に現意識は、その生けるものと向き合うために試練を求めようとするが、実は試練など必要ないのだ。

質問者２（Ｑ２）　意識はやがてそれを悟るでしょう。

K　何と！　君にはそれが分かるのか？　それから決して逃げない現意識は試練を必要としない。だが、現意識は「それを直接見ることはできない。『ギータ』か『ウパニシャド』を読むことにしよう。会社にも行こう、あれもこれもやっておこう」と呟き、それに対して自らを閉ざすのである。そこで試練が必要となる。この論理は妥当だろうか？　検討して頂きたい。

NM　実際、考えただけでは観念に過ぎません。今私たちはこの問題に専念していますが、正直未だその観念を検証できない状態です。心の中には月を蔽う雲の影があります。

K　中に飛び込み、執拗に探索することだ。安易に結論に飛び付いてはいけない。諸君はあまりに性急に結論へと飛躍し過ぎるのだ。心は試練に逃避する。現意識は呟く、「何と馬鹿げたことか。私を起こすのに試練は必要ない。私は目覚めている」と。君は試練を認めるが、私は試練を認めない。「私はそのつもりはない」と言えば、それは君の経験であり、私の経験ではない。但しこれは権威的、断定的な意味合いではない。

　さて、次の問いだ。現意識はそれに気づいており、それを殊更招かなくとも、それは存在する。何かを招くことなどできない、それはそこに居るのだ。慎重に進み、いかなる時も結論に飛び付かないように。さて、現意識は、それがそこに居り、専ら目覚めていることを知っている。では、我々は次に何を為すべきなのか？

PJ　何か得心のいかない点があるように思います。

K　否、否！　一知半解だ。これを恐れているのは現意識なのだ。

PJ　でもこれこそが現意識なのではありませんか?

K　否。よく見るのだ。それを恐れているのは現意識である。それ自体当事者になれば、恐れることはない。蟻は恐れない。蟻は踏み潰されれば、踏み潰されるだけだ。「私は消滅することを恐れている」と言うのは、現意識に他ならない。飛行機の墜落事故等で死ぬ際には、死というものに直面する。死の瞬間には、「然り、死が何を意味するかを今知ることができた」と呟くが、そこには恐怖は存在しない。「神よ、私は死に瀕しているが、死ぬことはない、死ぬ訳にはいかない。わが身を守るために、イエスや誰か、或いは『ギータ』に縋ろう」と語るのは、その思考を含む現意識である。恐れているのは現意識なのだ。蟻を見よ、蟻は決して恐れない。諸君は蟻を観察したことがあるだろうか? 蟻は決して恐れない、恐れるものがないからだ。誰かが蟻を踏み潰せば、蟻はただ死ぬだけだ。

NM　師よ、蟻の前に紙片を置けば、蟻がどうするか観察されたことがありますか? やはり避けて逃げるのではありませんか?

K　勿論。蟻も生き延びることを望むが、決して生き延びることを考えたりはしない。そこで再びあの点に戻るが、思考こそが、恐れる必要もなく、恐怖とは無関係なものに対する恐怖を創り出すのである。もしそれがわが生そのものの一部であれば、何を恐れることがあろうか? 「私は死にそうだ、私は寂しい、私は満たされない」等々と嘆くのは、思考に過ぎない。即ち、いかなる時も死と共に生きることができれば、恐怖は存在しない。死とは、時なき永遠であり、真の久遠なのである。何と驚くべき調和であり、驚くべき真実か。[沈黙]

もしそれが自身の鼻のように私の一部であれば、なぜそれを恐れなければならないのか？　それが自身の腕、眼、口等のように私の一部であれば、なぜそれを恐れる必要があろうか？「鼻とは異なる」と言うのは、思考だ。何と我々は狡猾なことか！　それが到来した時、全き不動とならなければならない。それが目覚め、恐怖の根源が目覚める時、精神は徹底して静寂でなければならない。すべての動きは思考の動きなのだ。

PJ　それは今まで師に起こったことですか？

K　何度も、幾度となく。反動、是非、合理化、逃避、信仰、輪廻等のいかなる動きもない無上の静寂。やってみることだ。［沈黙］

これで我々は恐怖の根源に到達し、それを解決したのではないだろうか？

PJ　師よ、ここに至れば、もはや語ることはありません。嘗《かつ》て仏陀が庭園に赴き、究極の恐怖に直面した時、このように述懐しています、「その時に恐怖が襲来し、私は瞑想をひたすら続けた……」と。

AP　クリシュナジが今日指摘された要点としては、注意の状態に居る人は試練になる何ものよりも常に優位にある、なぜならばその人自身が試練だから、ということに尽きると思います。

PJ　精神が全き静寂に包まれれば、試練は必要ありません。当のものが至るからです。

K　然り、まさにその通り！

第九章　心のお喋りについて

私は自分の心が騒々しいか否かには関心がない。
重要なのは、安定して巌の如く確固不動の心だ。

一九七三年一月二十二日　ボンベイ

モーリス・フリードマン（ＭＦ）　本日は甚だ散文的な事柄について論じたいと思います。心のお喋りの問題です。なぜ心はお喋りをするのでしょうか？　自分の心を観察してみると、四六時中自身に話し掛けていることに気づきます――まるで狂人のように。時々正気に戻りますが、普段は全く正常ではありません。またあらゆる機会を逃さず、私たちの注意力が衰えるや否や、忽ちお喋りを始める始末です。このお喋りは、どこからエネルギーを得て、その目的は何なのでしょうか？　このお喋りは、それこそ朝から晩まで四六時中、不断に心を占領しています。様々な機会に心を見ると、いつもお喋りしているか、呟いているか、とにかく常時話をしている訳です。

ププル・ジャヤカール（PJ）　それは心の性質そのものではありませんか？

MF　その説明では、何の解決にもならないと思います。

PJ　生存するために、そうせざるを得ないのでは？

MF　「かくあるべし（it must）」で議論を始めるべきではありません。本来「あるべき」はないのです。然るに、私たちは「あるべき」があると考えてきました。心のお喋りに費やされた時間とエネルギーの総量は、我々の人生全体の主要な部分を占めているのです。

クリシュナムルティ（K）　なぜ心はお喋りするのだろうか？　その目的は？　またそれは時間とエネルギーの浪費になるのだろうか？

MF　それは明らかにエネルギーと時間の浪費に思えます。脳を観察すると、お喋りは脳内でのみ起こることが分かります。つまりお喋りは脳の活動なのです。その活動には潮の干満のような消長がありますが、その無意味性と無目的性は悲惨なものです。脳は自らの活動によって疲弊し切ってしまうのです。脳はそれによって疲弊しても、お喋りが止まることはありません。一種の麻痺や痙攣のようなものです。

K　その問題は追求するのに値するのだろうか？

PJ　思念の動きを無始無終の動きと捉えるならば、何かが生起した時、それを単なるお喋りと所謂《いわゆる》意味ある思考の動きとを区別することができますか？

MF　我々の知覚や認識力、注意力は、このお喋りのために尽《ことごと》く疲弊します。全く意味のない事柄に気づくだけなのです。お喋りは、脳の全く痴呆的な動きであって、そのために我々の時間も、知覚も、注意力も本当に浪費させられます。狂人と一緒に部屋に閉じ込められたと想像して下さい、そこで私たちは何を学ぶことができるでしょうか？　暫く経てば、学ぶことなど何もないことに気づくでしょう。

S・バラスンダラム（SB）　もう少し包括的な問題として取り上げることはできないでしょうか？例えば、「凡庸とは何か？　そしてそれを打破するものは何か？」という風に。そうすれば、より包括的に心のお喋りやその類《たぐい》の問題を論じることになると思います。

K　もし諸君がお望みならば……。

MF　問題を拡張することには極めて大きな危険があります、抽象化や一般化の波に溺れてしまうことです。問題は絞った方がよいと思います。我々は多くの時間を脳活動に割き、お喋りはその脳の支離滅裂の活動なのです。

K　宜しい。君の心はお喋りする。なぜだろうか？

MF　お喋りを止められないからです。

K　そういう意味ではなく、それは習慣だろうか？　或いは何かに占有されないことへの恐怖なのだろうか？

アチュット・パトワルダン（AP）　それは意志とは無関係な活動ではないでしょうか？

MF　それは、不随意筋のような単なる機械的活動の一種に見えます。それはただ持続し、そこには何の恐怖もありません。

K　私の問いへの答えにはなっていない。どうやら心は常に何かに占有されることを求めているようだ。そして……。

MF　……占有される。

K　然り。心は何かに占有されることを求めている。

MF　心は四六時中何かに占有されています。

K　然り、心は四六時中何かに占有されている。もし占有されていなければ、心は空虚感や空白感に堪えかね、その穴埋めをお喋りに求めてしまうのではないだろうか？

MF　私には何とも言えません。

K　そうだと断定している訳ではない。ただ問い掛けているのだ、「それは習慣なのか？　それとも占有されないことへの恐怖なのか？」と。

MF　習慣です、根深い習慣です。

K　それが習慣なのか、私は疑問に思っている。

PJ　いわば意味ある思考、筋道ある思考、論理的な思考、分析的な思考、様々な問題解決に関わる思考があります。一方、お喋りは意識ではなく、無意識の状態で、幾年にも渡って蓄積された塵芥《じんかい》と共に影像や音声が放出される絶え間ない動きと言えますが、その動きが継続する中で、突然目覚めて「私の心はお喋りに耽っている」と呟くのです。この二つの脳活動は区別できます。所謂意味ある思考活動と単なるお喋りですが、この意味ある思考活動面にも目を向けたいのです。今の文脈でこの視点は妥当でしょうか？

K　貴方は自分の心がお喋りしていることに気づくことがあるだろうか？

PJ　時々あります。

K　なぜ心はお喋りするのだろうか？

PJ　心はお喋りするものです。

K　なぜ？

PJ　心のお喋りには「なぜ？」に答える明確な理由はないと思います。

K　だが、彼は心がなぜお喋りをするのか、その理由を知りたがっている。心のお喋りには意味があるのか？　或いはただ流れるに任せる水のようなものだろうか？

MF　それは精神の漏出物です。

K　何と呼ぼうと同じことだ。それは蛇口から漏れ流れる水のようなものではないだろうか？

PJ　心のお喋りがあまりに激しい時は、心が十分に目覚めていないことを示しているようにも思えます。

K　そもそも君はどうして心のお喋りに反対するのかね？

MF　時間とエネルギーの無駄だからです。当然のことです。常識に言わせれば、「何をやっているのか？」と難詰することでしょう。

K　その要点は何だろうか？

MF　要点は何か？　問題は意識が助けにならないことです。意識は、丁度白痴と一緒に部屋に閉じ込められ、その話を聞かなければならないようなものです。そして意識は竟《つい》に「止めてくれ、頼むから止めてくれ！」と叫び、一方の白痴はただ哄笑するだけです。両者間には何の意志疎通もないのです。

PJ　事実は、我々は中間の段階に居るということです。こちらでもなく、あちらでもない中間です。つまりお喋りだけではなく、そのお喋りの自覚もある訳です。「我々はなぜエネルギーを浪費するのか？」という問いもまた我々の中間段階を示しています。

MF　中間段階或いは何と呼ぼうが、心のお喋りという事態は残ったままです。それは知覚に至らない心の活動なのです。

K　暫く「注意」や「知覚」のことは忘れたい。私はただ尋ねている、「なぜ心はお喋りをするのか？」と。それは習慣なのか、或いは心は何かに占有されることを求め、それが満たされない場合、お喋りによって満たすのだろうか？　だが、空白の穴埋めはお喋りだけに限られるのか？　私の心は自宅のことで占められている。君の心は、君の神、君の仕事、君のビジネス、君の妻、君のセックス、君の子供、君の財産によって占められている。心は何かに占有されることを求め、それが満たされない場合、空虚感に苛まれ、お喋りに走る。だから、私は心のお喋りを問題とは感じない、大問題とは考えられないのだ――諸君がこのお喋りを止めたいと欲しない限りは。それはまた別の問題だ。

MF　心のお喋りが疲弊を招かなければ、何の問題もないのですが。

K　そうだろう。君はお喋りを止めたい、お喋りに終止符を打ちたい。それが問題なのだ――「なぜ？　何のために？」ではなく。

MF　同じ地点に来たようですね。「心のお喋りを終わらせることはできるだろうか？」という問いです。

K　そうだ。問いは単純に。即ち、心のお喋りに終止符を打つことは可能か？　ただ、君たちの言う「お喋り」についてはよく分からない。

MF　言語的事象です。言葉をただ話し続けることです。

K　否。君の心がビジネスに占領されていれば、それもお喋りだ。

MF　それはお喋りではないと思います。お喋りなら、言葉を話し続けます。

K　私は諸君の言う「お喋り」を知りたい。私にとっては、いかなる占有――自分自身、私の神、私の妻、私の夫、私の子供、私の資産、私の地位――これらすべての占有はお喋りに他ならない。なぜこれらすべてを除いて一部のみを「お喋り」と称するのか？

PJ　支離滅裂だからです。

K　然り。それは貴方の行動に何ら関わらない。

PJ　それは私の人生に何ら関わることなく、何の筋道もありません。

K　何の道理もない。貴方の日々の生活に何ら関わらず、貴方の日々の欲求にも何ら応えない。そこでお喋りを始める。
PJ　それが、私たちが「心のお喋り」と呼ぶものです。皆も同意すると思います。
K　然り、そうなのだろう。
PJ　師はその状態をお分かりですか？
K　よくは知らない。だが、問題ではない、私のことは気にしなくてよい。
AP　私たちの通常の思考は、多少脈絡のある筋道だったものです。
K　然り。
AP　ところが、心のお喋りは、いかなる脈絡もない心の動きです。それゆえ無意味だと言うのです。
K　お喋りは、心の休息ではないだろうか？
AP　いいえ。
K　そう拙速に結論を出さないで頂きたい。貴方の心は、自身の日々の営み――意識的或いは無意識的、合理的或いは非合理的――に占有されている。ならば、心のお喋りは、それらすべてからの解放と見做せないだろうか？
SB　心のお喋りは、覚醒状態に対する夢の状態に相当するのではないでしょうか？
K　否、私はそのようには考えない。筋肉は終日緊張し続ければ、弛緩することを要する。同様に、心のお喋りはその弛緩の一形態であり、夢には当たらないと思う。
AP　しかしお喋りはエネルギーを浪費します。

Ｋ　そうだろうか？

ＡＰ　はい、「くつろぎ（relaxation）」はエネルギーを浪費せず、むしろエネルギーを消尽した後の休息時に生まれる活動或いは非活動と言えます。エネルギーの漏出を伴うものならば、「くつろぎ」とは呼べないと思います。

Ｋ　つまり、心のお喋りはエネルギーの浪費であり、それを止めたいということだろうか？

ＡＰ　いいえ、それは「止めたい」という問題ではありません。世間には〈ジャパム〉を授ける宗派が沢山あり、人々はそれを実行します。お喋りにエネルギーを浪費する心は何かのことに専念すべきだという考えからですが、それがまた機械的なものに過ぎず、何ら問題の解決にはなりません。この種の行が無意味だと分かれば、もうそのような行に励むことはないでしょう。私たちはこの心のお喋りの生成過程を理解すべきなのです。先程言及しましたように、それは全く意志に関わらないものであり、その仕組みがまだ分からないのです。

Ｋ　心が十全に何かに占有されていれば、心のお喋りなど気にするだろうか？　心が十全に占有されていれば、そもそも心はお喋りなどするだろうか？　私は問い掛けているだけだ。そうだともそうではないとも言っている訳ではない。心に空間がなければ、或いは心の全領域が空間に満たされていれば、心のお喋りはあり得ようか？　いかなる言葉でもよい、空間、充満、完全な空虚、或いは全く占有のない状態の時、心はお喋りをするだろうか？

ＭＦ　私たちはそのような経験をしたことがありません。

K　心に少しでも満たされぬ隙間があれば、お喋りが始まるのではないだろうか？　部屋が完全に満たされ、一部の空間もなければ、諸君の言う「お喋り」など起こらないのではないか。私はこの問題を異なる視点から見ようと試みているが、これは何かを諸君に伝えたいからだ。

MF　それは仮説に基づく問いです。心はお喋りをする、これが事実です。

K　我々の心は一部占有されており、未占有の部分がお喋りする、というのは確かに仮説かもしれない。

MF　それは、「占有された心」と「未占有の心」の定義如何《いかん》によると思います。もし「未占有の心」の方に同一化するならば……。

K　否、私は何ものにも同一化しない。私はただ問い掛けているのであって、何かに同一化したり断定している訳ではない。

MF　私には同語反復のように思えます。同じことを別様に言っているに過ぎないように感じます。

K　無論、同じことだ。私はただ見出したいのだ、なぜ心はお喋りをするのか？　それは習慣ゆえだろうか？

MF　そのように見えます。

K　そのように見える……。では、その習慣はなぜ始まったのだろうか？

MF　直接お喋り自体と取り組む方がよいと思います。習慣には原因などはないのではありませんか？

K　私は心のお喋りなど気にしない、なぜ君は心のお喋りを問題視するのだろうか？

MF　心のお喋りはエネルギーの莫大な浪費を伴うからです。

K　その点が疑問だ、それが真の浪費になるのか判然としない。

MF　師は人間の尺度を超えており、我々人類種には属していないのです。

K　却下！　［笑い］

MF　自分自身の経験から得たものでなければ、エイリアンと話し合っているようなものです。

K　さて、心のお喋りは習慣なのだろうか？　もし習慣ならば、いかにその習慣に終止符を打つことができるだろうか？

MF　その問いに尽きます。

K　この問いこそ諸君が取り組まなければならない唯一の問いなのだ。いかに習慣、あらゆる習慣——喫煙、飲酒、過食等々——を終わらせることができるだろうか？

MF　普通はその習慣を鋭意強烈に見つめれば、消滅します。

K　心のお喋りは鋭意観察することにより消滅するだろうか？

MF　それが不思議なことに消滅しないのです。だから心のお喋りを問題として取り上げたのです。

K　私にはそのことも釈然としない。

MF　私はこの件に関し、苦い涙を滂沱《ぼうだ》と流しましたが、それでも心のお喋りは止まらないのです。

K　本当にそうなのだろうか？　喫煙を鋭意観察することができれば、喫煙の全過程に全的注意力を注ぐことができれば、喫煙は消滅する。なぜ心のお喋りは消滅しないのか？

MF　心のお喋りは習慣的活動ですが、喫煙はそうではありません。

K　それも本来は習慣的ではない、習慣的になったのだ。

MF　習慣の起源に遡ることは止めましょう。そもそも起源はないと思います。心のお喋りの起源を辿ることはできませんし、それは多分に無意識の活動です。ほとんど脳の自律的震動と言え、私は全く蚊帳の外です。私にはただ脳の震えと呻きを見ることしかできず、それに対しては全くお手上げなのです。

K　すべてが不随意の活動、この点に関しては全員異論はないようだ。

PJ　このお喋りの周縁的動きに取り組むすべての方法論が、未だその本論に入らない前に、先ずそれを止めるべきだと示しています。

MF　集中、マントラの反復、画一性や単調性、そうしたすべてが役立つと言われています。しかし、心のお喋りは単調ではありません。現象としては単調ですが、その中身は常に変化しています。

K　然り、その中身は変化している。中々興味深い。

MF　時には退屈ですが、時には興味深いものです。

PJ　但し、あくまで支離滅裂そのものです。

MF　時にはその奇妙な流れが私たちに影響を与えることもあります。

K　然り、確かに。

PJ　しかし根本的問題は、思考過程が意識を満たし、意識の主要機能である限り、或いは思考とお喋りを統制している限り、一方を避け、他方を保つということは不可能なことです。

AP　心のお喋りに関しては、別の捉え方もあるのでは。我々の心は様々に異なったレベルで機能していますが、心のお喋りとはこれらすべてのレベルが混淆したものではないでしょうか？

PJ　そうでしょうか？　様々なレベルが混じり合ったものとはとても思えません。人が思考を用いて思惟の建物を築こうとする時に、思考の意識的動きは論理的、理性的に働き、解決に向けて努めます。しかし、非合理の領域、即ち心のお喋りにおいては、理性的精神では理解できない様々なことが起こります。両者が全く非対応なのか、或いは他方なしに一方が存在できるのか、甚だ懐疑的に見ています。

SB　私たちは心のお喋りに対しては明らかに否定的な立場ですが、筋道だった思考の占有に対しては否定していません。

PJ　私もそれを指摘しているのです。これは「否定する」といった問題ではありません。一方が存在する限り、他方も存在するのです。

AP　そうでしょうか？

PJ　是非議論しましょう。本当にこれが他方と対の反射像ではないのか、疑問に思っています。

SB　心は統制された占有を認識すると同時に、心のお喋り、つまり統制のないお喋りをも明らかに認識しています。そのような心は空間や空虚を認識できるのでしょうか？

ＰＪ　そのようには考えない方がよいのでは……。
ＳＢ　でも、クリシュナジが空間というものに言及されたのです。
Ｋ　議論を進め給え、私も手探りでこの問題を探究しているのだ。
ＰＪ　その考え方には異議があります。「心のお喋りと筋道だった思考、一方が存在すれば、他方も存在する」、この点を更に探究したいのです。
ＡＰ　その点が疑問です。人間はいかなる仕事でも指示された一業務のみを実行する方が効率的だからです。これは統制の取れた活動です。然るに、筋道だった思惟のできる人が、同時にこの馬鹿げたお喋りを続けている、とでも言うのでしょうか？
ＰＪ　いいえ、私はそんなことは言っていません。筋道だった思考の活動には、単なる機械的機能だけではなく、統制された全心理的活動もあります。統制された心理的、感情的活動がある限り、他方も存在する筈です。
Ｐ・Ｙ・デシュパンデ（ＰＹＤ）　心は私たちの内面を映す鏡のようなものではないでしょうか？　心理的なものと物質的なもの、過去のことと現在のことを等しく映す鏡であり、私たちの意識の深淵に潜んでいます。そこに注意力が届かない限り、心のお喋りは起こるのではないでしょうか？
Ｋ　いかに心のお喋りを止めるか？　これが彼の関心事だ。
ＰＪ　アチュットジによれば、筋道だった思考には、機能的レベルと共にお喋りのない心理的レベルという両状態があり得る、ということですね。

AP　私が言いたいのは、それは活動だ、ということです。その発生も、その起源も、その終焉も分かっているつもりです。

PJ　それが統制のある活動ならば、本当にその起源を知ることができるのでしょうか？

AP　それは中心（centre）が自身を持続させるやり方であり、中心そのものなのです。

PJ　中心は、その根源を探究し発見しようとする時に措定されるものですが、竟に根源も起源も発見できませんでした。

PYD　私たちは心の自然な流れをお喋りと非お喋りに分けていますが、その必要があるのでしょうか？

K　だが、彼によれば、お喋りはエネルギーの浪費だ。

PYD　なぜそう言えるのでしょうか？　どうしてそうだと分かるのでしょうか？

K　我々は心のお喋りがいかに非理性的、非論理的、猥雑かを知っている。周知の事実だ。

PYD　しかし、理性的努力が結局虚しく終わることを知らないのでは？　両者共に等しく正しいか正しくないのに、なぜ選択するのでしょうか？

MF　私には二つの心の動きがあります。意識的なものと無意識的なもの。意識的な動きと戦うことはなく、戦うのは無意識的な動きです。

K　そのことは様々に論じてきたことだ。

MF　心の無意識的な動きも除くことができるのでしょうか？

K　それが彼の課題だ。「心のお喋りを止めることができるか？」、これが彼の問いだ。さあ、いかに答えるか？

MF　私は最も愚かなやり方で答えるかもしれません。本を手にし、音楽を聴くといった外部からの助力を求めるのです。

K　否、それでは元も子もない、私は外には頼らない。心のお喋りを止めるために何かに頼ることはしない。だが、私は止めたい、そのお喋りは無意味で馬鹿げた思念の流れだからだ。さて、いかにそのお喋りを終わらせることができるか？

MF　私のできることと言えば、問題を見つめることだけです。

K　だが、いずれまたお喋りが再開されるだろう。

MF　問題を見つめている限り、心のお喋りは止まります。

K　だが、また戻って来るだろう。そこで、止めたいのだ……。

MF　……永遠に。

K　恒久的に。では、いかにすべきか？　今や、統制された意識的な動きの代わりに、お喋りを止めることに占有されることになる。

SB　お金や何かに心が占有されることに、私は反対ではありません。

K　然り。

SB　千万の事柄に占有されることも厭いません。ただ「なぜこの祝福に満ちた心が騒々しいのか？

私はそれを止めたい」と呟くだけです。

K　この問題をもう一度整理したい。私は心のお喋りを止めたい、なぜなら心のお喋りはエネルギーの浪費だからだ。何を為すべきか？　いかにして心のお喋りを恒久的に止めることが可能か？

MF　何事であれ、恒久的に止めることなど、私には無縁だと言うことだけは言えます。

K　宜しい。当面或いは一両日でも構わない、お喋りを止めるにはいかにすべきか？　いかにしてそれに終止符を打つべきか？

PJ　脈絡があろうとなかろうと、すべての心の過程を観察する限り、その中に閉じ込められているように感じます。心のお喋りをどうにかできるとは思えません。為す術《すべ》はないようです。

K　そもそもなぜ心のお喋りに反対するのだろうか？　心のお喋りはエネルギーの浪費だと言うが、他の様々な事柄にもエネルギーを浪費しているではないか。

PJ　明日には全く支離滅裂な抽象絵画、抽象詩や抽象音楽が生まれるかもしれません。

K　然り。

PJ　二、三十年前ならば、全く意味のなかったものです。しかし、異なった聴き方をすれば……。

K　だが、今も無意味だと思うが。

PJ　意味のあるものなどあるのでしょうか？

AP　それは言い過ぎではないかな。

K　私は心のお喋りに反対しない、多少のエネルギーの浪費など気にしない、他に幾多の事柄にエネルギーを浪費しているからだ。然るに、なぜ心のお喋りだけに反対するのか？

MF　他の事柄に関しては、私が認めているからです。

K　ということは、君は実は或る特定の類のエネルギーの浪費のみを認めないということだね。私はいかなるものに対してもエネルギーの浪費を認めない。

MF　それが問題点です。そもそもエネルギーの浪費とは何で、何が浪費ではないのでしょうか？

K　それこそ我々が探究すべき問題だ。

MF　呼吸はエネルギーの浪費でしょうか？　呼吸は不断の運動ですが。

PJ　心のお喋りはエネルギーの浪費でしょうか？　それとも単に心が「私はお喋りすることを好まない」と言っているだけなのでしょうか？

K　そうだ、それを吟味しているのだ。

AP　これらの安易な解答によって、極めて真剣な問題を避けているのではないことを、私は確認したいのです。

PJ　我々は問題を解決した、とはとても言えないと思います。

AP　ええ、私はただ確認したいのです。

PJ　二つの見方があると思います。一つは、「私は問題を解決した」と言うことですが、私にはとてもそのようなことは言えません。問題が遥かに巨大だからです。一方、思考の全活動、言語形成の基礎となる脳細胞の活動から、脈絡のある思考ととりとめのない思考を、いかにして分けることができるのか、という問題もあります。

K　それは否定しない。

PJ　私の言いたいことはそういうことです。

K　フリードマンは反対かもしれない。

MF　恐らくあなた方には私のような経験がないのかもしれません。私の場合、心のお喋りの状態にある時は、いつもフランス語でいう〈angoisse（苦悩）〉があります。

K　〈angoisse〉、或いは不安（anxiety）。

MF　いいえ、不安ではありません。何か絶望（despair）に近いものです。

PJ　私にもそれは解ります。人を侮らないで下さい。誰にもそのような経験はあると思いますよ。

MF　誰もが解っている。まるで私だけ気が違っているようです。

K　私には解らない。

MF　私の気が狂《ふ》れているのです。私の心はひたすらお喋りをし、ただ右往左往するだけです。しかしお喋りは続き、全く不意に私を襲うのです。

K　一時には一事に専念することだ。君は心のお喋りはエネルギーの浪費だと言う。我々は他に様々にエネルギーを浪費しているが、なぜ心のお喋りだけに反対するのだろうか?

MF　心のお喋りは、最も不愉快なエネルギーの浪費だからです。

K　論理的であるべきだ。君は不愉快なエネルギーの浪費は好まない。だが、愉快なエネルギーの浪費なら好んで求めるのではないだろうか？

MF　勿論です。

K　つまり君は不愉快なエネルギーの浪費に反対している。

AP　私はエネルギーを消費する事柄、その目的や動機に対して責任があると感じています。少なくとも動機やエネルギーの使い方等を知る立場にあるからです。しかし、その動機さえも見つからない場合は、それにどう対処すべきか分かりません。

K　これでは同じ事柄を異なった言い方で反復しているに過ぎない。私にはなぜ諸君がこのことをかくも問題視するのかが分からない。

PJ　心の中に深刻な問題を抱え、その問題について思索する時、論理的かつ脈絡ある思考であっても、私の心はその問題で一杯になり、その問題に占有されます。それから、私の心はお喋りに満たされるのです。

K　私は問題を異なった風に扱いたい。私の心がお喋りをするかどうか、脈絡があるかどうか、意識的か無意識か等は問わない。重要なことは、心が揺るぎなく確固として安定していることだ。その時、もはや問題は存在しない。然り、お喋りするに任せればよい、それは恰《あたか》も……。

MF　……恰も大海が小波の影響を蒙らないように。

K　然り、影響を蒙らない。

PJ　師は、心の言語形成領域を使って考えられるのですか？　或いは先ず意識し、それから話されるのですか？　私はそれをお尋ねしたいのです。

K　その問いは保留したい。問いに対して、私は全く異なった風に取り組むだろう。心が確固として不動ならば、誰かが水を零《こぼ》そうと、鳥が飛び去ろうと、樹上で鳥が騒ごうと、一切無視できる。重要なのはそれであって他のものではないのだ。

MF　私の心は表面のみを漂っています。心の深浅さえ分からないのです。

K　君の言いたいことは分かる。今述べたのは私の取り組み方であって、君もそうすべきだと言っているのではない。この種の問題があれば、私はそれと取り組み、自分の心が揺るぎないかどうかに着目する。多少の波や雨、波乱などは問題ではない。だが、君の取り組み方は、——私が正しく、君は誤りだと言っているのでない——エネルギーの浪費、不合理な浪費、意図せぬ浪費を止めようという観点から為される。意図の有無に関わらず、エネルギーの浪費は、時と処を問わず起こっている。従って、私にとって問題は極めて単純だ。果たして心は全的に揺るぎなく安定しているのか？

MF　少し前から、幸運にも〈オーム（Om）〉を唱えれば、心は静寂になります。

K　結構。

MF　私は〈オーム〉を唱え続けるべきでしょうか？

K　然り、君が望めば。だが、お気づきの通り、あまりに些細なことだ。

MF　馬鹿げたことだと分かってはいるのですが、どうすればよいのか分からないのです。どうすれば、お喋りを止められるのでしょうか？

K　では告げよう。私ならば、全く異なった風にその問題と取り組む。心がお喋りし、意図や意識を問わず、幾多のエネルギーの浪費があることを、私は知っている。だが、放っておけばよい、あまりに拘泥してはいけない、視点を変えるのだ。

MF　それは、つまり飛び込む、海中に飛び込む、ということですね。

K　飛び込み、岩を掴むということだ。

MF　はい、岩を掴む、海底に達する。鯨のように深く潜行し、留まる、ということですね。

PJ　師に質問があるのですが……。

K　全く異なった……。

PJ　関連しています。

K　問い給え、関連の有無に関わらず。

PJ　師の心は……。

K　誰の心が？

PJ　師の心です。

K　おお、何と！

PJ　そもそも師の心は、思考の中、言語形成の働きが生まれる思考の中で、機能しているのですか？

K　否。

PJ　脳細胞は言葉を生み出し、それが心のお喋りということでしょうか？

MF　ご覧の通り、ここには身体として全く空なる人間がいると言えます。彼は次に言うべきことは知らないが、とにかく何かを語り、それが真実であり、また言葉が溢れ出るのです。しかし、次に続く言葉を尋ねても、哀れにも彼自身は知らないのです。

K　満腔の同意を表する。

PJ　師の意識は本当に空白なのですね。

MF　彼は自身を見るだけ、ただ見るだけです。私の印象はそれに尽きます。

K　中《あた》らずと雖も遠からず。

PJ　私には多大な示唆を与えてくれます。

K　さほど的外れではないが、この件はこれくらいにして、別の問題、例えば「凡庸（mediocrity）」の問題に移りたい。

SB　師は、問題に対して、二様の異なった立場から取り組まれるように見えます。一つは、「この断片化を見よ。何が起こるか、よく見よ」という立場です。ところが、突然飛躍して「それを捨てよ。揺るぎない不動の心があるのか？　そのような状態があるのか？」と問い掛けてこられるのです。

K　然り、そうかもしれない。

SB　師は「これを見よ」そして「それを忘れよ」と語られ、更に「他のものがあるのでは？」と問い掛けられる。

K　心のお喋りの問題は他の方法では解消できないと思うからだ。

SB　この二つの方法にはどのような関係がありますか？

K　いかなる関係もないと思う。

SB　両様の方法の関係は何か？　この二つのやり方に関係はない、と仰る。師は「断片化を見つめよ、心のお喋り、エネルギーの浪費を見つめよ」と語り、同時に「安定した心の状態があるだろうか？」と問われるのです。

K　然り。心はお喋りをし続け、我々は半時間にも渡り、様々な観点から心のお喋りについて議論してきた。

SB　心は今も断片的なお喋りを続けています。

K　然り。心は、依然として断片的なままで、観察することにより問題を分析しようとしている。様々な考察を聞き、それではこの問いに答えることは困難だと感じた。これでは解決にならない。それゆえ、私は待ち、傾聴し、観察し、「更に異なった取り組み方がある筈だ」と呟く。恐らく、心がかくも不安定ゆえに、安定の岩盤の深みに達することができず、お喋りを始めるのだ。〈ありのまま〉の観察から、飛躍はしていない。飛躍に見えるかもしれないが、私は観察しているだけだ。

SB　師は飛躍されておりません。私たちが自分自身の中の一部分について論じていたのです。

K　然り。

SB　然るに、師は一挙に全体を洞察されるのです。

K　然り、私はそのように感じる。それが私のやり方だ。私の心がお喋りを始めれば、「ああ、心はお喋りをしている。エネルギーの浪費ということも分かっている」等、あれやこれや語るだろう。観察するにつれ、他の要因が視野に入って来る。心が全く不安定で落ち着かないという要因だ。そこで、お喋りよりも心の安定を追求することになる。

SB　要求が……？

K　要求がそれを生み出す？　否、言葉の誤用だ。「要求（demand）」という言葉は使わないつもりだ。申し訳ないが、その件の発言はすべて削除願いたい。

SB　マーキュリー製のバケツを持ちながら、中の水を漏らし、その水滴や飛沫が至る処に飛び散るようなものです。この問題は時にそのように見えます。

PJ　師が心の柱、安定、静寂、深淵、無限の深みの本質について語られる時、心がお喋りを始めたとしても、そちらの問題を優先して追求されるでしょう。

K　然り。心のお喋りよりも、それが私の関心事だ。

PJ　それが師の関心事なのでしょう。では、その問題に対してどのように取り組むべきでしょうか？

K　そうだ、それを論じようではないか。

SB　師はそれらの問題に対して即座に肉薄されるようです。どのように問題に肉薄されるのですか？

PJ　いかに問題に対処するか？　師でも何ら問題がないとは考えられません。師にも問題はある筈です。

K　心のお喋りの問題だろうか？

PJ　心のお喋りのみならず、他の問題も含めてです。すべては同じ要因から発しているように思います。

K　今は心のお喋りの問題を取り上げたい。

MF　問題は、お喋りの深度への潜水知識が私の問題を解決してくれるのか、ということです。

K　潜水、否、さにあらず。

MF　では、何が問題なのですか？

K　心が完全に安定していなければ、お喋りが始まる、ということだ。

MF　それに関しては疑問の余地はありません。

K　それゆえ、私は心のお喋りに直接携わるつもりはない。

MF　それも、元来ある心のお喋りに付加された問題に過ぎないのではありませんか？

K　否、断じて否。

MF　心は今度は「静寂」に関してお喋りを始めるでしょう。

K　否。私の見る処、心が安定しない限り、心のお喋りが発生する。それゆえ、お喋りに関わるつもりはない。私が関わるのは、完全に根付き、安定した心の印象と本質は何かを見出すこと、それのみだ。私はそれを基点に探究してきた。

MF　師は〈ありのまま（what is）〉から〈非現実（what is not）〉に動かれたのではないですか?

K　否、断じて否！〈非現実〉へ動くことなどあり得ない。心がお喋りすることに気づいている。不合理で、不随意で意図せざるエネルギーの浪費にも気づいている。同時に、エネルギーの浪費が他の様々な方面でなされていることも知っている。すべてのエネルギーの浪費を防ぐことなど不可能だ。バラスンダラムが言うように、人はバケツの水を漏らし、無数の水滴を至る処に撒き散らしているのかもしれない。それをすべて回収することなどできない、それ自体が時間の浪費だからだ。そこで、「心のお喋りは心の不安定から生じる」という別の側面に気がつく。今の私の探究は、「心の安定の本質と構造は何か?」を探ることだ。

MF　その「安定（steadiness）」も依然として言葉に過ぎません。

K　我、関せず。

MF　私は「安定」という言葉を聞いているに過ぎません。

K　理解はできるが、関知しない。真実を探究し、見出すことだ。

MF　言語的には「安定」は「紛擾《ふんじょう》（restlessness）」の反義語です。それだけです。心がお喋りする状態は、安定とは正反対です。

K　否、私は正反対だとは思わない。

MF　では、そこから始めたいと思いますが……。

K　宜しい。君は「安定は紛擾の反対」と言うが、私は「安定は紛擾の反対ではない」と言う。反対物は常にそれ自身の反対物を含むからだ。即ち、それは反対物ではないのだ。

MF　分かりました。では、「紛擾からの逃避」はいかがですか?

K　断じて逃避ではない。心のお喋りが始まるや、エネルギーの浪費を認めるが、エネルギーの浪費は他の方面においても顕著に認められる。すべての漏れたエネルギーを集め、元に戻すことは不可能だ。そこで、この問題はそのままにしておき、「然り、私は理解している」と呟く。心のお喋りは継続し、心が定まらない限り、エネルギーの浪費も様々に続くだろう。浪費したエネルギーの収集を放棄することにより生まれた境地なのである。ゆえに、これは口先だけの表明ではない。水の漏れたバケツも同様だ。

MF　私は心のお喋りを止めます。エネルギーの浪費を止めなければ、私は単なる口先だけの人間になってしまいます。

K　私はエネルギーの浪費の問題には関わらない。

MF　そうすると、私は、心が安定していれば、エネルギーの浪費はない、ということを単に理解するレベルになってしまいます。

K　否、そうではない。

SB　心によって否定が肯定に転じるという問題が常にあります。否定はそのままで自然に肯定に転じるという訳にはいかないようです。

K　私は関知せず、気にしないが、彼は気にするだろう。

PJ　でも、それは師の関心事でもあると仰ったと思いますが……。

SB　私はこのように感じます、「否定が肯定である」という意味は、否定的な観察が即座に肯定に転じるということで、否定はこのような推移を辿るのではないでしょうか？

K　私の注意は異なった方向に向けられている。「エネルギーの浪費をいかに止めるか？」という問いの代わりに、「確固不動の心とは何か？」という方面に向けられたのである。

SB　しかし、それは精神的な方向ではありませんね。

K　無論、違う。

SB　それは、言語的、精神的、思弁的な方向ではないのですね。

K　これは極めて重要な問題だと思う。安定した心の本質は何か？　論じるに値する問題だ――安定した心の単なる言語上の記述ではなく。

MF　論じるのは一時的な安定ですか、それとも永遠の安定ですか？

K　否、私は「永遠（permanent）」という言葉を好まない。

MF　では、それは客人ですか、主人ですか？

K　おお、何と！　却下だ。［笑い］

PJ　安定した心の本質とは何でしょうか？

K　本当に分からないのだろうか？

MF　師の恩寵により私たちは知っています。私もその香りを味わいました。

K　否、私を忘れ去ることだ！

PJ　それでも心のお喋りは止まないでしょう。

K　大海は非常に深い海溝を持ち、海底は極めて静謐だ。海面の波浪、潮流や風浪は、ただ通り過ぎていく。関わらないことだ。関われば、そこに拘泥することになる。

PJ　自身がそこに拘泥していることが分かれば、ただできることはそれを見つめることだけです。

K　或いは発見すること。それを理解し、それを放棄すること。このことで空騒ぎをし過ぎないことだ。バラスンダラムが指摘したように、それを洞察さえすれば、否定は即座に肯定に変じ、虚偽は瞬時に真実となる。そういうことだ。

MF　クリシュナジ、貴方に喫煙の習慣があったと仮定しましょう。そのまま捨て置きますか、それともその習慣と戦いますか？

K　私は戦うつもりはない。

MF　では、心ゆくまで喫煙に耽るのでしょうか？

K　否、心ゆくまで喫煙に耽ることはない。先ず、医師にこう告げられるだろう、「喫煙は貴方の健康を甚だしく害し、肺癌になるから、今すぐ止めなさい」と。肉体はニコチン中毒になっているかもしれない。肉体は戦い、ニコチンを求めるだろう。だが、精神は「これ以上はもう駄目だ」と言う。医師が駄目だと言い、私はそれに従うからだ。それで終わりだ。そこで肉体には「君は戦うつもりであり、私はそれを見守ろう。愚かな習慣のせいで君に毒を与えてしまった、これからは毒の抜けるさまを見届けよう」と語るだろう。という訳で、私はその悪弊とは戦わない。

MF　師の心の中に喫煙の快楽を得たいという欲求がないからでしょう。

K　否。私の心には心底から傾聴すること以外に何もないからだ。

MF　それでも喫煙を好む習慣は強力なものだと思いますが……。

K　わが愚かな習慣ゆえに。

MF　嗜好は強力です。喫煙の快楽は現に存在し、幻影ではありません。

K　否。快楽は医師の一言で瞬時に終わる。

MF　そして全く新しい人間として甦る、という訳ですね。

K　私の流儀はそうだ。

MF　はい、でもそれは私たちの心境ではありません。

PJ　喫煙やその他の習慣ならば、そのようなことも起こり得るでしょう。しかし、心のお喋りはそのようには運ばないようです。

K　然り。彼が心のお喋りの問題を取り上げ、我々はその問題と取り組んできた。退転することは避けたい。彼の問いは「喫煙の習慣にいかに対処するか?」というものだった。その悪弊があったとしても、「喫煙は危険で、肺に悪影響を与え、癌をもたらす」という告知を読めば、それで十分だ。だが、諸君はそうではないと言う。私にはそれで十分だ。

MF　師は極めて強固な自己保存の本能をお持ちのようです。

K　私はそれが唯一の道だと思っている。

MF　お祝い申し上げます。［笑い］

K　結局の処、生食することに尽きる。それが自己保存だ。

MF　師は恐怖から行動することはないのでしょうか？

K　ない、恐怖から行動することはない。それを危険なものだと認識する、それで終わり。ナショナリズムは危険なものだと理解する、それで終わりだ。

MF　師は、現人類ではなく次世代人類の基盤なのです。

質問者1（Q1）　観ることは、不動の状態、定まった状態になりますか？

K　然り。観ることは定まった心だ。聴くことも同様だ。

第十章　無秩序、睡眠、夢について

美徳とは、それが美徳であることに気づかない心の状態である。
美徳は、あらゆる修練、あらゆるサーダナ（修行）を沈黙させる。

一九七三年一月二十四日　ボンベイ

ププル・ジャヤカール（ＰＪ）　師よ、今日は意識の本質と要素について話し合うことができるでしょうか？　過去何回か話し合ったと思いますが、未だに意識の脳細胞や心情との関係を十分には把握できていない憾《うら》みがあります。また、併せて伝統的、正統的な意識観についても取り上げたいのですが……。

クリシュナムルティ（Ｋ）　意識に対する伝統的な観点とは、いかなるものだろうか？

Ｐ・Ｙ・デシュパンデ（ＰＹＤ）　ヴェーダンタの〈アドヴァイタ（不二一元論）〉の見方によれば、無知は無始劫来の条件づけられた意識と定義されます。その無知から自由にならない限り、真理の認識はない、とされます。

アチュット・パトワルダン（AP） では、彼らの意識そのものの定義はどうでしょうか？　誰か解説して頂けませんか？

質問者1（Q1） ヴェーダンタでは、意識は真の自己そのものです。人間は意識なのです。記憶に基づき、発達した意識は〈チッタ〉と呼ばれます。この〈チッタ〉を通して行動する時、心の助けを得て、物質世界の中で活動し、またそこに囚われます。そこから脱出すれば、その意識を保持したままで真理を発見できる、とされます。

モーリス・フリードマン（MF） 仏教徒によれば、様相の継続のみが存在し、その継続が仮現した靄《もや》が意識と呼ばれます。意識というものは存在せず、ただ意識的な様相のみが刹那的に興起するだけです。一念が興起し、消長し、他念が興起し、消長する、その繰り返しです。しかし、そこに記憶が残存し、それが靄となり、意識という連続性を仮現する訳です。

K 暫くこれらの問題に対する伝統的手法、概念的手法を忘れることができるだろうか？　さて、真の意識とは何だろうか？

スナンダ・パトワルダン（SP） 師は、しばしば「意識の中身が意識である」と発言されてきました。

K 然り。その意味が理解できただろうか？　意識の中身が意識なのである。

SP 意識の中身をよく見ると、意識は常に或る状況の文脈内にあることに気づきます。例えば、主婦の意識を考えてみますと、その意識は限られています。他の人の意識を考えれば、その意識は主婦よりは大きく、広いかもしれませんが、それは単に空間的に拡張しただけで、質的に異なる訳ではありません。同様に、時間の範疇においても、アッチラの時代からスターリン、ニクソンの時代まで、人間の意識は変化したようには見えないのですが……。

K ……根源的には。

SP ……根源的には。空間的にも時間的にも、意識というものは……。

K ……変わらない。

SP そこで別の要素があります。つまり目覚めている時の意識も意識の一部です。夢を見て、「夢を見た」と言う。夢を認識し、夢を思い出す、それも意識の一部であり、その意識が「夢を見た」と言うのです。また夢見ることなく熟睡する状態があります。眠りから覚め、「熟睡した」と言うのです。その熟睡の際の意識も意識の一部です。この意識や無意識に対し、現代的、科学的、或いはユング派等の取り組みがあります。これらすべてが意識の全体像のようです。いかなる方向のいかなる動きも限られています。どんなにそれが広くとも、所詮その意識に基づいているのです。ヴェーダンタ派は、人間本来の意識は絶対、無垢、清浄なものと見做し、それを汚すものは記憶と思念だと言います。思念が起こるのに気づけば、それも意識の中に溶け入り、残るのはただ無垢の意識のみとなります。私が知りたいのは、私たちが普段生きているこの領域とは異なった何かがあるのかどうか、ということです。

AP ヴェーダンタ派であれ、他の立場であれ、私たちの個人的な経験や知識、理解とは全くの没交渉です。その理論は益々思惑的なものになっており、すべて排除すべきです。

SP　排除すべきは言い過ぎではないでしょうか？

AP　少なくとも私は排除します。何事であれ、私の経験しないことは、暫く排除したいのです。この件について私は無知であり、確実なものを求め、間接的なものは受け容れないつもりです。科学技術の発展により、主婦の意識も世界の危機に取り組む国連職員の意識と同等にまで拡大しましたが、質的な差異はなく、その中身は依然として自我《エゴ》活動に限られています。では、自我を超える何かがあるのか？　これが問いであり、私たちはこのことを問わなければならないと思います。

SP　これら意識の三態は熟睡にも含まれています。睡眠中の意識を記憶していますか？　これら三態を超越し、無垢な当体が予想されるのではないでしょうか？

AP　それは確認できないとしか言いようがない。

MF　意識はどのようにして意識外のものを認識できるのでしょうか？　私は意識外の何ものかを知りたいのです。どうすれば知ることができますか？

AP　分かりません。私はこれを見て、問うだけです、「それですべてか？」と。

SP　意識の全体的性質を知るべきだと思います。

MF　これまでの議論は、すべて心や意識を超越したものについてですが……。

K　否、科学者によれば、――それはまたスナンダが言わんとしたことだが――意識の全活動、夢、熟睡、主婦、技術界等、すべての活動は、その無限の縦横拡大を問わず、当意識内の活動である。知識も無限に広く高く蓄積することができる。そこで科学者は問いを懐くに至る、果たして無条件の精神といったものが存在するのか、という問いだ。私も一再ならずこの質問を受けた。あるともないとも仮定している訳ではない。だが、彼らは尋ねる、「それは存在するのか?」と。これが問題だ。

MF　それはまた別の問題ではないでしょうか?

K　それが問題であり、唯一の問題だ。二元性(duality)とは何か? 果たして二元性は存在するのか?

PYD　勿論、二元性は存在します。

K　私は真実を問いたい。私はヴェーダンタもアドヴァイタも科学も何も知らない。二番煎じ、三番煎じの他人の意見等に煩わされることなく、探究しなければならない、すべて払拭すべきだ。二元性は存在するのか? 無論、男女、明暗、高低といった二元性はある、これら事実の二元性ではなく、他の二元性は存在するのか? 心理的な二元性といったものが果たしてあるのか、明らかにしたい。樹木の高低、様々な色彩、多様な物質等、外的な二元性は当然ある。〈ありのまま(what is)〉のみが存在するが、我々はその〈ありのまま〉を解決できないために、〈かくあるべし(what should be)〉を発明したのだ。かくして二元性が誕生した。思考や事実、〈ありのまま〉から抽象化された観念を経て、〈かくあるべし〉やアリストテレスの完全の概念が生まれたのだ。だが、存在するのはただ〈ありのまま〉のみである。

PYD　その〈ありのまま〉は両義性を持つと言われていますが……。

K　私は〈ありのまま〉にのみ関知し、〈かくあるべし〉は関知しない。

PJ　私にとって〈ありのまま〉は二元性です。

K　否、我々は、二元性がさも真実であるかのように条件づけられ、教育され、竟《つい》には心理的な二元性の枠の中で生きるようになったのだ。

SP　当初から既に二元的な立場です。それは条件づけによるものであり、またその他多くの要因によるものでしょう。

K　それは事実だ。また最初に探究すべき問題でもある。人生に対するこの二元的姿勢は、心が実際の〈ありのまま〉を解決できなかったことに起因するのではないか。

SP　師が説かれる〈ありのまま〉の本質とは何でしょうか？

K　それこそが鍵だ。〈ありのまま〉を了得したならば、二元性の存在は果たして必要なのだろうか？

SP　〈ありのまま〉を把握するのに必要な手段は何でしょうか？

K　その問いは誤った問いだ。

S・バラスンダラム（SB）〈ありのまま〉との接触がないために、問題が発生するのではないでしょうか？

K　それも検証すべき問題だ。

SB　二元性は〈ありのまま〉との接触が極めて乏しいことが要因になるのではありませんか？

K　少し視点を変えてみたい。そもそも二元性(duality)とは何か？　二元性とは尺度(measurement)

ではないのか。

PJ　二元性とは、〈非我〉から分離した〈我〉の感覚です。

K　宜しい。〈我〉と〈非我〉が二元性の根本的要因だとしよう。では、「汝は我と異なる」と言うその〈我〉とは何か？　〈私〉とは何だろうか？

PJ　師がその問いを提出され、〈私〉の動きを観察し始めると、〈私〉の存在は椅子や机、肉体のような具体的なものではないことに気づきます。〈私〉には実体としての存在がないのです。

K　奇妙に思われるかもしれないが、私には二元性はない。男女や明暗等の類《たぐい》のことではない。〈我〉と〈非我〉が存在する時、〈我〉と〈汝〉の間に空間がある時、〈我〉の中枢と〈汝〉の中枢がある時にのみ、二元性は存在する。中枢としての〈我〉は〈汝〉を見つめ、〈我〉と〈汝〉の間に距離が生まれる。この距離は伸縮自在だが、この過程が意識なのではないだろうか？　この点を明らかにしたいのだが、安易に同意しないように。

PJ　それが日々日常の意識です。

K　然り。

SB　その距離は意識を内包しています。

K　然り。距離が意識なのだ。

PYD　距離は意識の中にある、と言ってもよいのではないでしょうか？

K　否。ここに座っている諸君と私の間には当然ながら物理的距離が存在する。そこに精神が創り出す距離が生まれる、〈私〉と〈君〉の距離であり、この〈私〉と〈君〉の距離が意識なのである。

PYD 師は、物理的距離と心理的距離とを分けられるのですね。

K 否、そうではない、かりそめに、だ。

SP 「〈私〉とは何か?」と尋ねられたら、それは具体的な存在ではない、としか答えられません。

K 「〈私〉は誰か?」を尋ねている訳ではない。

SP 私たちは、二元性、〈私〉と〈私以外〉という二元性から出発しました。そして、師は、中枢としての〈私〉と他の中枢間の空間について言及されました。

K この中枢とあの中枢間の空間、この中枢とあの中枢間の動き、空間的にも縦横、増減は様々、これらすべてが意識なのだ。

PJ それがすべてですか?

K 端緒に過ぎない。

AP 師は、二つの中枢に言及されました。この中枢が別の中枢に遭遇する時……。

K 存在するのはこの中枢のみだ。他の中枢はこの中枢によって創り上げられたものなのだ。

AP 私には何とも言えません。ただ言えるのは、他の中枢が存在しなくても、距離は発生するということです。

K 私に中枢がなければ、他の中枢も存在しない。さて、ここで私は二元性の全構造を問い質したい。二元性――私は認めないが、人々は認めてきた。我々の哲学、我々の判断、すべてが「〈私〉と〈私以外〉」の二元性に基づき、あらゆる問題がそこから発生する。〈私〉が唯一の中枢であり、〈私〉と〈私以外〉の関係もそこから発生する。両者は分離されており、不可避的に葛藤を生ずるからだ。即ち、この中枢のみが存在し、そこから〈汝〉という他の中枢が生まれるのだ。このことは少なくとも私には極めて明瞭に思える。だが、鵜呑みにしてはいけない。

MF　この中枢はいかに生まれるのですか？

K　私はこの中枢を持つがゆえに、他の中枢を拵《こしら》えるのだ。

MF　いいえ、個々の我の中枢のことをお尋ねしたのです。

K　今はまだそれには答えない。さて、そこで眠りという問題がある。覚醒時に、私の中枢は他の中枢を拵える。そこから関係に基づくあらゆる問題が発生し、必然的に二元性を生む。その結果、二元性は、葛藤、即ち二元性の克服という新たな闘争を生み出すのである。これらすべての葛藤を生み出すのが中枢なのだ。

質問者2（Q2）　その中枢も自己の一部ですよね。

K　中枢が何かを定義することは未だ早過ぎる。覚醒時には中枢があるゆえに、その関係は常に分裂している。分裂とは空間であり、時間である。そして分裂としての時間と空間が存在する限り、そこには不可避的に葛藤が生まれる。少なくとも私にとっては極めて単純かつ明瞭なことだ。だが、それを諸君に押しつける訳ではない。起きている間、不断にこの状態——適応、比較、暴力、模倣等、すべては継続し、眠りに就いても、中枢はこの分裂を保持し続けるのである。

PJ　中枢が分裂を意味するということですね。

K　それゆえ中枢は分裂を保持し続ける。

S・W・スンダラム（SWS）「中枢も眠りに就く」とは、どういう意味でしょうか？

K　物理的に眠りに就く、つまり眼を閉じ、意識がなくなることだ。

SWS　物理的にはそうでしょう。しかし心理的に眠ることができるのでしょうか？

K　その状態についてはよく分からない。調べなければならない。

SP　意識が覚める時に、人はこの経験をするようです。

K　経験とは中枢のことだ。中枢は記憶であり、知識であり、常に過去だ。未来に投影するかもしれないが、その根は常に過去に縛られている。

PYD　中枢自体は現在と感じるようです。私自身は、過去も未来も関知しません。

K　だが、それが中枢なのだ。

PYD　私は中枢ですが、過去も未来も分かりません。

K　否。過去を知らないとは決して言えない。中枢があれば、過去を知らないとは口が裂けても言えないだろう。

AP　私たちは現在であると同様、過去でもあるのです。

PYD　私のアイデンティティに関する限り、過去と未来は附録に過ぎず、私には関係ありません。私は現在なのです。

AP　貴方は過去の子供、貴方の過去すべての相続人なのですよ。
PYD　それは仮説でしょう。
AP　いいえ、仮説ではありません。
PYD　いや、仮説です。なぜ私が過去を受け容れなければならないのでしょうか？　私には不可解です。
K　貴方が今話されている言葉、英語も過去の産物なのだが。
PYD　それは理屈です。私は過去を知らないし、未来も知らない。これが私の立場です。
K　少し立ち止まって考えてみ給え。貴方は英語を話しておられる。
PYD　はい。
K　それも蓄積物だ。
PYD　はい。
K　では、蓄積する主体の中枢とは何か？
PYD　私はそれを「私」と呼びますが、実態は分かりません。
K　然り。
PYD　その中枢とは、私が「私」と呼ぶものです。
K　蓄積する主体としての中枢、それが〈私〉だ。では、蓄積する中枢とは何なのか？　蓄積——言語、知識、経験等の蓄積なくして中枢はあり得るのか？　何事も起こらなければ、昨日の私が分かれば、明日の私も分かる。中枢は、自身が蓄積したもの自体とは異なるものなのだろうか？

PYD　それについては何ともお答えできません。

MF　蓄積なくして意識はあり得るのでしょうか？

K　意識の中身が意識だと述べてきた。蓄積がなければ、意識も存在しない。

MF　それは初めてお聞きする言葉です。

K　いや、述べた筈だ。

SP　この議論もそこから出発しました。

K　然り。

MF　意識の中身が意識。ということは、中身がなければ意識もない、ということになります。

K　そういうことだ。

MF　ということは、一元の意識がある、ということになりますね。

K　否。それは推測に過ぎない。当初の出発点に戻ることだ。意識とはその内容物だ。内容物が意識なのだ。これは確固たる事実である。

MF　分かりました。事実として受け容れます。

AP　すべての時において、この「私」は、知覚範囲として意識の全領域に指令を出すことはできません。全領域を支配している訳ではないのです。

K　中枢があるからだ。中枢がある処、断片化が生まれる。

PJ　つまり「私」は、断片たることを免れ得ない思考過程を通してのみ機能する訳ですね。

K　その通りだ。

AP　私は、意識の中身は私の知覚領域の一部である、という考えを懐いています。

PJ　なぜそう言えるのですか？　そうではないと思います。もし意識が知覚の一部だとしたら、意識の全内容が意識であり、それ以外には何もなくなり、私という存在は私の意識になってしまいます。しかし事実は、私は貴方の前に座り、「私に道を示して下さい」と言っているのです。それに対し、貴方は「道を尋ねれば、決して道を知ることはないだろう」と答え、それでも私たちは道を尋ねるのです。

SP　ププル、貴方の指摘した最初の点は、私たちが何かに応えたとしても、それは断片的な対応であり、意識全体ではない、ということですね。そこがまだ明らかではない気がします。

K　それはまさに我々が今探究していることだ。中枢が存在する限り、断片化は避けられない。断片化とは、〈我〉と〈汝〉、そしてその関係における葛藤である。

SP　この中枢は意識と同じものですか、それとも全体意識の断片のようなものでしょうか？

K　意識とは、意識の内容物である。

SP　いかなる意識からの反応も断片的なものなのですね。

K　勿論。意識の中身が意識なのだ。これは反駁の余地なき鉄案だ。中枢こそ断片の創り手である。断片が動き、活動する時、中枢は断片に気づく。さもなければ、他の断片には気がつかないだろう。

中枢は断片の観察者なのだ。その際、中枢は自身を断片と切り離し、断片と一体化することはない。それゆえ恒常的に観察するものとされるもの、思考するものとされるもの、経験するものとされるものといった分裂が生まれることになる。即ち、中枢は断片の創り手であり、断片を集合し、超越していこうと試みる。一断片は眠り、一断片は起きている。起きている状態では、無秩序が存在する。葛藤とは無秩序のことである。睡眠の間に、脳細胞は秩序をもたらそうとする。脳細胞は無秩序の中では効率的に機能しないからだ。

AP　今の師の詳細なご説明は、残念ながら私たちの経験に関しては、あまり有効ではないようです。

K　無論、そうだろう。だが、今その仕組みを述べてみたい。諸君にもそれは当てはまると思う。先ず聴き給え。中枢は断片化の根源であり、それゆえ無秩序の根源でもある。起きている間、我々の関係に見る如く、至る処に矛盾、無秩序、闘争、私と私以外が存在する。これらすべてが際限なく繰り広げられているのである。脳は秩序を欲する。これは事実だ。妊娠中と同様、秩序が必要なのだ。秩序こそ安心なのである。

AP　はい。

K　それから眠りに落ちるが、その際、脳は秩序を求め、棚卸《たなおろし》をする。諸君も眠る前にその日の出来事の棚卸をしないかね？　或いはそのまま眠りに就くのだろうか？　とにかく棚卸を済ませ、「これをやるべきだった。こう言うべきだった」と呟くのである。この棚卸は、睡眠の寸前ではなく、日中に行うかもしれない。これは秩序を確立しようとしているのだ。つまり、日中起きている間に中枢は無秩序を生み出し、睡眠後もこの無秩序が継続するのである。これは明らかではないだろうか？

AP　何とも言えません。

K　では、説明しよう。もし秩序、日中に十全な秩序――強制された秩序、抑圧された秩序ではなく――があれば、脳は完全な安心感に包まれる。秩序は即ち安心だからだ。

MF　そうなれば、睡眠は必要ではないということですか？

K　否、私は夢の話をしている。夢とは何だろうか？

SP　脳は秩序をもたらそうと試みるとのことですが、それは二元的な動きですか、それとも一元的な動きですか？　また誰がそれを為すのですか？

K　脳細胞は秩序を求める、秩序がなければ脳細胞は働かないからだ。そこには何ら二元的な動きはない。

SP　では、脳細胞は中枢とは別物なのですね？

K　無論、その通りだ。日中は無秩序が支配する、中枢が存在するからだ。中枢こそ断片化の真因だ。断片化は断片を通してのみ認識される。断片全体に気づくことはない。そこに秩序はない、無秩序のさなかに生きているのだ。否、自身が無秩序なのだ。「秩序を経験しなければならない」と語りながら、無秩序と混乱の中に生きる。無秩序を生み出す以外には何もできない。分裂と断片化の中で機能するしかないからだ。

AP　はい、その通りです。

K　さて、脳細胞は秩序を求める、秩序が得られなければ、神経症的になり、破壊的になる。これは厳然たる事実だ。脳細胞は常に秩序を求め、中枢は常に分裂を生み出し続ける。何が起こっているのか、よく見給え。

Q1　師は「脳細胞（brain cells）」という言葉を使われましたが、脳細胞は身体的なものではないのですか？

K　勿論、脳細胞は身体的なものだ。

Q1　だとすると、脳細胞自体は神経症にはならないのではありませんか？

K　慎重に検討しなければならない。身体の組織に何が起こっているかを見給え。脳は秩序を求めるが、中枢がある時には、この秩序は消滅する。中枢は常に分裂、葛藤、破壊の類を生み出すからだ。これは即ち安心の否定、秩序の否定を意味するが、二元性ではない。この動きは続き、脳は「私には秩序が必要だ」と叫ぶが、これは二元的なものではない。

AP　二つの独立した動きのようですが……。

K　これは二元的なものではない。否、「独立した」という言葉さえ相応しくない。

PJ　何か私たちにとって具体的な事柄から離れつつあるように感じます。

K　これは極めて具体的なことだが。

PJ　いいえ、具体的だとは感じられません

K　「具体的ではない」とは、いかなる意味なのか？

PJ　「秩序を求める脳細胞」は具体的ではありません。
K　では簡単に説明しよう。だが、慎重に進みたい。
SP　全自然界は、混沌はあるにしても、秩序を保っています。秩序を維持することが宇宙の本質のようです。このことは、同様に……。
PJ　科学は全く新しい時間の観念を発見しましたが、私たちには現実的ではありません。同様に、「秩序を求める脳細胞」も非現実的なのです。
K　「脳細胞は秩序を求めていない」という貴方の説には懐疑的だ。
PJ　そうかもしれませんが、事実から事実へと進む代わりに……。
K　私は事実から事実へと歩むのみだ。我々は共に確認した。中枢の存する処、葛藤あり、断片化あり、〈我〉と〈汝〉間のあらゆる分裂が存在する。中枢は常にこの分裂を生み出している。さて、これをいかに認識するのか?
PJ　自分自身の中にそれを認めるからです。
K　言葉の上で、それとも事実として?
PJ　事実として。
K　中枢は断片の創り手である。中枢こそが断片なのだ。先程述べたこの全領域が無秩序なのだ。いかにこの無秩序に気づくのだろうか?
PJ　それを見たからです。一つの思念が他の思念に指図するのです。

K　否、私の問いはそうではない。遺憾ながら、貴方は私の問いに答えていない。私の問いは、「いかにこの無秩序に気づくのか？」というものだ。その知覚は無秩序とは異なるものなのか？　そうであれば、中枢はその無秩序に気づくことになる。ゆえにそれは依然として無秩序なのである。

SP　それ以外に何かありますか？

K　質問するのではなく、ただ見るのだ。それが私の言いたいことだ。

SP　分かりました。

K　中枢がこの無秩序に気づけば、それ自体が秩序と無秩序という二元性を生み出す。そこで、中枢なしに或いは中枢と共に、いかに無秩序を見つめるか？　中枢による観察であれば、分裂が生じる。中枢の観察がなければ、ただ無秩序だけが存在する。

PJ　無秩序だけ？

K　無秩序のみ。

PJ　或いは秩序？

K　中枢がこの無秩序に気づけば、分裂が生じ、この分裂こそ無秩序の他ならぬ本質なのである。中枢が存在せず、しかも気づきがあれば、何が起きるだろうか？

PJ　その時には、中枢もなく、無秩序もありません。

K　その時、何が起こるだろうか？　無秩序はない、これは事実だ。これこそ脳細胞が求めて已まないものなのだ。

PJ　師は、これを持ち出して、それを取り去ってしまわれる。前進するのみです。

K　宜しい。だが、これは極めて重要なことだ。

PJ　暫くは必要ではありません。先に進みましょう。

K　待ち給え。私は或ることを発見した――中枢は空間と時間を創り上げる、ということだ。空間と時間がある処、関係における分裂が生じ、その結果無秩序が発生する。関係に無秩序が生じれば、中枢はその性質として他の無秩序をも創り上げる。関係における無秩序のみならず、思考、行動、思想における無秩序である。

PJ　事実はどちらでしょうか？　秩序の認識なのか、それとも……。

K　我々が気づくことのできるのは無秩序だけだ。慎重に聴き給え。中枢は無秩序の真の要因だ――関係、思考、行動、知覚、いかなる処においても。知覚する主体とされるものが誕生するのだ。即ち、中枢が機能し、動き、働けば、動因を生じ、分裂、葛藤等の類が誕生する。中枢のある処、必ず無秩序が存在する。無秩序とは中枢なのだ。さて、いかにしてそれに気づくのか？　中枢が無秩序を認識するのか、それともただ無秩序があるだけなのか？　無秩序を認識する中枢がなければ、全き秩序が生まれ、断片は終焉を迎える。断片を創り出す中枢が消えれば、当然そうなる。

PJ　その意味では、断片が存在する瞬間、現実も断片だ、ということですね。

K　然り、その通り。

PJ　断片が消滅すれば、現実は非事実ということになります。

K　そういう言い方もできるかもしれない。

PJ　そうなれば、分裂はなくなり、再びヴェーダンタの考え方に……。

K　そういった発想は拒否したい。

PJ　そのように考えられますが……。

K　否、そういった考えは単なる理論ではないか。

AP　師が、他の立場に言及され、「我」が無秩序の起源であり、中心である、或いは中枢自体が無秩序である、という言葉は、私にとっては事実です。そして、その無秩序を観察する中枢がなければ、と仰られ……。

K　否、私の問いは「誰が無秩序を観察しているのか？」というものだ。

AP　はい、分かっております。

K　それゆえ秩序の意識はない。

AP　その通りです。これはとても大事なことだと思います。

K　然り。それが秩序の美なのだ。

PJ　師にとって「実在（reality）」という語は、どのような意味を持っているのでしょうか？

K　無（nothing）だ。

PJ　その「無」とはどういう意味ですか？　その語について知りたいと思います。

K　何かであれば、それは「実在」ではない。

AP　それは、認識できる領域は非実在の領域だ、ということになります。

K　否、注意深く聴き給え。今暫くその件は論じない。夢の問題に入ってみたい。夢が我々の人生の断片の一部なのは明らかだ。夢とは何か？　夢の素材と構造はいかなるものか？　夢はいかにして生まれるのか？

ラディカ・ハーツバーガー（RH）　欲望が満たされない時に夢は発生します。

K　つまり日中に何かを望むが、それが満たされず、果たされず、成就しないために、その欲望が継続する、ということだろうか？

RH　欲望は満たされると思います。

K　否。人は日中何らかの欲望を懐く。その欲望が満たされれば、それで終わりだ。満たされなければ、その欲望は継続していく。

PJ　なぜ私たちは度を越すのでしょうか？　脳細胞から排出された思考が始まりもなく終わりもない過程であるように、精神が全き眠りに就けば……。

K　……全き静寂。

PJ　……同じ原動力の別の形態。

K　無論、同じだ。つまり、日中の動きが依然として続いているということだ。中枢は無秩序の要因であり、中枢が日中に創り上げた無秩序がそのまま続くという訳だ。その動きが夢や象徴の解釈となる。それは同じ動きなのだ。

MF　中枢が無秩序の始源だと、師は常々仰っていますが……。

K　始源ではない、無秩序そのものだ。

MF　無秩序そのもの。「我」の感覚は秩序を求める人間の要求のように私には思えるのですが……。

K　否！

MF　そう即座に「否」と仰らないで下さい。無秩序は、それを創る者がいなければ、与えられた要因ということになります。そして秩序を探し求めながら、私はこの世界に生きています。すべての二元性は与えられた二元性であり、創られた二元性ではないと思います。

K　残念ながら、そうではない。更に考究すべきだ。

MF　この世界に誕生した時にそのように気づいたのです。

AP　ではその二元性を一体誰が創造したのですか？

MF　私には分かりません。

AP　よく観察すれば、自分自身が創り上げたことがお分かりになる筈です。

K　君の先祖たちによって創り上げられたのかもしれない。

MF　いいえ、私の両親は二元性とは無関係です。私は二元性を欲しません。私の全人生は絶えざる探究、不二一元性、親愛、慈愛を求める探究の旅でした。他ならぬこの探究が……。

K　不二一元性を求める探究自体が二元的なのだ。

MF　私の為すことすべては秩序のためです。その秩序は錯覚かもしれず、また束の間の取るに足らない秩序かもしれませんが、精神は秩序を目指さないような気配も態度も見せません。飲食も睡眠も単なる秩序の回復、生の再生に過ぎません。秩序なき生はあり得ないからです。混沌は私を脅かし、絶えず攪乱します。私は常に自分自身を取り戻すことに終始しており、睡眠も夢も飲食も調和と秩序を回復する試みの一部なのです。しかし無秩序は四六時中私を脅かしています。これが私の観察の結果です。そうではないと言われるならば、それは見解の相違ということに尽きます。

AP　私たち個々人の人生を観察してはいかがでしょうか？　過去六十年に及ぶ個人の人生を観察してみて、この無秩序の要因が外から付与されたものなのか、それとも元々内在していたものなのか、どちらだとお考えですか？

MF　外からの付与です。

AP　そもそも困難に陥った時や葛藤の中にある時、それは他の誰かの責任ですか、それとも自分自身に責任があると思いますか？

MF　他の誰かの責任ではありませんが、とにかく混沌です。

AP　すべてに対して責任があるとは考えられませんか？

MF　ないと思います。

SB　私たちは個人として中枢と共に自身の中や外部に秩序を実現しようと試みますが、実現するのは基本的に無秩序なのです。

MF　方法は間違っているかもしれませんが、それでも私たちは秩序を達成しようと努めているのです。

AP　独りよがりの独善に陥る恐れはないのでしょうか?

MF　その恐れはないと思います。

AP　その中に別の自己幻想がないか検討する必要があります。

SB　中枢と共に秩序を達成しようとするその努力自体が無秩序を生み出すとは考えられませんか?

MF　そうかもしれません。誤った手段を採ったからです。が、いずれにせよ、秩序への欲求は根源的なものです。

PJ　それはクリシュナジの指摘と同じことになりませんか?　脳細胞は秩序を求めて已まない、と。

AP　自己にとって、幻想を創出し、自身を欺き、独善に陥り、果てしない不毛の問題に自身を巻き込むことは、その性の習いでしょう。

MF　そうでしょうか?

AP　違う、と?

MF　違うと思います。

Q1　もっと具体的な事例はいかがでしょうか?　私たちは生まれると同時に自己保存の本能を持っていますが、この本能はクリシュナジの言われる無秩序の源泉である中枢なのでしょうか?

K　そのようなことは言っていない。自己保存は身体の自然な本能だ。

Q1　身体でなければ。

K　身体の他に何があると言うのか？

Q1　例えば、精神。

K　それは中枢だ。

Q1　その中枢は私たちの内部にあるのですか？

K　勿論、そうだ。

Q2　自己保存の本能自体が中枢を創り上げるということはありませんか？

K　ない。身体は自身を保存しなければならない。さもなければ、何も残らない。

PJ　何か少し逸れているようです。

K　逸れた覚えはない。さて、日中生活の動きは睡眠に入っても続く。それは同じ動きであり、夢はこの動きの表現なのだ。そして目覚めた時に「私は夢を見た」と言う。これはコミュニケーションの手段に過ぎない。実際は、夢は「私（me）」なのだ。更に夢はこの無秩序の動きを創り出す中枢とも別物ではない。

SP　意識はこの動きに気づき、それを言語化するのですね。

K　言語化、その通りだ。次の要素は深い眠りだ。人は熟睡していることに気づくだろうか？　翌朝「実に素晴らしく深い眠りを取った」と言うかもしれないが、熟睡そのものには気づいていないのだ。

SP　誰が気づき、「よく眠った」と言うのでしょうか？

K　否、決して「私は熟睡した」とは言えない。

SP　私は快く熟睡しました。

K　否、「私は素晴らしく熟睡した」とは言えない。

PJ　「夢を見ない」ということを意味するのでは。

K　それしか言えないのだ、「昨晩は全く夢を見ず、周囲を蹴飛ばすこともなく、安らかな眠りだった」のように。

MF　「私は深い眠りに落ち、思考もなく意識もないことに完全に気づきながら、しかも存在している」と言う人に出会ったことがあります。

K　誰の言葉かは知らないが、今我々は自身の現実を話している。精々言えるのは「私は夢を見ることなく熟睡した」くらいだ。夢を見ない状態、所謂《いわゆる》熟睡の状態をいかに探査するのか――意識ある心で？　或いは心理学者や精神分析家たちの戯言に類する理屈を持ち出すのだろうか？

SP　意識を伴わず……。

K　では、いかにして実践するのか？　いかにして探究するのか？

SP　深い眠りは自身を開示します。さもなければ、覚醒した意識でその眠りを分析することはできません。いかに探究すればよいのでしょうか？

K　なぜそれを探究したいのだろうか？

SP　それが同じ状態なのかどうか、知りたいからです。

SWS　夢のない眠りであれば、中枢は存在しません。しかしやがて中枢が再び登場します。夢なき眠りを思い出し、再び中枢がその働きを開始するのです。

SP それはヴェーダンタ派の考えです。中枢なき深い眠り……。

K なぜ我々が現実に認識し得ることのみを語らないのか？

PJ 「深い眠りを探究する」という話がありましたが、そもそも深い眠りを探究することは可能なのでしょうか？

PYD 唯一の事実は、深い眠りには中枢はない、ということです。

K それをいかに知るのか？

PYD それについては何ら知る処はありません。

MF 深い眠りとは、意識の極めて低い彩度の状態ではないでしょうか？

K 意識の極めて低い彩度の状態、その通りだ。

MF それでも中枢の働きは継続していきます。

PJ 先程質問を提出しました。「深い眠りを探究することは可能か？」という問いです。

PYD 可能だと思います。

K 慎重に。「探究（investigating）」とはいかなる意味なのか？ 私が探究するのか？ 中枢が探究するのか？ それとも流れる映像を眺めるようなものだろうか？ 風景や絵画、映画を眺める時、対象に同一化することはない、その一部ではない。いかなる反応も伴わず、ただ見るだけだ。

SP 同一化することなく見るとは、どういうことなのでしょうか？

K　それを見る主体はない。ただ見ることだけが存在する。

SWS　見る中枢はない、中枢があれば、見ることはできない、ただ見ることだけが存在する、ということですね。

K　それこそププルの尋ねていることだ。その深い眠りは探究することができるのか？　言葉の意味は分かるだろう。だが、意識を以て深く参入することはできない。不可能だ。それは開示され、顕現され、観察され得るのだろうか？　然り、可能だ。幻像や象徴、名称等を伴わず、観察することは可能だろうか？　ただ見ることは可能だろうか？　言うまでもなく可能だ。

Q1　見る主体が常に存在します。見る主体なく見ることは可能でしょうか？

K　見るものとは、中枢であり、過去であり、分かつものであり、我と汝の間の間隙である。これは自ら試みることができる。あのランプに描かれた模様の線を観察してみ給え。符牒を付けることなく、名称を与えることなく、ただ見るのだ。だが、名称を与えた瞬間に、見る主体が誕生してしまうのである。

SWS　そして見る主体が登場します。深い眠りへの探究は可能でしょうし、私たちも試みてきました。でも翌日には、消耗のあまり疲労困憊するのでは？　莫大なエネルギーを消費するのではないでしょうか？

PJ　先ず、探究には使用可能な道具が必要です。私は言葉という道具を使用しています。言葉は使わざるを得ないからです。しかし、そのためには覚醒の状態が必要です。覚醒の状態がなければ、不可能です。覚醒の状態、所謂〈ジャグリティ〉がある時にのみ……。

K　そのように安易にすべてをサンスクリット語に還元してしまうのだ。

PJ　そのようなつもりはありません。

K　私はこれらすべてを捨て去りたい、すべての伝統的手法を放擲《ほうてき》したいのだ。また私はそれらすべてに関知しない。人々は先人の説を踏襲するだけだが、私は他人の説をただ踏襲したくはない。やれ、シャンカラや仏陀の説だ、精神分析家や心理学者の説だ、という風に。我々は単に誰かの説を踏襲しているに過ぎず、それは真理ではないと言いたい。

さて、この無秩序を中枢なく観察することができ、無秩序があることに気づくことができるだろうか？　これができれば、その動き全体を了悟したことになる。では、秩序とは何か？　中枢は決して秩序に気づくことはない、と指摘した。この状態はいかなるものか？　美徳を意識しない美徳とは何か？　伝統的に美徳として受容されてきたものは、修行である。だが、謙虚を修行する虚行は依然として虚行だ。謙虚を修行しない中枢は異なるが、謙虚の修行を意識している中枢は依然として虚行である。では、美徳（virtue）とは何か？　美徳を意識しない状態のことではないか。中枢が謙虚なることを意識したならば、それは謙虚ではない。即ち、美徳とは、美徳であることを意識しない心の状態ではないか。それゆえ、この美徳はあらゆる修練、あらゆる修行を沈黙させる。この美徳を前に、あらゆる修行も顔色《がんしょく》を失い、恥辱にまみれるのみ。

MF　師は別の講話でこうも仰っています。〈進歩へのあらゆる欲求は無秩序である〉と徹見することが美徳である、と。

K　その通り。中枢を交えず、無秩序を徹見することが秩序である。この秩序を意識することはできない。意識したならば、それは無秩序に堕してしまう。では、諸君が励みに励む修行という美徳は何になるのか？　全くの無意味だ！　真の愛が存在すれば、その愛に気づくことができようか、中枢は「私は愛している」と言うことができようか？

第十一章　絶望と悲しみの本質

死は誕生と同様に特別な出来事である。
思考が入り込まず、
意識を交えることなく、
死をただ見つめ、観察することだ。

一九七六年十二月二十日　マドラス

ププル・ジャヤカール（ＰＪ）　昨日、師は「悲しみ（sorrow）」について話されました。私たちは皆、絶望や悲しみを経験しています。今日は絶望の根源について論じたいのですが……。

クリシュナムルティ（Ｋ）　ププル・ジャヤカール女史は問う、絶望について議論し、対話することは可能か、と。彼女によれば、私たちは悲しみの何たるかを知っており、また絶望の深淵をも知っている。今日は、それらについて論じることができるだろうか？

PJ　絶望、悲しみは、私たちの人生において切実なものです。或る意味では、悲しみの根源は絶望の根源に等しく、同じ本質を持っていると思います。

K　絶望（despair）とは何か？　私はその感覚を味わったことがないので、教えて欲しい。絶望とはいかなるものなのか？

PJ　全き虚しさの感覚。

K　絶望とは全き虚しさの感覚？　そうだろうか？　少し違う気がする。

PJ　為すに術なく、お手上げの状態です。

K　お手上げの状態、それを絶望と呼ぶのか？　それはむしろ困惑（confusion）ではないだろうか？

ラーダ・バーニア（RB）　意味や価値の全き欠如、これが絶望ではないでしょうか？

質問者1（Q1）　言葉自体は「もはや希望なし」に由来すると思います。

フリッツ・ウィルヘルム（FW）　私は「希望の凍りついた状態」を提案したいと思います。

PJ　「絶望」は、或る意味「希望」とは無関係です。

質問者2（Q2）　どこから手をつけるべきか五里霧中の心境です。

K　それらが絶望とは思えない。更に論じて頂きたい。絶望は、悲しみに関連しているのか、或いは自己憐憫の果てなのか？　私はあくまで問いを提出しているのであり、何かを主張している訳ではない。

PJ　絶望を自己憐憫と見做すのは、あまりに矮小化し過ぎではないでしょうか？

K　我々は模索している。悲しみは、絶望や活路の開けない深い自己憐憫の感情に関係しているのだろうか?

PJ 本来の規模が縮小したように感じます。

K それは狭小かもしれないが、我々が拡大、拡張すればよい。さて、絶望とは何か? 道の行き止まり、万策尽きた状態とでも言うのだろうか?

Q1 万策尽きて、これ以上進めない状態のことではありませんか?

K 否、それは恐らく絶望ではない。周囲に道がなければ、他方を探すだろう。だが、それは絶望ではあるまい。

FW 子供を喪った母親こそ絶望的状態ではないかと思います。

K 十全の説明ではない。私はそれを「絶望的(desperate)」とは呼ばない。さて、絶望は悲しみと関連があるのだろうか?

PJ 私たちには絶望は分からないと仰るのですか?

K 私は尋ねているのだ。

PJ 私は絶望を知っていると敢えて言わせて頂きます。

FW もう少し詳しく説明してくれませんか?

K 私も知りたい、私には絶望の経験がないからだ。少し不遜な言い方だが。

PJ では、申し上げます。絶望とは、完全かつ徹底した虚しさの感覚です。

K 虚しさ? 私ならば、「虚しさ(futility)」という語の代わりに、もう少し意味ある言葉を使いたい。

例えば、希望の終焉、探究の終焉、関係の終焉等……。

PJ　すべてが頭上に落下してくるような感覚です。

K　ああ、何か曖昧模糊としている。誰か他に絶望を知る者は居ないのか？

スナンダ・パトワルダン（SP）　空白の壁を虚しく叩くこと。

K　それは絶望ではない。「空白の壁」は絶望ではない。

ラディカ・ハーツバーガー（RH）　絶望とは、意志や衝動、感情等と完全に途絶された状態ではないでしょうか？

K　貴方にとってはそれが絶望なのか？

アチュット・パトワルダン（AP）　肉体が死ぬ前に、自身の中で何かが死んでいく感覚。

K　肉体が死ぬ前に、自分自身の中で死ぬこと、それが絶望？

AP　絶望とは断絶だからです。

S・バラスンダラム（SB）　師は「絶望は悲しみと何らかの関係があるのか？」とお尋ねになりました。私が思うに、絶望とは悲しみのどん底であり、悲しみの深淵ではないでしょうか？

K　諸君は実は絶望を全く知らない、ということかね？　絶望を嘗《かつ》て経験したことがないということだろうか？

T・K・パルチュレ（TKP）　絶望は、希望の対極、希望の喪失のように感じます。

K　絶望とは何か？　私に絶望とは何かを教えて欲しい。

TKP　失敗（failures）に起因し、結果もたらされた状態。

K　失敗？　否、あまりに矮小化し過ぎだ。絶望とは遥かに大きなものではないだろうか。私は絶望に陥った人々に語り掛けてきた。面会に来た多くの人と知り合いになった。多少話が逸れたが、彼らの多くは絶望に陥っていた。つまり、諸君の誰も絶望というものを知らない、ということだ。真に絶望というものをご存知なのだろうか？

RB　確かに絶望を知っているとは言えません。

K　それが問いたかったことだ。

RB　私は苦しみ（suffering）の何たるかは知っているつもりですが、絶望が何かは知らないと言わざるを得ません。

K　絶望について語る時、それは何か極めて深刻なものだろうか、それとも単なる限界や行き止まりに過ぎないものだろうか？

PJ　私は絶望を知っていると敢えて言わせて頂きます。

K　では、更に詳しく説明して欲しい。

TKP　絶望は暗黒ではありませんか？

K　否。苦しんでいる人間は確かに苦しみの何たるかを知っている。盲滅法に語ったりはしない。彼は語る、「私は苦しんだ。息子が死んだ。絶対的な孤独や喪失の感覚、自己憐憫の感情、凄まじい嵐、切実な危機だ」と。では、絶望とは危機なのか？

ジョン・コーツ（JC）　はい、そう思います。

K　いや、私は問いを提出しているのだ。安易に同意しないように。明らかに、ここにいる諸君は、ごく少数を除いて誰も絶望に陥ったことはないようだ。［笑い］

RB　絶望とは、苦悩からの逃避の一形態ではないでしょうか？

K　かなり迫ってきたようだ。私は死に臨んでおり、息子はその死を止める手立てがないことを知っている。私の方も息子を顧みる余裕はない。絶望には警戒心が含まれていないだろうか？　絶望とは支配の喪失感ではないのか？　私は君を支配し、他を求めない。或いは支配され、支配する。私は君を支配していたが、君は突然消え去る、或いは壁を築く。これは絶望の一種ではないだろうか？

PJ　絶望には確かな根拠がないとお考えですか？

K　確かな根拠があるともないとも言っていない。絶望とは何か、と尋ねているだけだ。ところで、「絶望（despair）」の辞書的意味は何だろうか？

FW　「望みなし（no hope）」だと思います。語源は「望み（hope）」です。

K　得心したとは言えない。通常の語法で、「絶望」とはいかなる意味なのか？　深い恐怖の感覚もあるのだろうか？

JC　深い恐怖の感覚と言ってもよいと思います。

PJ　自分自身の深淵に触れた時、他ならぬ……。

K　……自分自身の根源に。

PJ　……自分自身の根源。師は、恐怖と絶望を区別することは可能だとお考えですか？

K　なぜ「絶望（despair）」という語を取り上げたのか？　［辞書を読み上げながら］フランス語は〈desperer〉、ラテン語は〈desperare〉、〈sperare〉は「望み」。〈despair〉は「救いなし」「望みなし」。結構、先に進もう。

PJ　その辞書的意味では、私の言いたいことが伝わらないように感じます。

K　貴方が伝えたいものとは何だろうか？

PJ　自身の深淵に触れた時、恐怖、悲しみ、絶望といった区分は、厳密に区別することは甚だ困難です。

K　お尋ねしてよいだろうか？　個人的な問いとしてではなく――貴方は自分自身の深淵に真に達した経験があるだろうか？　あったとして、それは絶望なのだろうか？

PJ　師にその質問をされると、答えに窮します。いかにして自分自身の深淵を知ることができるのでしょうか？

K　それは希望を喪失する感覚だろうか？　それを遥かに凌駕するものではないだろうか？

PJ　そうだと思います。希望の喪失ならば、他に目を転じることも可能です。

K　即ちそれは希望よりも遥かに意味ある事柄なのである。個人が心底から絶望に陥る時の感情、状態はいかなるものか？　心の動きは停止し、それゆえにそれを絶望と称するのだろうか？

PJ　その状態を悲しみといかに区別しますか？

K　例えば、私は息子を愛していた、心底から愛していた。が、彼は身を滅ぼしてしまった。私は何もできない、彼に話し掛けることはおろか、彼に近づき、触れることさえできない。この状態が絶望だろうか？　私は息子を溺愛しながら、彼は破滅してしまい、近づくことも触れることもできない。私は絶望的なまでにそれを欲したのに。ああ、これが絶望なのか！　語源的には「望みなし（hopeless）」に由来するのだろう。これが絶望の状態だろうか？　愛する者に近づけない、触れ得ない、彼は顚落《てんらく》してしまったのだ。これが絶望の感覚ではないだろうか？

TKP　絶望には感情の全的放棄が伴うのではないでしょうか？

K　否、そうではない。感情放棄であれば、「仕方がない。堕落なり破滅なり、彼の為すがままに任せよう」と言い、それで終わりだ。

FW　反対に、私たちは通常「それを必死で（desperately）求める」のように使います。これは、今師が息子に対する思いを例に挙げられたように、何かを必死で求めることの反映ではないでしょうか？

PJ　その場合は目的に対する衝迫性がありますが、絶望には目的もなく衝迫性もありません。

FW　恐らく〈despair〉という語は、正しくない使い方だと思います。

SB　絶望はまたエネルギーを遮断します。決して何かを必死で求めることではありません。絶望とは、エネルギーの底辺、どん底に触れることではないでしょうか？

K　そうだろうか？

PJ　いかなる感情であれ、どん底に至ったならば、悲しみや恐怖といった区別は消滅します。感覚的には一つであり、分けることはできません。別々ではないのです。悲しみを絶望と分けることは不可能です。根源的感覚の区別は意味を為さないと思います。

SP　ププルジ、この議論が始まった時は、貴方も絶望と悲しみを区別しようとしていたでしょう。

PJ　時が経つにつれ、真に根底に到達した時には、絶望と悲しみの区別などは消滅していることに気づいたのよ。

RB　つまり貴方の問いは「悲しみの根源は何か?」ということですね。

PJ　そう、絶望や悲しみ、これらすべては同じだと気づいたのです。

K　貴方の問いは「悲しみの根源は何か?」ということだろうか。

PJ　いいえ、私にとって悲しみと絶望を分けることは不可能だ、と気づいただけです。

JC　絶望には虚無感が伴うように、私には感じられます。

PJ　悲しみもそうです。

JC　私はそうは思いません。

FW　やはり、絶望の語源は「希望（hope）」だということです。

PJ　多分そうでしょう。でもこの現実を表現するのに辞書的意味はほとんど無力です。それは言葉ではなく、事実だからです。

FW　ええ、分かります。ただ言葉の語源はそれなりに意味があります。

PJ　ただ現実的には無意味です。言葉は実感を伝えないからです。ところで、師のもとには絶望に陥った人々が沢山訪ねて来たと思います。
K　然り。ただ私は〈聴罪司祭〉ではない。
PJ　はい。でも多くの人々が、悲しみや深刻な苦悩、虚無感を抱いて、師のもとを訪ねて来たのは間違いないと思います。
K　つまり絶望は、悲しみと共に、あらゆる関係の全面的拒絶に関連している、ということだろうか？
PJ　はい、全面的苦悩です。
K　全面的苦悩。完全な孤絶感と言い替えてはいかがだろうか？
PJ　はい。
K　即ち、あらゆるものから閉ざされ、関わりがなくなることを意味する。我々は今その感情を検討している。
PJ　その感情は分かっているつもりです。
K　それこそ私が知りたいことだ。それは、悲しみや孤独、虚無感、閉塞感といったものと関わりがあるのだろうか？
JC　絶望には究極性があります。あらゆる希望、あらゆる期待の尽き果てる処というニュアンスがあります。

K　そこに到達した者がいるのだろうか？　誰かこの地点に到達した者がいるのだろうか？　キリスト教徒ならば、〈魂の暗黒〉と称するかもしれない。

FW　〈魂の暗夜（the dark night of the soul）〉ですね。

K　然り、〈魂の暗夜〉。そう呼ばれるものが絶望だろうか？　否、それは絶望を遥かに凌ぐものだ。

PJ　誰も「君はこのレベルだ」とは言えない筈です。

K　無論、そうだ。

PJ　それはどういう意味でしょうか？

K　そこから始めてはいかがだろうか？　先ず〈悲しみ〉という語、この語の深淵、この語の真義から出発したい。皆がこの語の意味を知っているからだ。

PJ　様々な場合がありますが……。

K　大小深浅、様々な場合があるだろうが、我々は皆、悲しみの何たるかを知っている。悲嘆、哀傷、喪失感、閉塞感……。それらが絶望を惹き起こすのだろうか？

PJ　それが絶望です。

K　私はそれを絶望とは呼ばない。

PJ　どうしてですか？

K　慎重に探索を進めよう。私の息子が亡くなった、そして所謂《いわゆる》「悲しみ」が生じる。私は彼を喪失した、二度と会うことはない。彼と共に暮らした日々、楽しく過ごした日々、すべてが過ぎ去った。

一夜にして忽ち、いかに自分が根柢から孤独かを思い知ることになる。これは深い孤独感だ。同伴者の不在などという些事ではない、いかなる人ともいかなる関わりもないという徹底した喪失感の自覚、それが孤独だ。それが悲しみではないだろうか？

PJ はい、その孤独が悲しみだと思います。

K では、その孤独が絶望なのだろうか？

PJ 師は、状況に合った言葉を使われ、その言葉で的確に状況を説明されます。

K 私は言葉を用いて状況を説明した。

PJ ただ、師は……。

K ……更に多種多様な言葉を使うことができるが、問題ではない。

PJ 「悲しみ」という言葉があります。

K 然り。

PJ 或いは「絶望」という言葉もあります。

K 然り。

PJ しかし現実の状況は相変わらず、そのままです。

K 宜しい。では、そこから脱却するために、いかにすべきか？

PJ 師は、悲しみと全的に留まることについて話されました。昨日の講話でも、悲しみの深淵はあらゆるエネルギーの集積である、と仰いました。

K　然り。

PJ　根柢は同じ本質だと思います。

K　然り。今は貴方の言わんとすることが理解できる。昨晩、Kは「悲しみはあらゆるエネルギーの精髄だ」と述べた。精髄——すべてのエネルギーが集中する処。これは真実だと思う。いかがかな？

PJ　師ご自身がそう述べられたのです。

K　然り。それは事実なのか？　それは現実なのか、それとも単なる観念なのか？

PJ　今朝、私は突然私の言葉で言う「絶望」の感情を味わいました。私はそれを突然、全体的かつ絶対的な感覚で味わいました。今後、私がどのような問いを発し、どのような言葉を語ったとしても、この真実からは遠ざかるばかりです。

K　分かる気がする。わが息子が死んだ、そしてその死、その喪失の意味する処を知った。この苦しみは避けたいが、それはあまりに明らかな事実だ。それは決して変更できない事実、いかに好まぬことであろうが、私の個人的意志によっては変えられない事実なのである。この現実を認めず、拒絶することが絶望ではないのか？　私は認める、わが息子が死んだという事実を全的かつ根柢より認める。このことに関し、できることは何もない。逝く者はかくの如きか！　私はこの事実と共に留まる。私はこの事実を絶望とも悲しみとも呼ばず、何の名称も与えない。私は、彼が死去したという現実と共に留まる。これを絶望と呼ぶのか、それともいかなる語も与えないのか？

JC　では、絶望とはこの変えられない事実から逃避しようという試みになる訳でしょうか？

K　これは動かし得ない事実である。この事実から逃避することなく、共に留まることは可能だろうか？

PJ　悲しみや絶望もこの動かし難い事実ではないでしょうか？

K　この事実は真に動かし得ないものなのか？　わが息子の死去は変えることはできない。彼は逝き、灰と化してしまったのだ。

PJ　悲しみもまた変じ得ないものなのではありませんか？

K　否、否。慎重に注意深く見ることだ。私は息子を愛した（この語の使用を許して欲しい）。私は息子を愛したが、息子は突然この世を去った。その結果、私が〈悲しみ〉と呼ぶ途方もないエネルギーが知覚される。私は、ここで〈悲しみ〉という語を、すべてが突然全く意味を失ってしまう状態を指すものとして用いた。この事実だけが残るが、それは絶望ではない。

PJ　師は〈絶望〉という語を使われました。私はその本質を探りたいと思います。

K　宜しい。一旦、議論を転じたい。この甚大な危機が到来し、精神がいかなる形態の逃避も無意味であることを悟り、何の動きも伴わずにその事実と共に留まることができた時に、実際に何が起こるかを見てみたい。事実は動かし難い。私、或いは精神は、この動かし難い事実と共に留まり、そこから逃避しないことが可能だろうか？　ごく単純に考えてみよう。私は怒っている、憤怒の塊だ。私が何かに人生を捧げたにも拘らず、誰かがそれを否定したことを知れば、私は怒りを覚える。その怒りはエネルギーそのものだが、私はこのエネルギーを認知してこなかった。それは再結集された全的エネルギーであり、怒りの激情として表現される。さて、この怒りの激情と共に留まることができるだろうか？　転嫁せず、非難せず、合理化せず、ただそれを抱くことは可能だろうか？　その時、何が起こるだろうか？　それは絶望ではない、それに絶望という名称を与えたくない。ただこの怒りの感覚だけが存在する。アチュットジなら、これが分かると思うが。

AP　はい、分かります。

K　先日、それに類したことが起こったからだ。だが、解釈しないように。それと共に留まることが可能だろうか？「残念ながら、同情の余地はない。このようなことが起こり、残念だ」などと言わないように。その時、何が起こるだろうか？

AP　私はそれと共に留まるように努めました。

K　それから？

AP　それを抑鬱の状態とでも言いましょうか？

K　否、それは単なる反応だ。私はそれと共に留まり、それは私に語り掛ける。それを抑鬱と呼ぶつもりはない。私はそれと取り組み、それと共に生きる。

AP　私に言わせれば、抑鬱は感染熱のようなものです。熱は感染の症候です。そのようにして私は怒りの中にある自分自身を、それに対して何ら為すことなく観察したのです。

K　否、怒りを観察したのではない、私がその怒りなのだ。

AP　はい、私がそれなのです。

K　私がその憤怒そのもの、その憤怒のエネルギーそのものなのだ。

AP　私の場合、エネルギーではなく、行動のみがありました。伴ったのは、全き心神喪失感です。

K　私はププルジの話していることが分かる気がする。つまり、私は自分自身が創り上げたものの網の目に囚われ、逃れることはできないということを知るに至った。心神喪失の状態だ。これが絶望だろうか？

JC　例を挙げさせて下さい。泳げない女性が海辺に居て、その息子が溺れているとしましょう。女性は息子を救わなければなりませんが、彼女自身では救えません。その時、女性は深刻な絶望感に襲われると思います。

FW　そこには自己嫌悪の要素がありませんか？

K　少し議論が希薄化しているようだ。我々は今、絶望の意味、悲しみの意味、その類《たぐい》のすべての意味を様々な面から論じている。

AP　師の示された議論は少し異なるように思います。怒りは通常誰かの行為に対する反応ですが、一方自分自身の状況に対する反応もあります。絶望においては、この側面が強いと思われます。

K　然り、それは反応ではなく、自分自身への不全感であり、その不全感の深淵が絶望ではないだろうか？

FW　不全感以上のものではないでしょうか？　その不全感の知覚があるかどうかも疑問です。既にこの不全感を受け容れたくない要素があるからです。

PJ　どうしてそうだと分かるのですか？

SP　その知覚がなければ、不全感もない筈です。

PJ　それを感じようと感じまいと、私が説明できるようなものではないようです。

K　フリッツ、今まで心底から自分に飽き足らない思いを抱いたことがあるかどうか、尋ねてよいだろうか？

FW　そのような思いは記憶になく、分からないと言わざるを得ません。

K　だが、君のもとへ来て「私はこの深刻な不全感を感じている。助けて欲しい、私は理解したい、不全感は私の中で沸騰しているのだ」と、私が言ったら、どうするのか？　私は絶望的な状況に居る。君はいかに取り組むのか？　私がそれを克服できるように、いかに助けるつもりなのか？

FW　それに極めて近い状態は知っています。私は人生の事物をほとんど理解することができず、私の頭脳は理解するのに全く不十分であることは分かっています。その不全性には気づいています。

K　いや、そういう意味ではない。近辺にはスラムの子供たちがいるが、私には何もできない。或る日、講話の後で散策していると、一人の少年が「何か頂戴」と寄って来たので、「私は何も持っていない。ハンカチならあるが」と答えると、その少年はハンカチを持って行った。

FW　それは今話している不全感ではないと思います。

K　確かに、それは不全感ではない。私は自分自身が無力なことをよく自覚している。そこで私は様々なものでその空虚を満たそうとする。だが、満たしても満たしても、依然として空虚のままだ、依然として無力なままだ。そして何を為そうと、この空虚感が拭われ、満たされることは決してないことを知るに至る。これが、真の悲しみ、真の絶望、真の哀傷である。ププルジ、そうではないだろうか?

PJ　或る特定の状態だけが、言語を絶する経験をもたらします。

K　然り、私は知りたいのだ。息子が亡くなった。私は単に絶望しているのみならず、甚大な衝撃、深刻な喪失感に苛まれている。私の言う「悲しみ」――暫くこの言葉を使うことにしたい――の状態だ。通常その本能的反応は、逃避、釈明、或いは規制だ。だが、私はその虚しさを知るゆえに、そのような行動はしない。私はそれを悲しみとも絶望とも怒りとも呼ばず、その事実のみが真実であり、他はないことを知った。それ以外のすべては事実ではないのだ。では、その時に何が起こるか? それこそ私が知りたい処だ。それを絶望と言うなら、その語を用いよう。もしそれに名称を与えたり、分節化することなく、思考の動きも伴わずに、それと共に一体となり留まることができたなら、果たして何が起こるだろうか。それこそ論じるに値することではなかろうか。

RB　それは非常に難しいことだと思います。思考が「それと共に留まれ」と口を挟み、その活動自体が思考になるからです。

K　それでは、すべてがゲーム、知的なゲームになってしまう。それは全く馬鹿げたことだ。

RB　はい、その通りです。

K　しかし実に興味深い問題だ。怒りや憤怒の場合を考えてみよう。私は結婚している。ただ妻は極めて愚かだ。彼女は好きだが、現実はそういうことだ。これが私の根深い絶望感の主因である。それと同じではないだろうか？ 動かし難い事実に遭遇し、それを変えようと、絶望的な望みを――愛や情愛、親愛等の様々な理由、様々な動機と共に――試みるという点で等しい。私は闘いを挑むが、事実は変えられない。彼女は彼女のまま、私は私のままだ。いかなる希望や絶望感も抱かず、あらゆる言語構造を排して、この事実に直面し、「然り、彼女は愚かだ。だが、私にはどうすることもできない」と言うことができるだろうか？ もしその状態に留まることができれば、或る種の爆発的事象が発生するのだが……。

AP その発生には、前段階として一定の「浄化」が求められるのではないでしょうか？

K 私は「浄化（purgation）」という言葉は使わない。

AP 或る種の心の浄化が必要だと言いたいのです。

K 私なら、それを「浄化」とは言わない。

AP 何と呼んでもよいと思います。

K アチュットジ、貴方は悲しみの何たるかを知っているだろう？

AP はい。

K それとも分からない？

AP いいえ、分かります。

K 諸君は悲しみの何たるかを知っている。いかなる動きも伴わず、それと共に留まることができるだろうか？　そしていかなる動きもない時、何が起こるだろうか？　息子が死んだ、これは動かし難く、取り返しのつかない事実だ。そしてその事実と共に留まる、これもまた動かし難く、相矛盾する事実だ。この二つの事実が出会うのだ。

PJ　では、あの深刻な悲しみや絶望は、既知の要因によらずに湧き起こる、ということですか？

K　然り、私はその過程を熟知している。

PJ　何の反応もなく、何の反応すべき事柄もない、ということですね。

K　然り、いかなる分析的手法も不可能だ。

PJ　いかなる分析的手法も不可能、ということは、或る意味、思考はその時、麻痺しているのに等しい訳ですね。

K　然り、その通り。それこそ私の確認したいことだ。「息子が死んだ」という変更不能の事実、これは動かし得ない事実だ。そして一方、私はそこから逃避しない、という別の事実もある。その時、何が起こるだろうか？

PJ　先程言いましたように、いかなる意志にも拘らず、思考は静寂です。

K　然り。

PJ　では、それに付け加えるべき言葉が何かありますか？

K　それこそ私の知りたいことだ。何かが起こるに違いない。

JC　二つの事実を認めないような未知の法則があるのでしょうか？

K　二つの事実があるのか、それとも唯一の事実のみが存在するのか？　私はそれを問いたい。事実は「息子が死んだ」ということだ。だが、「そこから逃避すべからず」ということは、実は観念であり、事実ではない。唯一の事実があるだけだ。「息子が死んだ」、これこそ絶対的かつ動かし得ない事実であり、現実である。そこで自分自身に向かってこう言う、「逃げてはいけない。この事実と正面から向かい合わなければならない」と。更に「これは事実だ」と主張する。だが、私はそれに疑義を呈する。それは観念であり、事実ではない、息子の死去といった事実ではない。即ち、唯一の事実が存在する。事実を自分自身と分離し、「私は万全の注意力を以て事実と対峙しなければならない」と言うことは、事実ではない。事実とは別物である。

SP　でも、私の計らいも事実ではないでしょうか？

K　それは事実なのだろうか、それとも観念なのだろうか？

SP　そこに留まることを望まず、怒りのエネルギー、痛みのエネルギーから逃れることも、また事実ではありませんか？

K　無論、そうだ。過日の議論を思い出して欲しい。抽象概念も事実たり得る。私は自分がイエスだと信じている。これは、自分が善人だという事実と同様に事実だ。両者共に事実だが、共に思考によって創られたものだ。それに対し、悲しみは思考によって創られたものではなく、現実から生まれたものであり、悲しみとして表現されたものなのだ。

SP　悲しみは思考によってもたらされたものではない、ということですか？

K　そうだ、と言うのか？　慎重に進もう。これは対話であり、討論だ。私が何かを言えば、諸君はそれを根柢から覆《くつがえ》さなければならない。

RB　息子が死ぬということは、思考によってもたらされたものではありません。

K　然り、それは事実なのだ。

RB　それは事実です。

SP　では、異なった二種類の悲しみがある、ということですね。

K　否！　息子が死んだ、これは事実だ。そして、この事実が、私の彼との関係、彼との交流、彼への執着、彼への望み等、様々なことを明らかにするが、これらすべては事実ではないのだ。

PJ　それは第二の段階だと思います。私の息子が死んだ時には……。

K　……ただ一つの真実のみが存在する。これがすべてだ。息子が死んだ、そして私は悲しみに耽っている。悲しみに耽る、これは事実だ。慟哭する、これも事実だ。流涕する、これも事実だ。

FW　事実から離れ、私の諸関係を探索しようとしても、もはやそれは存在していません。

PJ　実際に息子が死んだなら、その時に心は別のことに移れるものでしょうか？

K　否、その時、心は麻痺してしまうだろう。

PJ　心身共に。

K　心身共に全面的に麻痺してしまう。

PJ　でも暫くの間ではありませんか？

K　否。私の息子が死んだ、私は心神喪失状態だ、心理的にも生理的にも衝撃を受けた状態だ。この衝撃は次第に収まっていくが、時間がかかる。

PJ　或る意味で、その衝撃の度合いは既に自ら消滅しているのではありませんか？

K　否、衝撃は事実の理解ではない。それは物理的な衝撃だ。誰かが私の頭を殴ったようなものだ。

PJ　確かに衝撃があります。

K　然り。そして麻痺が起こる――数日か、数時間か、数秒かは分からないが。衝撃が起これば、意識は機能しなくなる、麻痺してしまうのだ。

PJ　しかし何かが機能しているのではありませんか？

K　否、ただ涙が流れるだけ。すべてが麻痺してしまう。

PJ　それを悲嘆と言うのでしょう。

K　それは一つの状態だが、永続的な状態ではない。やがてそこから抜け出ることになる一過性の状態なのだ。

PJ　はい、でも私がそこから抜け出て次の状態に移り始める頃には……。

K　……衝撃は既に去り、現実に直面することになる。

PJ　師よ、いかに現実と直面すればよいのですか？　それをお聴きしたいのです。

K　私の弟、或いは妹が死んだ。その時――それは数日続くかもしれない――、心身は甚大な衝撃に見舞われる。精神の活動はなく、意識の活動は止む。全くの麻痺状態である。

PJ　それが悲しみ、悲しみのエネルギーではありませんか？
K　私にはそれはあまりに大き過ぎた。然り、そのエネルギーはあまりにも強大だった。
PJ　注目すべきご発言です。そのエネルギーはあまりにも強大だった、と。
K　その通りだ。
PJ　いかなる行為もこのエネルギーを打ち消すことはできない、と。
K　だが、肉体はこの全心身的衝撃の状態には留まれない。
PJ　では、どのように悲しみと向き合うのですか？
K　これからそのことに触れるだろう。それは完全に麻痺した人間が話すように求められたようなものだ。彼は話すことなどできない。
PJ　それからどうなりますか？
K　何日か何週間か何か月後に、この衝撃が消え去れば、何が起こるのか？　次にそれを論じたい。衝撃が去った後に何が起こるのか？「息子が死んだ」という事実に目覚めることになる。それは事実なのだ！　それから思考が始まり、思考の全活動が始まることになる。
FW　「息子が死んだ」ということよりも、その観念に目覚めるのではないでしょうか？
K　否、否、わが弟が死んだ。それは私には恐ろしい衝撃だった。私は気を失い、泣き叫び、全心身の活動は麻痺してしまった。この状態が分かるだろうか？
コーツ夫人（MC）　衝撃は一種の麻酔薬のようなものですね。

K　然り、その出来事は私に麻酔薬の役割を果たした。やがて私はそこから脱した。心理的のみならず、生理的にも、そこから脱した。それから悲しみの存在を知る。私は涕泣した。当初は泣くことすらできなかった。あまりにも巨大な出来事だったからだ。時が経ち、私は泣き始めた、身体が反応し始めた、すべてが耐え難いものだった。

MC　師はその事実と正面から向き合われたのですね。

K　それは困難だった。では、何が起こるのか？　衝撃から脱すれば、息子がもはや居ないことに気づき、「もっとよい態度を採ればよかった。最後にあんなことを言わなければよかったのに」等と言いながら、涙を流す。そして、現実からの逃避を始める。「アストラル界や次の生涯で亡き弟と会いたい」等と言い始めるのだ。それゆえ私は言い続けるのだ、「逃避や事実を自分自身と異なるもののように見ることを止めさえすれば……」と。ここで例の「見るものは見られるもの」というスローガンを持ち出し、恐縮だが……。

PJ　すべての鍵はあの衝撃という最初の段階にあるように感じます。

K　そうだろうか？

PJ　私はそう思います。

K　更に探ってみよう。それは心身共に耐えられない程の衝撃であり、心神喪失の状態が発生したのだ。

PJ　でもエネルギーが存在します、そこにはエネルギーがあります。

Ｋ　そのエネルギーは強過ぎる、確かに強大過ぎる。
ＰＪ　でも、そこでのみエネルギーの観察が可能なのではありませんか？
Ｋ　否。コーツ夫人の言うように、恰《あたか》も誰かが私に麻酔薬を与えたかのようだった。それが実態だ。
ＰＪ　死を全体として把握できるのは、死の瞬間だけです。その後は四散してしまいます。
Ｋ　「死」を少し離れてみよう。例えば、壮麗な風景が眼前に広がり、そのあまりの素晴らしさに魂を奪われ、空白となる。これも心神喪失の「一種」ではなかろうか？
ＰＪ　でも、それも全的行為なのではありませんか？
Ｋ　ここにおける心神喪失は、壮麗な風景によって自我が駆逐されたものだ。そして自我のない心の状態が美だ。死に関しては、途方もない衝撃がすべてを駆逐してしまう。とは言え、死の衝撃は、山岳や壮麗な風景とは異なる。この両者は全く異なったものだ。
ＰＪ　それは心の状態にもよるのではありませんか？
Ｋ　無論、それは関係状況にもよる……。
ＰＪ　そして死が実際に起こった時の心の状態に……。
Ｋ　そして弟の心の状態……。ところで、今何を議論しているのか？　何について対話している処なのか？
ＰＪ　私たちは今探究しています。この絶望や死、悲しみに関わるエネルギーの極限において、一見破壊的で壊滅的なこのエネルギーを、所謂「情熱（passion）」と呼ばれるものに転じる化学的錬金術は何か、という問いです。もし悲しみや絶望に人格を蝕《むしば》み、浸食することを許したならば……。
K　まさにそこだ。
AP　それこそ私が「浄化」と呼んだものです。
K　それならば、差し支えない。
PJ　自然の過程であるその働きを許すならば……。
K　然り、それは自然の過程だ。
PJ　そして師は別の要素を導入されました。変容をもたらす錬金術です。
K　そのエネルギーが言葉によって四散せず、巨大な出来事による衝撃のエネルギー、動機なきそのエネルギーが消失しなければ、それは全く異なった意義を持つことになる。
PJ　意識の中にそれを保持することは……。
K　意識の中ではない。
PJ　でも、「それを保持する」は、師が仰ったことです。
K　確かに。それから逃避しないという意味の「それを保持する」だ。
PJ　それは意識の中のことではないのですか?
K　それは意識の中のことではない。何と!　意識の中にそれを保持すれば、それは思考の一種だ。意識とは思考によって組み立てられたものだからだ。
SP　それは意識の中から発生するのではありませんか?

K　否、否。そうではない。

SP　では、それは何なのですか？

K　それを抱き、それから逃避せず、それと共に留まることだ。

PJ　動じない存在とは何なのですか？

K　そのようなものはない。

PJ　では、存在するものとは……。

K　事実から遊離する動きがある時に、それは存在する。

PJ　いかにこの存在をそれ自体で消滅させることができますか？　これはとても重要な問題です。

K　然り、その通り。これは極めて興味深い問題だ。衝撃がある。その衝撃から悲しみが生まれる。悲しみという言葉そのものは代替物だ。逃避とは事実から遊離した気晴らしに過ぎない。さて、この事実と共に徹頭徹尾留まるということは、思考の働きの干渉がないということだ。それゆえ意識を以てそれを保持することはできない。

FW　師は「知覚は存在する」と仰っていますが……。

K　繰り返しになるが、意識は思考によって創られたものだ。このことは倦《う》むほど論じてきた。様々な内容物が思考を創る。出来事自体、例えば息子の死という出来事は、思考ではない。だが、それを思考の中に持ち込めば、それは既にその意識内の出来事だ。それと共に留まり、それを保持することは、それを意識内に持ち込むことではない。まさに然り！　これは極めて重要なことだ。私は何かを見出した。

PJ　それは思考を完全に沈黙させるあのエネルギーの力そのものなのでしょうか？

K　そうとも取れる。思考はそれに触れることはできないが、我々の条件づけや伝統、教育は、それに接触し、変形し、修正し、合理化し、逃避する、それが意識の活動だ。極めて興味深い問題だ。

私の弟が死んだ時のことを思い出すことはできない。だが、他の人の言葉によれば、衝撃の期間があったようだ。Kは衝撃から脱却した時、その事実と共に留まった。ベサント博士の許を訪ねることもなく、助けを求めることもなかった。輪廻転生など無意味だ。彼はただ留まった。ゆえに、今その時の全貌が分かる。

今、私は普遍的な話をしている。衝撃が過ぎれば、途方もない出来事という事実に直面する。死そのものは途方もない出来事だ。死は誕生と同様に特別な出来事である。思考が入り込まず、意識を交えることなく、死をただ見つめ、観察することだ。それができるだろうか？

FW　もしできなければ、無意識の条件づけに陥ってしまいます。

K　然り。できなければ、またぞろ有象無象の虚妄な行為を始めることになる。

FW　私は事実から生じたエネルギーの現象を観察しました。その事実が山岳の美であれ、弟の死であれ、そこから生じたのは同じエネルギーです。しかし、山岳の美の場合、その感動はいわば妥当なものと言えます。一方、弟の死に対する反応は〈悲しみ〉と呼ばれるものです。

K　注意深く、慎重に。留意したいのは、両者共に外的な出来事だということである。山岳の美は衝撃であり、弟の死も衝撃だ。山岳の美は自我を駆逐してしまう。それゆえ意識は存在しない。即ち、山が存在する時には私は存在しない。一方、弟の死の場合も構造は似ている。弟の死という衝撃が意識を駆逐してしまうのである。

Q1　どちらの場合も、衝撃が意識を駆逐してしまうのでしょうか?

K　両者共にそうだ。

SP　どちらの場合も、「私（me）」の感覚がない、と言えます。

Q1　その境域を超えるのは、いつ分かりますか?

K　これから語ろう。わが弟の死の際には、危機（crisis）があった。山岳の美の場合はそうではない。感動を味わう余地がある。一方、弟の死の場合は私に直結した事件だ。私と悲しみは一連のものと言える。だが、両者共に同等の衝撃をもたらす。実に興味深い。

PJ　「悲しみは思考からは生まれない」と、師は仰いました。その点を更に掘り下げたいのですが……。

K　然り、悲しみは思考からは生まれない。Kの言葉には何か意味があるに違いない。私はその言葉の正否を求めなければならない。悲しみは思考から生まれたものではない。諸君はこの言葉をどう考えるだろうか?

PJ　その通りです。

K　同意するのかね?

PJ　はい。

K　なぜ？

PJ　悲しみがある処、思考は存在しないからです。あの深刻な悲しみがあれば、思考は存在しません。

K　慎重に進めたい。確かに悲しみは思考の子供ではない。それは貴方の語る処であり、Kの語ったことだ。なぜか？「悲しみ」という言葉は思考である。言葉は事物そのものではなく、悲しみの実感は言葉ではない。その実感、その状態は、言葉が介在すれば、思考となる。

質問者4（Q4）　悲しみの状態とは、衝撃の後、思考の前、に位置すると思います。私たちは、衝撃の起こる状況について語ってきました。そのエネルギーとの接触、意識の反省が、悲しみではないでしょうか？

K　私はそれを「悲しみ」と名づけた。

Q4　その前に、悲しみの状態に対する省察があるのではないでしょうか？

K　否。先ず衝撃がある。その後、衝撃からの離脱がある。了解できただろうか？

Q4　了解できました。

K　言葉は事物そのものではない。言葉がなければ、思考はない。かなり明瞭になった。実に興味深い。

PJ　師の仰ることは御尤もですが、私は「悲しみ」という言葉を使わざるを得ません。師は言葉を放棄されますが、私は言葉を使わざるを得ないのです。かくも多くの情感があるからです。

K　では、その一語に専心することだ。

PJ　悲しみは、その言葉を除去したとしても、一つの現実として……。

K　……存在する。無論、そうだ。そこで、それに名称を与えないことが可能だろうか？　名づけるや否や、それは意識に組み込まれてしまうのだ。

SP　名づける前の状態も意識の一部ではないのですか？

K　「前（prior）」とは、いかなる意味なのか？

SP　「名づけ」が発生する前、〈ありのまま〉は意識の一部なのか、或いはそうではないのか？　一旦それに「悲しみ」と名づけるや否や、それは全く異なったものとなります。

K　我々の理解を確認したい。意識はその中身である。その中身は思考によって組み立てられる。全意識、隠されたものも含め、意識全体は思考によって組み立てられたものだ。大事が起きれば、そのエネルギー、衝撃は、意識を排除してしまう――何秒か、何日か、何か月の間かは分からないが。やがてその大事件、その出来事は、徐々に消滅していき、それへの名づけが始まる。そして意識の中に定着していくのだが、その出来事が起こった時には意識化はされていない。

FW　名づけられない時、それは一体何なのですか？

K　名づけられない時、それは何か？　それはエネルギーそのものだ。

FW　では、なぜそれを「悲しみ」と呼ぶのですか？

K　「悲しみ」と呼ぶのに慣れているからだ。

SP　或いは意識そのものが悲しみだから。

K　然り。

FW　しかしそのエネルギーを悲しみと名づける時、それは何かを意味しており、つまり思考になるのではありませんか？

K　否、そうではない。

PJ　確かに違いがあると思います。様々な要素を含まず、ただ「悲しみ」という語を用いれば……。

K　そこだ。ただ言葉にはあらゆるしがらみがついて回る。

PJ　私が言いたいのは、「悲しみ」の根柢には「愛（love）」の要素がある、ということです。

K　情熱（passion）だ！

PJ　師は「情熱」という語を使われるのですね。

K　その言葉自体は……。

PJ　言葉を忘れても、現実は残ります。言葉は現実を生み出すことはできません。

K　「sorrow（悲しみ）」という語は、「passion（情熱、苦悩）」という語に由来する。

PJ　言葉では現実を創り出すことはできないと思います。

K　然り、だが慎重に。例えば、「恐怖（fear）」。

PJ　恐怖は悲しみとは別物だと思います。

K　恐怖という言葉が恐怖を生むのだろうか？　言葉なくして恐怖はあり得るのか？　言葉がなければ、何があるのか？

RB　でも、悲しみ、恐怖、怒り、すべて「私（me）」ではありませんか？　そして、その「私」とは思考なのではありませんか？

K　無論、そうだ。死の何たるかはご存知だろう。衝撃を受けないだろうか？

RB　はい、受けます。

K　その衝撃の中で何が起こるだろうか？　何も起こらない（nothing）。

RB　何も起こらない？

K　では、その状態から脱却した時、何が起こるだろうか？

RB　命名が始まります。

K　否。現実に何が起こるのか？「名づけ」が始まる前に、実際には何が起こるだろうか？　何が起こるか、明らかだろう。泣き叫び、喪失感を感じ、何か断絶した思いをするだろう。友愛、親愛の情、すべてが断ち切られる。

RB　はい。

K　これら断絶感、孤絶感を含めて、「悲しみ」と呼ぶのではないか。

RB　はい、そうです。

K　さて、言葉を介することなく、それを見つめることができるだろうか？　言葉を介するや否や、それは自身の馴れ親しんだ澱《よど》みに再び埋没することになるのだ。

第十二章　言葉による登録機能の終焉

言葉が恐怖を生み出すのだろうか？
言葉なくして、その恐怖と呼ばれるものは存在するのか？
言葉とは、登録機能の過程なのである。

一九七六年十二月十三日　マドラス

ププル・ジャヤカール（ＰＪ）　クリシュナジは、昨日の講話で、怒りや恐怖、その他強い感情を、意識の言語化を排して、そのまま心中に抱き続けることについて言及されました。そのことについて論じたいのです。苦悩であれ、恐怖であれ、或いは怒り、心中の暗黒であれ、それらを払拭するのは、師のご指摘のことが実現した時にのみ可能だからです。そこで、次のような問いが発生します。その本質に至ることができるのか、果たしてそれは可能なのか、「恐怖（fear）」や「怒り（anger）」といった言葉の背後にある情熱や強い情念を、言葉を介することなく把握することは可能なのか、といった問いです。これらの問題を探究したいのですが……。

クリシュナムルティ（K） ププルの問いが理解できただろうか？　彼女の問いはこうだ――間違っていれば、訂正して欲しい。「言葉を介することなく、怒り等の感情を保持するとは、いかなることを意味するのか？　言葉を介することのない〈ありのまま〉以外のいかなる動きもない心の状態、その心の本質とは何か？」、こういうことだろうか？

PJ はい。そして、言葉を除いて何かが存在するのだろうか、という問いです。

フリッツ・ウィルヘルム（FW） 「恐怖という言葉がなければ、恐怖自体は存在するのだろうか？」という問いを、師は昨日提起されました。それを名づけることがなければ、身体中のエネルギー、或いは全心身の感覚はどのようなものでしょうか？

K 然り、それこそププルの尋ねていることだ。

アチュット・パトワルダン（AP） 私たちにとって明瞭性とは命名することを意味し、それによって大脳はうまく働きます。なぜなら、人間は感じていることを正確に知ることを望むからです。自己欺瞞に陥ることは望まないのです。これらの感情、強い情念、心の動揺を探ろうとすれば、その内実を完全に把握する前に命名することが不可欠です。つまり「名づけ」は明晰化の道具であると共に、混乱の要因でもあるのです。

K 少し慎重に進めたい。言葉は、それの指し示す事実や〈ありのまま〉とは異なったものだろうか？　「扉」という言葉は、現実の扉とは異なるのか？　そこに扉があるが、扉という言葉によってその実在を示すことはできない。即ち、言葉は事物そのものではないのだ。

スナンダ・パトワルダン（SP） そこで問いが起こります。そもそも実在を表示することなどできるものでしょうか？

K それをこれから慎重に吟味するのだ。

ラーダ・バーニア（RB） 「扉という言葉は現実の扉ではない」という言説と「恐怖という言葉は真の恐怖か？」という問いは、異なったものでしょうか？　この二つの言葉には異なった面があるようにも感じます。

K 慎重に進めたい。扉という言葉は実物の扉ではない。Kという名称は現実のそれではない。形象は実物ではない。即ち、言葉は実物そのものではないのだ。扉という言葉――あくまで言葉だが――は、実物の扉とは異なる。では、恐怖という言葉は、現実の恐怖とは異なるのだろうか？　これが一問題。言葉は現実を代表できるのか？　また言葉なくして現実はあり得るのか？

SP それが問題です。

K それが問題なのだ。

SP 言葉を介さない恐怖の実感とはどのようなものでしょうか？

K この点を疑問の余地なく明らかにしたい。「恐怖」という言葉がある。その言葉は現実の感情や情念とは異なるのか、或いは言葉なくしてこの実感は存在するのか？　暫くこの問題に注力したい。

RB 言葉は思考。言葉とは思考なのです。

K　言葉は思考。言葉のみならず、象徴、映像も……。
RB　イメージも……。
K　然り、イメージも。
RB　それらはすべて同じものだと思います。
K　即ち、言葉は、思考が自らを表現する際の仲介者なのだ。言葉なくして思考は自らを表現できるのか？　無論、できる――動作、表情、仕草等々で。だが、言葉がなければ、思考の表現は極めて限られた範囲に終始する。多少複雑なことを表現しようとすれば、言葉は必須だ。だが、言葉は、現実の思考、現実の状況、つまり実物ではないのだ。例えば、"I love you" という言葉を使うとする。その情感は言葉ではないが、言葉によって表現される。かくして言葉は我々にとって甚大な重要性を持つことになり、その結果、我々は物事の真の深みを失うに至ったのである。
AP　一つの難題を挙げたいと思います。人間は感覚で知覚しますが、名づけの過程と共に、その知覚は終わります。そこで第三の過程が始まります。大脳の中では、名づけ即ち言語化と共に、無数の現象が現れます。そこで、それを見て、言葉を一掃できたらと望み、名称を掃蕩《そうとう》します。名称を掃蕩しても、実感は一掃できません。
K　少し判然としないが……。
AP　私に分かったことは、名称を与えないことによって、混乱を免れるどころか、混乱が更に激しくなる、ということです。

K　今は「混乱（confusion）」という語を使わないように。焦点がぼやけてしまう。
AP　はい、分かりました。
K　今は「恐怖」という語に専心したい。ププルジの問いはこうだ、「言葉が介在しない時の心の状態、心の性質はいかなるものか？　言葉は実物を示さず、言葉が実感を喚起しないならば、いかなる計らいも伴うことなく実感を保持する心の本質とはいかなるものか？」と。貴方の提起した問いはこういうことだろうか？
PJ　はい、そうです。
RB　しかし、言葉なくしてその情感が発生するかどうか、が問題です。
K　その通り。
PJ　言わせて頂ければ、意識の中には、言葉に先だって現出するものが無数にあります。
RB　原初からの恐怖。でも、それも言葉なくして維持できるでしょうか？
PJ　維持については言及していません。意識の中には、例えば慈悲心や歓喜等、様々なものが存在しています。
K　貴方は言葉を介さず何かを観察することができるだろうか？　暫くの間でも、私を、形象（form）や名称（name）を、言葉を介さずに観察することができるだろうか？
PJ　はい、できます。
K　できる、と？　では、恐らく形象のみを見ているのだろう。Kという言葉を除去し、形象のみを見ているのだろう。

PJ　ただ観察する。形象を観察する、とは言えません。

K　では、何を観察しているのか？

PJ　「私は形象を観察している」と言った瞬間に、命名が始まっています。

K　否、そうではない。

PJ　師よ、お聞き下さい。私が「ただ観察のみがある」と言う時、形象もこの観察全体の動きの一部として存在します。ただ単に対象のみを観察しているのではなく、ただ観察があるだけなのです。

K　私の問いは、「Kという言葉を除去できるか？」ということだ。これに尽きる。無論、貴方は形象を観察している。

PJ　はい、私は形象を観察しています。

K　我々は何を求めているのか？　単純に考えたい。私は恐れている、恐怖が存在する。最初に、果たして言葉が恐怖を生み出すのかどうかを見出したい。言葉が恐怖を生み出すのだろうか？　言葉は、例えば恐怖と呼ばれる当のものの再認識である。恐怖は幾年もの間存在し、人間はそれを言葉を通して認識してきた。例えば、十年前に恐怖を覚えたとする。その恐怖は脳の中に言葉として登録される。恐怖は言葉と結びついているのである。今日それが再び発生すれば、即座に再認識過程が発動する。その過程とは言葉その他によるものだ。即ち、言葉は、以前に感じたその感情を再び与え、その感情を促進し、定着させるものなのである。

PJ　その感情を保存する訳ですね。

K　言葉は感情を保存する。言葉は、認識することにより、想起することにより、当のものを保存する。さて、認識過程である言葉がなければ、恐怖は存在し得るのか？　よく観察し、見つめるのだ。例えば、恐怖に襲われているとする。では、自分が恐れていることをいかに知るのか？

FW　それに名称を与えることによって。

K　否。いかにそれを知るのだろうか？

FW　私は以前に恐怖を覚えたことがあり、その感情を知っています。だから、今それが再び姿を現したとしても、すぐにそれだと分かるのです。

K　分かるとは言葉の過程だが、もしそれだと分からなければ、一体どういうことになるだろうか？

FW　確かに恐怖という現象はないでしょう。

K　性急に過ぎる。

FW　ただ身体にはエネルギーが満ちた状態です。

K　否。ここでは「エネルギー」という言葉を使わないように。多岐亡羊になる。私は恐怖を感じているが、それはそう名づけることによって恐怖だと認識される。名づけることによって、それを特定の範疇に当て嵌め、大脳はそれを記憶し、登録し、保存する。認識即ち言語的過程がなければ、恐怖というものは存在するだろうか？

PJ　何らかの「不安（disturbance）」はあります。

K　今は「恐怖」という語を用いている。恐怖に専心すべきだ。ところで、「恐怖」という語の意味は何だろうか？

PJ　私に言わせて頂ければ、恐怖は、その名称化がなければ存在しないと言われるような単純なものではない、ということです。

K　私はそのようなことは言っていない。勿論、恐怖には多くの複雑な事象が内包されている。

PJ　それは尋常ではない事柄です。

K　然り、尋常ではない深刻な事柄が含まれている。

ラディカ・ハーツバーガー（RH）　生理的な感覚もあると思います。

SP　私もそう思います。名称化が発生する前に、先ず何か生理的なことが起こるのではないでしょうか？

FW　でも、そこにはまた逆の動きもあるのでは。つまり恐怖という言葉が生理的な変化をもたらすということです。

PJ　それも一傾向、恐怖の一形態でしょうが、恐怖には極めて深刻な恐怖があります。

SP　言葉が恐怖を創り出すという立場だけを受け容れたならば、恐怖という実体がないことになってしまいます。

K　私はそのようなことは言っていない、問いを発しているのだ。認識の過程がある。その認識の過程がなければ、もしもそれが可能ならば、その時、恐怖はいかなることになるのか？　それが存在しないと言っているのではない、ただ尋ねているのだ。登録過程、記録過程、即ち記憶機能がなければ、恐怖と呼ばれるものはいかなるものになるのか？

FW　それは一つの運動です。

K　否。

PJ　それを表現する多くの言葉があります。

K　だが、依然として同じものだ。

PJ　私は、それを〈暗黒（darkness）〉と呼びたいと思います。

K　だが、それも依然として認識の一つだ。

PJ　それゆえ、恐怖という言葉を除去して、何が残るのか、と問うのです。私が使うどんな言葉も、恐怖という言葉と同等の効用があると思います。

K　私は全く異なったやり方でこの問題と取り組みたい。

SP　師は、記録機能と命名機能とを分けてお考えですか？

K　両者は同じものだ。

SP　どういう意味でしょうか？

K　君が私を侮辱したとする。私にはイメージがあり、君の言葉はそのイメージを傷つける。君が私を侮辱するや否や、即座にそれは登録される。そこで私は問いたい、侮辱された時にその登録を止められるか、全く記録しないことは可能か、と。

SP　仰ることがよく理解できません。それは全く異なった過程ではありませんか？

K　いや、まさしく同じ事柄なのだ。

SP　どうしてそうなるのでしょうか？

K　それを示そう。過去に経験したことが甦り、恐怖が発生する。即ち、過去を恐れているのだ。過去は登録され、その過去の出来事は恐怖の感覚を呼び起こす。その恐怖は登録されているのだ。そこで、私は問う、「過去に登録されたことが甦ったとしても、過去を現在に持ち込まず、新規に登録することもなく、新たな感情をただ観察することは可能だろうか？」と。

RH　「恐怖」と呼ばれる感情が発生する前に、認識感覚があるのではないでしょうか？

K　慎重に進めたい。私が君を侮辱すれば、何が起こるだろうか？　先ず、その侮辱が登録されるのではないだろうか？

RH　その過程はよく分かります。

K　それを認識し、登録する。「お前は馬鹿だ」と言われれば、即座に登録される。この登録機能は四六時中働いている。さて、馬鹿と呼ばれた時に、登録機能を止めることができるだろうか、或いは止められずに登録されたとしても、新たな侮辱に対して新規の登録を止められるだろうか？　二つの過程があるのではないか。先ずその登録がある。その後、「止めよ、それは登録されてはいるが、後日馬鹿と呼ばれた時にそれを行動に起こさないようにせよ」と言われる。この違いが分かるだろうか？

RH　しかし、それを登録し、先ず認識した時、それ自体が惰性を生むのではないでしょうか？

K　それゆえ、その惰性を止めなければならない。その惰性は止められるだろうか？　より単純に考えたい。君は傷つくだろう。君は幼少期から様々な理由で傷ついてきた。そしてその傷は大脳深く登録されてきた。本能的反応はもはや傷つくことはない。そこで君は壁を築き、引き籠る。壁を築くことなく、傷ついていることに気づき、新たに傷つく過程が発生した時に、それを登録しないことは可能だろうか？

FW　師の言われる「登録過程（registering）」とは、どういう意味でしょうか？

K　丁度テープレコーダーの記録機能が今言う「登録過程」だ。大脳はテープレコーダーのようなものだ。好悪、快苦等、四六時中記録している。記録し、記録し、常に記録中だ。例えば、何か不快なことを言われたとする。即座に大脳が主導権を握り、それを登録する。そこで「この登録機能を止められるだろうか？　たとえ一旦登録されたとしても、次に侮辱された時に、それを新たに登録しないことは可能だろうか？」と問うことになる。先ず問いを理解することだ。問いは明瞭だろうか？

質問者1（Q1）　それは言葉に対してすぐにはイメージを付与しないということを意味するのでしょうか？

K　否。暫く「イメージ」なる語を持ち込まないように。より複雑になるだけだ。

質問者2（Q2）　それはエゴが存在しない時にのみ可能なことではありませんか？

K　複雑にしてはいけない。脳は常に記録し続けている。果たしてその記録機能を止めることは可能だろうか？

質問者3（Q3） それには多大な注意力が必要なのではありませんか？

K　自ら発見し給え。

FW　明確にしたいのは、登録機能とは現実的には何を意味するのか、ということです。と言うのも、私が「馬鹿」と呼ばれた時には、同時に「馬鹿」という語を認識しているからです。

K　そして自分自身に対するイメージが傷つく。

FW　少し違いがあるように感じます。私は依然として「馬鹿」という語を認識しているのです。

K　だが、それを登録してはいけない。

FW　登録しない？

K　それが重要だ。

FW　その言葉の含意は登録されません。

K　然り。その語を認識はするが、登録はしない。要は極めて単純化することだ。そうすれば、理解に至るのではないだろうか？

FW　では、半時間後に「半時間前に馬鹿と呼ばれた」と気づく訳でしょうか？

K　先ず次のことを確認したい。我々の脳は四六時中何かを登録している。「馬鹿」と言われれば、種々の事由で、それは脳中に登録される。自身のイメージやら何やらを持っているからだ。これが事実だ。さて、次の問いだ。この登録機能を終わらせることは可能か？　さもなければ、脳は四六時中常に登録し、記録し続けるだけで、全く自由というものはないのだ。

PJ　でも、脳は生きたものです。

K　然り。

PJ　脳は登録せざるを得ないのです。

K　然り、脳は登録せざるを得ない。

PJ　登録機能は一つの事実ですが、登録から移行した惰性を断つことは……。

K　それこそ今論じていることだ。

SP　二つのことが指摘できるのではないでしょうか？　一つは惰性を止めること、もう一つは登録機能そのものを止めることです。

K　先ず論じていることを理解して初めて問いを発することができる。この点を明らかにしておきたい。

PJ　「登録機能を止める」とは、脳細胞が竟《つい》には停止に至るという意味でしょうか？

K　否、ププルよ、これは極めて重要なことだ。もし登録機能を止める可能性がなければ、大脳は機械的にならざるを得ない。

RH　その反応の動きは延々と続きます。

K　そうとも言える。

AP　恐怖を取り上げる上で、事柄をあまりに単純化し過ぎているように感じます。実際に私たちが何かを知覚する状態は好悪に関わることがなく、恐怖もその一環です。これは過去に由来する何かであり、直接的に私が知覚するものとは関係ありません。そこでお尋ねしたいのは、恐怖を知覚するものは、この認識過程全体と何らかの関係があるのか、ということです。

K　これは実に重大な問題だ。脳が四六時中何かを登録している限り、まさに今もそうなのだが、知識から知識へと彷徨《さまよ》い続ける。それゆえ脳は極めて限られたものだ。知識自体が限られ、断片的なものゆえ、脳も極めて限定されたものになるのだ。そこで自問する、「この脳の登録機能を止めることは可能か?」と。この問いが唯一の問いなのだ。

ガネーシャム・メータ（GM）　脳はこの問いに答えることができますか?

K　できると思う。確かに脳は自身の登録過程に気づくことができる。「君は馬鹿だ」と言われれば、それは登録される。「君は何と素晴らしい男なのだ」と言われれば、それも登録される。馬鹿にされようが、追従を受けようが、所詮同じことだ。その登録機能は続いていくのだ。さて、それを止められるだろうか?

PJ　少し感じたことがあります。確かにそのように扱える一定の恐怖もありますが、恐怖の本質というものは人間の悲痛な叫び……。

K　……幾千年にもわたる悲痛な叫び。

PJ　そして人間そのものがその悲痛な叫びなのです。

K　確かにその通りだ。幾千年にもわたる悲痛な叫びが恐怖だ。それは我々の条件づけであり、脳の登録過程であり、何世紀にも渡って続いてきた恐怖の登録なのである。そこでこう告げる、「暫く立ち止まり、この登録機能を終わらせることができるかどうかを自ら発見し給え」と。私はその可否を述べているのではない。諸君が自ら見出すのだ。

FW　誰かに「明日九時半に会おう」と言われれば、私はそれを登録します。

K　無論。

FW　それを記録に留めなければなりません。

K　勿論だ。

FW　でも、「お前は馬鹿だ」と言われた時は、何か異なったことが起こります。危険を感じれば、回避し、登録する必要があります。その知覚は私に何かを告げ……。

K　すべて忘れることだ。答えではなく、この問いを見るべきだ。脳は幾世紀もの間、すべてを登録してきた。それゆえ、極めて機械的になっている。そこで、「この機械的過程を止めることは可能か？」という問いが起こる。この問いが核心だ。もし停止できなければ、脳は単なる機械と化す——今の姿がそうだが。即ち、脳は、伝統の一部、反復の一部、「私は恐れている」という言葉の一部となっている。脳とはこの何千年にも渡る不断の登録のことである。私は今、単純だが深刻な問題を提起している。果たしてそれを停止できるだろうか？　できなければ、人間に自由が訪れることは決してない。

T・K・パルチュレ（TKP）　そもそも脳はなぜ登録するのでしょうか？

K　安全性、安心感、防御欲、確実性を求めてのことだ。登録機能は脳に対し、或る種の安心感を与えてくれるのだ。

PJ　それは脳自体が自身の進化によって形成したものではないでしょうか？

K　然り。脳は時間をかけて進化してきた。この脳は、あの大型類人猿の脳そのままではない。確かに異なったものとなっている。

PJ　脳は登録することによって進化してきた、ということですね。

K　脳は知識即ち登録を通して進化してきた。脳は知識を通してここまで進化し、今や「私は認識する」と宣言するに至ったのだ。

PJ　それ自体の内部から「止まれ」と言うものは何なのですか？

K　誰かが私を試みているのだ。

PJ　「止まれ」と言わせる要因は何でしょうか？

K　誰かが告げたとする、「見よ、幾千年を経て、脳は知識を通して進化してきた。そして現在の我々の脳は確かに嘗《かつ》ての類人猿の脳ではない。だが、脳のそのような使い方は断片的な生を意味する。知識自体が断片的なものであり、その脳の断片的性格が為すことはすべて不完全である。それゆえ、苦悩や苦痛の類《たぐい》が噴出するのだ」と。そこで、私なら、この言葉の最後にこう問いたい、「この過去に属する登録や運動を終わらせることができるだろうか？」と。更に簡明に言おう、「この幾千年にも及ぶ一連の動きを止めることが可能だろうか？」と。

TKP　登録過程が始まるのは、脳の不安感からなのですね。

K　安心、絶対的な安心を求めてのことだ。

TKP　でも、「この登録過程を止められるか？」という問いを自問する時に、その問い自体が私に再び不安感を与えます。
K　否、そうではない。
PJ　お尋ねしたいのですが、何か特別に聴く技術が必要なのでは……。
K　然り、必要だ、その通りだ。
PJ　それは聴くだけで事は終わり、脳細胞に静寂を与えるような……。
K　そうだ、それが核心だ。その人は私の人生に偶然に入って来て、指摘した。即ち、私の脳は、登録、知識、経験を通して発達してきたが、その知識や経験は、その量がいかに膨大であろうと、根本的に限定されたものである。この脳の限られた状態から生まれたあらゆる活動は断片的なものであり、必然的に葛藤、苦痛、そしてあらゆる問題が生じることになる。更にその人は言う、「自ら見出せ、論じるな。さもなくば永遠に論じ続けるだけだ。この途轍もなく巨大な量と深淵を持ち、エネルギーの奔流に似て、知識でもあるこの惰性を止めることができるかどうかを自ら見出せ」と。これがすべてだ。
Q3　テープレコーダーの録音について言及がありましたが、脳は依然として登録を続け、自ら停止することはできません。誰かが止めなければならないと思います。
K　そうだ、誰かがプラグを抜けば、それは停止する。
Q3　でも、その時、脳は自分自身で止めることはできますか？
K　今それを探究している。先ず問題に向き合うべきだ。何よりも問いに耳を傾けることだ。

SP　私の意識のすべてが登録機能だけだと言うのでしょうか？　私の意識全体の中でただ登録機能だけが進行していると？

K　無論、そうだ。

SP　では、この登録機能を観察しているものは何ですか？　この登録過程を観察するもの、或いは妨げているものは、何なのでしょうか？　私は静寂を知っているからです。

K　ああ、貴方は音声間の静寂を知っている、と。

SP　はい。では、私が経験したその静寂もまた登録過程だと仰るのですか？

K　明らかにそうだ。

SP　でも、それを登録過程と呼ぶことは無理だと思います。

K　登録過程が進行している限り、すべては機械的なものだ。

SP　それは認めます。

K　機械的ではない静寂というものがあるのか？　あるとすれば、それについて思考せず、誘導せず、惹起せず、創作しないことだ。そういうことをやっている限り、その静寂は単に機械的なものに過ぎない。

SP　でも、私は、機械的ではない静寂というものを、時々ですが、確かに経験しました。

K　「時々」では駄目だ。

SP　師がお認めにならないならば……。

K　私は認めない。

ラジェシュ・ダラル（RD）　そもそも機械的ではない静寂を実現することは可能なのでしょうか？

K　申し訳ないが、私はそういったことには興味がない。全く異なった風に問いたい。「静寂」は答えにはならない。私が指摘したいのは、この過去からの惰性、我々の条件づけ、意識全体、これらすべてが過去だということだ。新しいものなど何もない。未来の意識などあり得ない。意識全体が過去、即ち登録され、記憶され、貯蔵された経験、知識、恐怖、快楽といったものなのである。すべてが過去からの惰性なのだ。そこで誰かがやって来て言うのだ、「友よ、わが言を聞き給え。これは、我々皆が知る通り惰性なのだ。この惰性を止められるか否かを自ら見出せ。さもなくば、断片的活動に過ぎないこの惰性が、君の残された悲惨な人生を通して、永遠に働き続けることになる」と。

RB　この問題には答えられません。いかに答えようとも、それはやはり過去に属するものだからです。

K　それを見出すのだ。

GM　でも、そのためには心は心自身を超えて行かなければなりません。

K　否、拙速に過ぎる。それを止められるか否かを自ら見出すのだ。それゆえ問う、「馬鹿と呼ばれた時に、傾聴することができるか？」と。私が君を馬鹿と呼んだ時に、この惰性が君を押し流してしまうのか、それともその流れを止め、過去からの動きを止めて傾聴することができるのか？

GM　私たちが何かを付け加えない時にのみ惰性を止めることができると思います。

K　否！　惰性とは君自身なのだ、君の意識そのものなのだ。「君」はこの惰性とは別に存在するのではない。諸君はそれが分かっていない。君自身が、この巨大な惰性――伝統、民族的偏見、集団的衝動、自己顕示等々の巨大な惰性なのだ。これは巨大な濁流だ。そこへ誰かが来て言うのだ、「見よ、それを止めることができなければ、未来はない。未来永劫同じことだ、多少修正され、改変されたとしても、現状と同じだ。この濁流が続く限り、未来はない。君はそれを未来と呼ぶかもしれないが、真の未来はあり得ない」と。

PJ　今、師は不在で、暗黒が私の中で湧き起こるとします。質問はこうです、自身がその中身であり、暗黒でもある意識が……。

K　……終わることができるか？

PJ　……それを保持することができるか？　「保持する（hold）」という言葉を使われたのは師です。

K　然り、それを抱き、保つ。

PJ　それは具体的にどういうことを意味するのですか？

K　極めて明らかだ。君、或いは脳はこの惰性を保持できるか？　それは惰性であるという知識に過ぎないのではないか？　注意深く聴き給え。この惰性は現実のものなのか、それとも知識に過ぎないのか？　もし知識ならば、惰性に関する知識を抱くことになる。だが、それが知識や結論でなければ、その時、脳は直接的に惰性と接し、「よし、観察することにしよう」と言うことができる。それを観察し続け、移動することを許してはいけない。

PJ　もう少し詳しく説明して頂きたいのですが……。

K　私の意識とは、そのすべての中身を含めた意識である。その内容物が意識を形成している。内容物なくして我々の知る意識は存在しない。これは、論理的かつ明快な帰結である。その中身というのが巨大な流れなのだ。

RD　意識の中身が「惰性」という言葉と共に現れる特別な時があり、その結果私たちはその言葉に縋りつくことになるのではないでしょうか？

K　それが私の指摘したいことだ。君が握って離さないのは言葉に過ぎないのか、それともこの巨大な流れを観察しているのか？　君がその巨大な流れなのだ。「君がその巨大な流れだ」と言われた時、それは知識に過ぎないのではないか。

RD　いいえ、知識ではありません。

K　君が〈それ〉なのだ。そして、誰かがやって来てこう言う、「それを終わらせることが可能か否か、自ら見出せ」と。それは過去に由来し、試練や問題として現在と遭遇し、そこで終わることになる。さもなければ、苦しみの終焉はあり得ない。人間は幾千年も幾千年も苦しみに耐えてきた。その惰性は今も続いている。「イエスよ、来りてわが苦悩を除き給え」等と種々に祈るが、苦悩は依然として人間を支配している。カルマや輪廻転生といった幾千もの説明は可能だが、依然として人間は苦しむ存在だ。

この苦しみは人間の巨大なる惰性の流れだ。制御することなく、この惰性の流れを断つことは可能だろうか？　制御するものと制御されるものという分離が生じることなく、この流れを止めることは可能だろうか？　止めることができなければ、自由はあり得ない。当然、我々の行動は常に不完全であり、悔恨、苦悩、その他あらゆる問題を伴うことになる。この一連の流れ全体を見通し、真に理解できたならば、その時は……。

Q3　このようなディスカッションの場では、例えば脳の登録機能といった問題についてよく分かったような気がします。この認識が続くことを妨げるものは何なのでしょうか？

K　妨げるものなど何もない。君の質問を正しく理解したとして、誰が君の認識を妨げる必要があるだろうか？

Q3　この場では、言語の登録機能といったような問題は明瞭に見えますが、一旦この場を離れると曖昧になってしまいます。ここで認識していたほど明瞭ではなくなってしまうのです。

K　君が認識しようとしまいと問題ではない。真に危険を認識すれば、それで事は終わる。絶壁、或いはコブラのような毒蛇を見た時のようなものだ。歩いていてバスが君に突進してきたならば、君は即座に危険を察知し、飛び退くだろう。まさか「結構、一日様子を見よう。明日バスが突進してきた時にどうするか検討しよう」などとは言わないだろう。

RD　現に今それを認識していると告げる私たちのこの感情について議論できるでしょうか？

K　望むならば、進め給え。

RD　今私たちが自分自身を観察しているこの感情、これは何でしょうか？

K　君は話し手の影響を受けているのではないだろうか？　影響され、強制され、誘導され、その圧迫から解放された瞬間に元の自分自身に戻るという寸法だ。

RD　恐怖があるという事実を認めると共に、私はそれに反応しています。

PJ　貴方はそれをいつも認識できますか？　現在も認識していると言われる時、何を認識しているのですか？

K　ププルジ、質問してもよいかな？　もし私が貴方を馬鹿と呼んだら、それを登録するだろうか？

PJ　師よ、申し上げます。

K　待ち給え。私は拙速な答えを求めてはいない。私の問いは極めて単純だ。馬鹿と呼ばれた時、なぜ人はそれを登録してしまうのか？

PJ　なぜ登録するか、簡単には答えられません。これは、私の眼と耳が「馬鹿」という言葉に飲み込まれるかどうかという問題です。眼と耳が静寂裡に傾聴することができれば、登録はありません。傾聴はあるが、登録はないのです。

K　要は何を言わんとしているのか？

PJ　登録の動きは見られません。このディスカッションの進行中、私は観察していましたが、「お前は馬鹿だ」という事実を登録するとはいかなる意味か、という問いが出ました。もし私の知覚が他から発せられる言葉に支配されれば、それを登録することは明らかです。他ならぬ外部の動きが襲ってきても、眼と耳が静寂であれば、登録することなく知覚することができると思います。

K　つまり、傾聴するに際し、静寂があれば登録はない、と貴方は言いたいのか？　だが、ほとんどの人間は静寂ではない。ゆえに肯綮《こうけい》には中《あた》らない。
PJ　師のこの問いには答えることができません。なぜ人間は登録するのでしょうか？
K　否、私の意図は全く異なる。「馬鹿と呼ばれても、決してそれを登録するな！」ということだ。
PJ　でも、それは登録できるとか登録できないとかいう問題ではないと思います。それに対し、師は別のやり方を示そうとしておられます。それは、登録する、或いは登録しない、いずれも可能のように見えます。
K　否、我々は四六時中すべてを登録しているのだ。
PJ　つまり、四六時中登録機能が働いているということですね。
K　そうだ、四六時中だ。
PJ　私の感覚が外部に向かっている限り、登録機能は存在します。
K　「限り」とは、今はそうではないということだろうか？
PJ　いいえ、それは言葉の綾です。今、師の語ることを傾聴している時に感じたことです。傾聴が静寂に包まれた瞬間に、洞察が生まれるのです。
K　答えにはなっていない。
質問者4（Q4）　師は問われました、「登録機能を止められるか？」と。でも、この瞬間にも私たちはその危険性をあまり感じていないように思います。

K　君もコブラの危険性には条件づけられているだろう。登録しないように条件づけられている限り、登録することはない。人は幾世紀もの間、コブラは危険な毒蛇だと条件づけられてきたので、コブラに出会った瞬間、その条件づけに従って即座に反応する。ゆえにこの惰性を止めるように条件づけられれば、事は終わる。即ち、我々は条件づけに支配されているのだ。

Q2　登録（registration）と抵抗（resistance）には何らかの関係がありますか？

K　私はそれに抵抗できる。だが、既にそれを登録してしまっている。「馬鹿」と呼ばれ、顔を背けて抵抗することはできるが、それは既に登録済みなのだ。

Q3　もはや登録の影響を受け続けることがなければ、それが登録機能の終焉になるのではないでしょうか？

K　意味が少し分からないが……。

Q3　常に登録を免れることが可能か、私には分かりません。多分、登録事項の私への影響が惰性を続けさせる理由のようです。

K　分かった。だが、これらの質問にどう答えるべきかは分からない。私はこの過去という広大な領域が終焉を迎えることができるかどうかを知りたい。これが私の唯一の問いだ。それとも、絶えることなくそれが永遠に続くべきだと言うのだろうか？

PJ　師は何ものもお認めにならないでしょう。このことに関するいかなる言明もお認めにならないと思います。脳細胞は停止しなければならないのです。

Ｋ　では尋ねるが、果たしてそれは可能なのか？　終わらせることができなければ、どうなるかは分かるだろう。

ＰＪ　そこで、実際に登録機能を果たしている脳細胞の問題に移るべきです。

Ｋ　脳細胞は登録機能を果たしている。その脳細胞は甚だしく条件づけられており、その理由は自らの生存のためには惰性が唯一の安全な場だということを知っているからだ。脳は惰性の中に大いなる安心を見出したのだ。

ＰＪ　そして、それはただ一つの運動です。その唯一の運動とは……。

Ｋ　……過去に属する運動。

ＰＪ　……それに接触する過去の運動。

Ｋ　働き続ける……。

ＰＪ　そして働き続ける……。

Ｋ　然り、それだ。過去が現在に遭遇し、働き続け、修正する。我々はこの濁流に頭まで浸かっている。脳はこの動きに深く条件づけられている、その中に安全を見出したからだ。脳はこの流れが存在する限り、完全に安全だと思い込んでいる。さて、脳細胞にこの流れが最も危険な動きだといかに示せばよいのか？　この惰性は脳がその中に深甚な安全を認めたものなのだ。過去において脳はそこに至福を感じた。今、その脳にこの惰性の危険性を指摘することが喫緊の課題なのである。この危険性を悟った瞬間に問題は解決する。

TKP　不安に怯えている精神にこのような問いを懐くことができるでしょうか？

K　私は君に尋ねている、こう尋ねているのだ、「君は、この惰性、現在と出会い、多少は修正し、更に続いていくこの過去からの惰性の危険性に気づいているのか？　この動きの危険性、真の危険、理論的な危険ではなく、この現実の危険に気づいているだろうか？」と。もし気づかなければ、問題が噴出するに任せるしかない。だが、もし気づけば、脳はこう叫ぶだろう、「もはやこんなことを続けていく訳にはいかない」と。

PJ　いかにそれを達成するのでしょうか？

K　今それを行っているではないか。已《や》んぬる哉《かな》！

PJ　師の脳細胞がそれを行っているのでしょうか？

K　何が？　「私の脳細胞」とは何を意味するのか？

PJ　師の脳細胞が語るのでしょうか？　この動きは……。

K　……危険だ、と？　私の脳は諸君に危険を告げるために言葉を使っているが、そこには何の危険もない。それを見れば、捨ててしまうからだ。そして諸君は私の脳と共に消え去る、わが脳と共に地獄へ！　これは冗談。［笑い］

諸君はコブラの危険を知っているだろう。危険に気づけば、それを避ける。何世紀にも渡り、毒蛇は危険だという刷り込みに条件づけられているからだ。その反応は条件づけに従ったもので、瞬時の行動だ。脳はこの動きを続けるように条件づけられてきた。脳はそこにこそ完全な安全があると思い込んでいるからだ。現在と出会い、そこから学び、修正し、継続していく。そして脳は呟く、「これは私の知る唯一の安全な動きであり、私はここに留まるつもりだ」と。だが、脳がこれこそ最も危険なものだと悟るや否や、事は終わる。

Q1　でも、脳が悟るのは、それが現実のもの、例えばコブラと出会ったような時に限られるのでは……。

K　君はコブラと出会ったことがあるだろうか?

Q1　はい、あります。

K　何が起こった?　君は即座に行動したのではないだろうか?

Q1　暫くは恐怖の念に襲われました。

K　然り。君は行動したが、それは君の条件づけに基づくものだ。

Q1　そうだと思います。

K　そして今もこの惰性の中で、君の条件づけに従って行動するのだ。

Q1　その通りだと思います。

K　両者共に条件づけられた行動だ。ただコブラに関しては、脳はその危険性を知っている。一方、惰性の動きに関しては、その危険性を知らない。脳は、「私の知る限り、この惰性の動きは安全だ」と語るが、一旦その危険性を知るや、もはや条件づけには従わない、その埒《らち》外に出ているのだ。

RB　でも、困難なのは全身全霊でそれを見ること……。

K　やり給え、やるべきだ！　我々は自らの条件づけに従って行動する。コブラに出会えば、過去の条件づけに従って行動する。条件づけへの反応は、賞罰に基づいている。そこには動因としての賞罰、あらゆる褒賞の種子、あらゆる懲罰の種子が存在する。その時に誰かがやって来て語り掛ける、「見よ、暫く立ち止まれ、ただ聴け、論じるな、闘うな、善悪を裁くな、ただ傾聴せよ。この惰性の動きを止めることができるだろうか？　この惰性が最も危険な動きなのだ。脳は機械的になり、分裂、葛藤、闘争等を生み出す。君はその危険性を分かっているのか？　この危険性が分からなければ、分かるまで話し合おう」と。結局、君の中の偉大な類人猿が「あの蛇に気をつけろ。ママは蛇に噛まれ、死んだ。だから気をつけなければならない」と囁き、今に至るまで我々に語り継がれてきた。この方向性、この惰性も同じことだ。

さて、この甚大な危険性を察知することができるだろうか？　ナショナリズムの凄まじい危険性を知れば、それは終わり、もはや議論したり説得する必要はない。それは実に危険なものだ。誰か他のもの――グルや指導者、或いは思想等――に追従することの危険性が分かれば、それは終焉を迎え、人は自由になることができる。このことが困難なのは、我々がかくも重度に条件づけられ、何事によらず傾聴することができないからだ。

Q1　知識を持たない子供を例に取りたいと思うのですが。仮に……。

K　但し子供はすべてを持っている。［笑い］　もはや無垢ではない。

Q4　もはや無垢ではない？

K　「このおもちゃは僕のものだ、君のじゃないぞ」。

Q1　いいえ、もっと幼い幼児です。

K　同じことだ。子供をよく観察し給え。

RD　師は「惰性は危険だ」と仰いましたが、起こっているのは次のようなことです。私たちにとっては、「惰性は危険だ」よりも「これは惰性の動きにとって危険だ」の方が優勢なのです。

K　惰性自体が危険なのだ。

RD　その点に関して、まだ十分腑に落ちたとは言えません。惰性の危険性を師が目の当たりに見られるようには見ることができないのです。

K　なぜできないのか？

RD　私自身が長く惰性の危険性を見つめてこなかったことも一因だと思います。

K　君は、惰性という言葉と共に生きているのか、それとも惰性そのものと生きているのか？　その惰性は君自身と別物なのか？

RD　いいえ、別々ではありません。

K　然り、君が惰性なのだ。君が自分自身を見ているのだ。

RD　その通りです。でも、このことは「しばしば」は起こりません。

K　ああ、「しばしば（often）」や「絶えず（continuous）」は、酷い言葉だ。いかなる選択もなく、自分自身が惰性そのものだと気づくことができるだろうか？　時々では駄目だ。これは事実なのだ。

「危機などごく稀にしか起こらない」とは言えない。言葉が事物そのものでない以上、恐怖という言葉は恐怖そのものではない。にも拘らず、その言葉が恐怖を生み出すのだろうか？　言葉がなければ、果たしてそれを恐怖と名づけるだろうか？

RD　いいえ。

K　性急に答えないように。着実に進み、自ら見出すのだ。言葉は事物ではない。現実の扉は、扉という言葉ではない。これは極めて明白だ。恐怖で言えば、真の恐怖は言葉ではない。だが、言葉が現実の恐怖を生み出すのだろうか？　言葉なくして、恐怖と呼ばれるこの現実は存在するだろうか？　言葉とは登録の過程である。全く新しいことが起これば、脳はその新しいことを拒絶する、新奇だからだ。即座に脳は「これが恐怖だ」と叫ぶ。脳の惰性を保持し、待ち、見つめ、その実感の瞬間とそこに干渉する思考の動きとの間に間隙をもたらす。「言葉はそのものではない」という事実に真に深く達した時にのみ、それは可能だ。言葉は恐怖そのものではない。言葉なくして恐怖は存在するのか？　それが分かれば、瞬時に惰性は終焉を迎える。

Q3　全く何も知らない子供でも手に火傷をすれば、その時から火を恐れるようになります。

K　勿論。

Q3　実際の行動は恐怖の前に存在し、その際恐怖という言葉さえ知らないと思います。

K　無論、そうだ。だが、それは我々の知る処だ、「常に経験、登録、知識が、現在を絡め取ってしまう」と。

PJ　師の仰ることは、「優しさの本質と憎しみの本質を分けるのは、その命名だけである」ということを意味しませんか？

K　否、否。では「憎しみ（hatred）」を取り上げてみよう。いかにこの情感は起こるのか？　貴方が何かを為すか、何かを言い、私即ち私の自己イメージを傷つけたとする。即ちイメージから憎しみの情感が起こるのだ。では優しさや愛もイメージなのだろうか？

RB　優しさであれ何であれ、言葉が生まれる時、それはすべて「私（me）」から出るものではないでしょうか？

K　無論、そうだ。

RB　その意味では実体の差異はないと思います。

AP　憎しみや優しさの代わりに、言語ならざるもの、未分化のもの、嫌悪や親和といった心の傾向を取り上げてみてはいかがでしょうか？　嫌悪や親和は、優しさや憎しみが花開く土壌です。私が気づくことができるのは、この土壌だけです。まだ憎しみとも優しさとも分かれる前のことです。そこで今まで話してきたことに関してお尋ねしたいのですが、この土壌が未だ嫌悪、親和に分裂しない時点においても、その惰性は保持されているのでしょうか？

K　趣旨は分かった。ところで、問いの要点は何なのか？

PJ　要点は、実生活の中で怒りや優しさといったものが湧き起こるということですが、ただ優しさに関する概念的議論はしたくありません。

K　例えば、貴方が情愛の心に溢れ、優しい情調に満たされた時、言語化や命名化といった過程を経ることはない。それは計算されたものや条件づけられたものではないのだ。

PJ　何か少し腑に落ちません。怒りや恐れについてお話し頂けませんか？

K　両者とも同じものだ。

PJ　両者とも同じもの、ということですか？

K　然り。怒りが保持され、持続し、憎しみとなる。

RB　それでも私には疑問が残ります。情愛の存在をどのように知るのか、という問題です。

K　「私は優しい」と言った瞬間に、それは終わってしまう。

RB　何であれ、私はそれだ、と認識した瞬間に……。

PJ　私は、認識の瞬間ではなく、その内奥の真実を探究したいと思います。クリシュナジが話された、怒りや恐れを名称化することなく意識の中に保持することから始めたいと思います。

K　意識の中に怒りを保持しているのだろうか？　怒りを保持しているか、それとも既に失ってしまったか？　これが私の問いだ。私はこう言いたい、怒りがあれば、それを抱き、それと共に留まれ、と。

AP　師は外的衝撃として現れた後の怒りについて話されましたが、私は怒りを典型的な嫌悪として現れたものと捉えています。

K　貴方は、嫌悪と非嫌悪ということに拘《こだわ》っておられるようだ。

AP　私が嫌悪に拘るのは、それが怒りにならないからです。嫌悪が怒りになるのは契機を得た時だけです。
K　嫌悪とは……。
AP　……土壌の中に。
K　嫌悪とは土壌だ。そして土壌とはイメージだ。
AP　土壌は惰性でもあります。
K　土壌は惰性であり、心象も惰性だ。一事に専念すべきだ。そこから逸脱しないように。このことは再三再四述べた、繰り返すつもりはない。
PJ　私は未だに師が昨晩話されたことを心に留めています。
K　何だろうか？
PJ　師は昨晩こう話されました、「この感情の本質を言葉を介することなく保つことは可能だろうか？」と。
K　然り、それだ。是非やるべきだ。
PJ　私の言いたいことを聞いて頂きたいのですが。
K　勿論、言い給え。
PJ　憎しみであれ、怒りであれ……。
K　問題ではない。言葉を介さずに恐怖の感情を保ち、ただその感情と共に留まる。実行してみれば、分かるだろう。

GM　どのようにすれば可能なのでしょうか？　それを保持しようとしても、何か別の思念が入り込んで来るのです。

K　それではそれを保持することにはならない。

GM　それから逃げることになります。

K　ならば、逃げ給え。是非もなく逃げるべきだ。全体を考慮すべきなのだ！　もし「私はそれを保持しなければならない」と言えば、それは定式になってしまい、人間は失われる。お分かりかな？

PJ　正確にはどういう意味でしょうか？

K　極めて単純なことだ。恐怖が起これば、その因由を問わず、いかなる惰性、いかなる思念の動きをも交えず、それと留まることだ。

PJ　そうなればどうなりますか？

K　そうなればどうなるか？　それはもはや恐怖として過去と関わってきたものではなくなっている。

PJ　それはどういうことですか？

K　いわばいかなる動きもないエネルギーの塊と言えよう。そのエネルギーがいかなる動きもなく保持されれば、やがて爆発が起こる。その時、それは変容している。

PJ　私は恐怖を抱くことを恐れています。

K　否、そうではない。

PJ　私は、師が話しておられることに直面することが怖いのです。
K　では直面しなければよい。
PJ　それは現実的に、根本的に……。
K　無論、直面する必要はない。
GM　そうすれば、また元の自分に戻ってしまいます。
K　ならば、自分のありのままに留まるのだ。我々はすべてに対してかくも貪欲だが、自身はそれを知らない。それゆえ我々の採るいかなる行動もすべて誤りならざるを得ない。私は自身の中でかくも徹頭徹尾錯乱しているがゆえに、私の為すいかなる行動も錯乱を免れ得ない。私はわが錯乱と共に留まる。ただ傾聴し、わが錯乱と共に留まり、移動することはない。移動しても、私は錯乱したままだ。何を為そうと、すべてが錯乱の中にある。これが心底から頷けるだろうか？　頷けた時、何が起こるか？　私は錯乱しており、それを知らない。政治家がこう言い、科学者がああ言い、グルたちがかく言い、書物はそう言い、私もまたかく言う。まさに錯乱の悪夢だ。そして、この土壌から生まれる行為、この土壌から成長したもの、すべてが錯乱の花を咲かせる。これらを実感を以て了得できるか、それとも単なる観念に止まるか？　これが最難事だ。「私は錯乱している」ということを、単なる理論、観念にしがちなのだ。諸君、まさか実際に空腹の時に、その現実を「私は空腹だ」という観念に置き換えるようなことはしないだろうね。

第十三章　〈私〉とこの悲しみの奔流

人生には矛盾があり、葛藤がある。
そしてこれらはすべてエネルギーの浪費だ。
果たしてエネルギーの浪費を伴わない
生き方というものがあるのだろうか？

一九七七年一月十日　ポンペイ

デイヴィド・シャインバーグ（DS）　前回の会合で提起された「惰性（momentum）」の問題を論じたいと思うのですが……。思考から生まれる産物の惰性とは何か、思考者との同一化を生み出す粘着性の惰性とは何か、といったことについて、私たちはまだ十分の理解を得ていないようです。昨晩の講話の中で、師はこの全的感覚、接触、快楽、思考、そして欲望があることを語られ、その後、これらがなければどうなるのか、という問いを提起されました。しかし私にはそれも単なる想像の反映に過ぎないと感じられました。事実は、私たちがこの惰性、この動きに直面しているということです。絶えず思考から生まれるものの背後にある惰性とは何か？　こういったことを検討できるでしょうか？

ププル・ジャヤカール（PJ）　その問題を検討するためには、エネルギーの消耗の問題を探究する必要があるとお思いになりませんか？

DS　少し貴方の言葉の真意が分からない点があるのですが……。

PJ　肉体を動かすエネルギーがあるように、思考過程に関するエネルギーと変革過程に関するエネルギーがあるように思われます。つまりエネルギーそのものに参入し、いわば消耗するエネルギーと消耗しないエネルギー――存在すればですが――について探究する必要が……。

DS　エネルギーとは何かを我々はまだ知らないのです。「エネルギー」という言葉を初めて使ったのはマックスウェルだったと思いますが、科学者にとってエネルギーという言葉は「関係性（relationship）」を意味します。

アチュット・パトワルダン（AP）　このディスカッションで私たちが使ってきたエネルギーという言葉の意味としては、エネルギーの関連形態である「注意」が相応しいと思います。「消耗するエネルギー」を語る際、自己認識という文脈でこの語を使う限り、それは「注意」を意味すると思います。この考えは正しいのか、それとも単純化し過ぎでしょうか？

PJ　少し本題から逸れるかもしれませんが、他でもないクリシュナジがマドラスのセミナーで語られた言葉に関して、この問題を取り上げたいのです。その言葉とは、「クンダリニーに関しては、私はここにいる誰よりもよく知っている。クンダリニーのすべてを知っていると言っても過言ではない」という趣旨でした。

クンダリニーとは基本的に人体内のエネルギーの或る流れが目覚めることを意味し、それは減衰せず、特定の霊的中枢に関連しています。私は、クリシュナジの助けを得て、その言葉の真意を探りたいのです。エネルギーの問題はこの種の議論に直接関連しているのか、私たちがエネルギーの問題を理解することにより、思考するものと思考の問題の理解に寄与することができるのか、といった課題を解明したいのです。

DS 果たして心理的意味におけるエネルギーを正確に考えた人がいるかどうか疑問に思います。恐らく誤解されてきたのです。エネルギーとは、関係性の中で現れるものなのでしょうか？　もしそうならば、また異なった問題が発生します。

PJ 現在の物理学では、エネルギーが消耗するということを認めないのでしょうか？　また自身の中に消耗の種子を持たないエネルギーという認識に至っているのでしょうか？

フリッツ・ウィルヘルム（FW） 私の知る限り、エネルギーとは何かを定義できる物理学者は居ないと思います。エネルギーは、存在するとされる現代物理学の根本的仮説であり、数学にも援用されています。力(force)のためにはエネルギーが必要です。エネルギーなくして力はあり得ず、仕事(work)はあり得ないのです。エネルギーと仕事は極めて深い関係にあります。力を使えば、力を認識できます、仕事も同様に認識できます。しかしエネルギーは決して認識できないのです。

PJ　〈エントロピー〉という言葉はどういう意味なのでしょうか？
FW　エントロピーの過程においてはエネルギーの減耗はありません。物理学者ならば、「私はブラックボックスを持っており、その中にエネルギーが存在する」と抽象化するかもしれません。そして、そのエネルギーは恒常的に保存されます。
P・Y・デシュパンデ（PYD）　熱水と冷水を混ぜて管を通せば、水温は等温になります。それがエントロピーです。
PJ　では、反エントロピー・エネルギーの流れはないのでしょうか？
PYD　反エントロピー・エネルギーの流れとは生命エネルギーのことです。科学者もそれは認めています。
FW　反エントロピー過程が知られるようになったのは、物理学にとってもごく最近のことです。
PJ　反エントロピーは今や認められています。クンダリニーの全概念も、反エントロピーの考え方と密接に関わっています。私はその辺りを探ってみたいのです。
クリシュナムルティ（K）　その辺りとは？
PJ　師が仰ったこと……。
K　わが言は忘れ給え。
PJ　いいえ、それはできません。
K　その件は後に触れるだろう。さて、我々は何を議論しているのだろうか？　無始無終の不尽のエネルギーというものがあるのか？　一方、モーターのように機械的で、常に動因を持つエネルギーはどうか、或いは関係の中にあり、すべての活動に潜むエネルギーは？　我々が議論しているものは何か？　私はそれらすべてを見出したいのだ。

PJ　先ずシャインバーグ博士の問い、「何が惰性をもたらすのか？」から始めてはいかがでしょうか？

K　そこに焦点を絞ってみたい。

PJ　博士の問いは、「惰性をもたらすものは何か？　それは思考の主体なのか？　その主体は持続するのか？」というものです。

K　我々すべての行動の背後にある動因、動力とは何か？　それは機械的なものなのか、或いは葛藤のないエネルギー、動因、動力、惰性というものがあるのか？　これが今我々の論じていることだ。

PJ　クンダリニーは、今仰ったエネルギーの第二のタイプに当たります。葛藤の消耗なく、身体の特定の霊的中枢に関連しています。

K　ププルジ、その問題は後に触れることになるだろう。

DS　暫くファンタジーの王国を出て、この思考と欲望の惰性と共に留まることが肝要です。思考、欲望、思考の産物であるエネルギーの惰性とは何か？　機械的に終始するこのエネルギーの惰性とは何なのでしょうか？

K　結構、進め給え。

PYD　恐らく博士の問いは、昨日師の話された感覚、思考、欲望、欲望の充足、そしてそのすべての動きが多少の修正と共に続いていることを踏まえたものだと思います。その持続が惰性ではないでしょうか?

K　然り、それが惰性だ。問いは、欲望の背後にある惰性とは何か、ということだ。先ず単純化し、進むにつれ拡張する。欲望の背後にある動力、惰性とは何か? 私は車が欲しい。この欲望の背後には何があるのか? 「私は車を持たなければならない」と言う欲望の背後にある衝迫、動因、動力、エネルギーとは何なのか?

DS　それは、私が車を欲しているのか、それとも欲望の一つとして車が浮上し、それが反対に「私」を創り上げるのか? 「私」とは欲望から生まれるものなのでしょうか?

K　実際に車を見たり、感じたり、触ったりして、その実物を知らなければ、車に対する欲望は生じないだろう。だが、車の存在を知り、人々が車を運転しているさまを見て、その喜びやエネルギー、楽しみを知れば、その背後には何が誕生するだろうか? 極めて単純なことだ。

質問者1（Q1）　車を所有していなければ、劣等感を感じます。

K　劣等感や優越感など、取るに足らない瑣末事だ。シャインバーグ博士の問いは全く次元の異なるものだ。「私に欲望を抱かせる動因、動機、衝迫、力、エネルギーとは何か?」というものだ。

PJ　欲望を起こさせるものは物質的対象だけでしょうか?

DS　それは大きな問題です。

K　それは恐らく物質、物理的な物質、或いは信仰や思想のような非物質的なものかもしれない。

FW　第一段階として、恐らく知覚、感覚によって認識可能な何かが必要だと思います。人は先ず感覚器官で何かを知覚し、そのイメージを形成します、更にそれに基づき欲望が生まれます。つまり欲望の対象となるものは、それ以前に先ず知覚されなければならない、ということです。そこで私は問いたいのです、何であれ、欲望の対象となるものは、先ず感覚器官を通して知覚可能なものでなければならないのか？　勿論、「神」もその対象です。私は「神」を欲することもできる筈です。

PJ　その点に関しては疑問です。

Q1　「神」は感覚器官による知覚とは言えません。

PJ　でも、非感覚的知覚とも言えないのでは。欲望とはそれを維持するもの、世界の進行を保持するものではないでしょうか？

DS　〈私〉が存在しない時、欲望は存在するのでしょうか？

K　単純に考えることだ。あらゆる欲望の背後にある惰性とは何か？　そこから始めよう。人に欲望を起こさせるエネルギーとは何か？　今ここに居る私の存在の背後には何があるのか？　私をここに来させた衝迫とは何か？　私は今ここで話され、論じられている内容を理解するために来た。私は何かを見出したい。ここでの欲望は、わが日常の思念の洪水以上の何かを発見することだ。それは何か？　それは欲望なのか？　また私をここに来させた欲望の背後には何があるのか？　わが苦悩ゆえ？　或いは快楽のため？　或いは更に多くのことを学ぶため？　果たしてこれらすべての背後には何があるのだろうか？

DS　現実の私からの解放。

PJ　それは「成る（becoming）」過程と同じことではないでしょうか？

K　「成る」ことの背後には何があるのだろうか？

DS　現在の自分とは異なった何らかの状態、よりよい状態を獲得すること。

K　それは何なのか？　私をかく促すエネルギーとは何か？　それは褒賞と懲罰なのだろうか？　結局の処、我々の行動の全構造はこの賞罰、一方は避け、他方を求める動きに他ならない。これが我々に特定のことを求めさせる基本的動因、基本的エネルギーなのだろうか？　褒賞と懲罰、罠に囚われたネズミのようだ。褒賞があり、それを得るために様々なことを為す。うまくいかなければ、懲罰を受ける。では、動機、動力、エネルギーは、一方は避け、他方を求めるこの賞罰に由来するのだろうか？

DS　はい、それは賞罰の一部だと思います。でも、それは、思考レベルで扱うべきものではないでしょうか？

K　思考レベルだけではない。空腹ならば、褒賞は食べ物だ。間違ったことをすれば、懲罰を受ける。

FW　それは快楽や苦痛とは異なりますか？　賞罰は快苦と同じではないでしょうか？

K　賞罰に留まり、逸脱しないように。褒賞と懲罰、これが基本的で普遍的な動因だ。

PJ　褒賞と懲罰は、誰に対するものでしょうか？

K　「誰に」ではない。それは満足と不満足の問題だ。

PJ　それでも、誰に対して？　是非答えて頂きたいと思います。

K　まだ答える時ではない。満足すべきものと不満なるもの。

DS　それはどのようにして登場してきたのですか？

K　いかに登場したか？　満足すべきものを褒賞と呼び、不満なるものを懲罰と呼ぶ。そこには「私は満足すべきだ」とか「私は空腹だ。食べ物が必要だ」などと言う「私」は存在しない。

PJ　それは物理的なものです。そのままでは私には受け容れられません。

K　それは単に端緒として取り上げたに過ぎず、未だ展開はしていない。ゆえに同意も反対も不要だ。

PYD　空腹は、私がそれを望んだから発生したのではありません。

K　然り、それは生理的なものだ。

PJ　それは生理的な一現象に過ぎません。

K　暫くはこのことを考えてみたい。生理的現象が溢れ出て心理的領域に侵入するのか？　私は飢えており、食べ物が必要だ。だが、その同じ衝迫が心理の領域に侵入し、全く異なったサイクルが始まる。だが、実はそれは同一の動きなのである。

Q1　これらすべての過程はどこで進行しているのでしょうか？

K　それがシャインバーグ博士の問いだ。どこでこれらすべての動きが始まるのか？

Q1　それが私の中で進行し、私が経験することならば、どこでそれは起こるのでしょうか？　脳の中で？　どこにこの快苦の欲求を求めればよいのでしょうか？

K　生物的及び心理的の両領域だ。

Q1　この賞罰の過程が生理的レベルにおいて探究されるならば、褒賞と懲罰の間にある脳の中で何らかの反応があるのではないでしょうか？

K　褒賞と懲罰の間に間隙がある、ということだろうか？

Q1　間隙ではなく、連結であり橋梁だと思います。

ガネーシャム・メータ（GM）　褒賞でも懲罰でもない状態がある、という意味ですか？

Q1　はい、一方が他方に融合することがあると思います。

PJ　もっと別の状態もあるのでは。あるとは確言はできませんが、想像はできます。この問いにどう答えるか、或いは惰性を生み、それを動きの中に保存するこの力の本質に関する更なる探究はいかにあるべきか？　これが根本的問題だと思います。

DS　確かにそれは問題です。どこからこの惰性は生まれるのか？　その間に間隙があるにしても、この褒賞と懲罰の惰性とは何か？

K　人間を褒賞と懲罰の方向へ押しやるものは何か、ということだろうか？　私をそこに向かわせ、或いは避けさせるエネルギーとは何か、惰性とは何か、力とは何か、エネルギーの束とは何か？　これが問いだろうか？

DS　はい、そうです。それが事実であることは分かっています。

K　それが事実であることは分かっている。私は、それを満足感、充足感であり、快感である、と言いたい。

DS　それが快感、満足感だと仰いましたが、少し腑に落ちない点もあります。果たしてそれは何なのですか？

K　まだ端緒に過ぎない。それは単なる満足感なのだろうか？　明らかに、そのように見える。「私は空腹だ、食べ物が必要だ」ということだ。

DS　では、その満足感とは何なのですか？

K　お腹に食べ物が入れば、私は満足だ。

DS　はい。では、その満足した時の人間の状況は、どのようなものなのでしょうか？

K　それは極めて単純なものではないだろうか？　空腹の時に食べ物が与えられ、満足する。

DS　それはどういう意味でしょうか？

K　いかなる意味？　「飢えが満たされれば、満足する」ということだ。

DS　そうなれば、緊張も解けます。

K　それは心理的領域に持ち込まれるものと同じ動きと言える。

FW　それは生理的領域では解消しますが、心理的領域では解消することはないのではありませんか？

K　生理的領域では解消するが、同じものが心理的領域に持ち込まれた場合、それは決して解消することはない。次から次へと満足を探し求め、果てしがない。心理的と同様に生物的に満足するためのものが、このエネルギー、この動力なのだろうか？

Q1　しかし、満足するためには、その前に不満足な状態がなければならないのではありませんか？

K　無論、「私は空腹だ、心理的に私は寂しい」状態がある。空虚の感情、不充足の情感がある。その結果、神や教会、グルや白痴の類《たぐい》のもとに赴くことになり、あらゆる不祥事が起こる。単純な言葉を選ぼう。「空虚（emptiness）」は実に厄介な言葉だ、私は使いたくない。「不十分（not having enough）」か「不足（insufficiency）」がよいだろう。不足は生理的には極めて容易に満たされるが、心理的には決して満たされることはない。

T・K・パルチュレ（TKP）　不足の生理的充足には、思考が入る余地はないと思います。

K　然り。

TKP　空腹の感覚があれば、何かを食べます。

K　然り、だが他のことは果てしなく続く。

PYD　思考が介入するからです。

K　待ち給え、私は何が起こるかは知らない。先ず吟味しなければならない。

TKP　どの地点で生理的充足から思考段階へと移行するのでしょうか？

K　生理的な動きが心理的な動きに浸透し、継続していくのだろう。

PJ　師の仰ったことから……。

K　私の言葉は問題ではない。

PJ　それは、「可能か、選択か」といった問題ではありません。それはそうなのです。生まれた瞬間から両方のタイプの欲求が生まれるのです。
K　両者共に始まる。
PJ　そこで、私は、生理的なものと心理的なもの、この両者の起源についてお尋ねしているのです。
PYD　「insufficiency（不足）」という一語で十分ではないでしょうか？
PJ　十分ではないと思います。
K　先に進もう。両者における「不足」が……。
PJ　両者共にその推進力に組み込まれているのでは。
K　然り。
PJ　そこに組み込まれているのが、自己や〈私〉なのではありませんか？
K　否、それは〈私〉ではないと思う。
PJ　なぜそう思われるのですか？
K　それは〈私〉ではない。それは尽きることなき不足感、果てることなき欠乏感だと思う。
DS　その根拠は何ですか？
PJ　誰か欠乏感を感じる人が居ない限り、欠乏感は存在し得ないのではありませんか？
スナンダ・パトワルダン（SP）　それが問題です。誰が不足なのでしょうか？　自分が不足感を抱いていると誰が認識するのでしょうか？

K　諸君は既に何かを仮定している。私は、〈私〉には言及しない。絶え間ない不足感、これが現実だ。マルクシズムに走る――不満足、次から次へと遍歴し続ける、より知的になり、より目覚める程、不満感は増す。では、その後何が起こるのか？

SP　それは、母体《マトリックス》があり、そこでは惰性の中でこそ働くことのできる〈私〉は存在しないということを意味するのではありませんか？

K　私は、母体も〈私〉も知らない。生理的な不足感が心理的な不足感に浸透し、それが果てしなく続いていく。これが私の指摘していることのすべてだ。

DS　尽きることのない不全感（incompletion）があります。

K　〈insufficiency（不慊《ふけん》、不足）〉、この語で十分だ。

FW　師の今の言葉から、この不足感が存在するように感じますが、これは事実でしょうか？

K　それは恐らく事実ではない。

AP　恐らくこの地点で生理的不足感は消滅していると、私は指摘したいと思います。

K　ああ、私は意図的にそのように言っているのだが。

AP　分かっております。

K　その不足感が流出し、このあらゆる惨苦を生み出しているのだ。

TKP　そうなのですか？　それは生理的流出と心理的流出の混淆なのでしょうか？　流出とは本当にはどういう意味なのでしょうか？　一方が事実であり、他方はそうではないと思います。

K　あるのは生理的不足だけだ。

PJ　どうしてそのように言えるのですか？

K　私は主張しているのではない、ただ探究しているだけだ。私は「私」を探究してはいない。空腹を感じれば、それは満たされてきた。性欲を覚えれば、それは満たされてきた。だが、それでは十分ではない、もっと何かが必要だ。「もっと（more）」とは何なのか？

PJ　「もっと」とは惰性のことです。

K　否、「もっと」とは「より多くの満足」だ。

PJ　それが惰性ではないでしょうか？

K　結構、言葉は絞るべきだ。脳は満足を探し求めている。

PJ　そもそもなぜ脳は満足を求めるのでしょうか？

K　脳が安定を必要としているからだ。脳は安全を求め、呟く、「俺はここで満足を覚えた気がする。が、何もなかった。次はそこに満足と安全を求めるつもりだ。が、何もない」と。そこで脳はその探索の旅を続けていく。もはやその活動は日常化し、零落のグルから他のグルへ、或る思想から他の思想へ、或る結論から他の結論へ等々、あらゆる悲惨な遍歴の旅が始まるのだ。

Q1　生理的レベルにおいては欠乏そのものが充足への道を準備します。脳の働き方も、生理的メカニズムの不足からその充足に向かいます。脳の働き方は、こうした一連のサイクルとして機能します。生理的流出が心理的領域でも継続して機能すれば、この不足、充足のサイクルが続くことになるのではありませんか?
Ｋ　自身で検討し給え、極めて明白だ。人間は満足を求めている、誰もが求めている。貧しければ、豊かになりたい。自分より豊かな人、美しい人を見れば、自分もそうなりたいと望む。我々は絶えず満足を求めているのだ。
ＡＰ　今一度皆さんに生理的不足の中心的特徴について注目して頂きたいのですが、その不足を満たすすべての活動が飽満に至ります。つまり、生理的不足に関する限り、不足と再発の間に常に間隙があるということです。ところが、心理的不足に関しては、いかなる間隙もないサイクルを形成するのです。
Ｋ　間隙は忘れ給え。それは重要ではない。
ＡＰ　分かりました。
Ｋ　自分自身をよく観察するのだ。自身の動き、エネルギー、動因のすべては、充足を求めてのものではないのか?　それを何と呼ぼうが、すべて賞罰を求めての行為なのだ。
ＡＰ　はい。
Ｋ　諸君はそれについてどう思うかね?
ＤＳ　この生理的「褒賞・懲罰」システムのモデルは、それが論理的であろうとなかろうと、すべての事物が働くやり方だということが分かりました。
Ｋ　然り、満足を求める惰性の全過程は、〈私〉によって定着されるのだ。

DS　はい、〈私〉は惰性の表現になります。

K　然り、その通りだ。それは「私が満足を求めている」という形で表現される。決して「満足が求められている」ではなく、「私が満足を求めている」である。事実は、「満足が求められている」と表現されるべきなのだ。

DS　師は更に深く掘り下げるお積りだったのでは、と思います。満足の追求が〈私〉を生む、ということですね。

K　勿論それも含まれる。惰性とは満足を求める衝迫なのだ。

PJ　少し本筋から外れるかもしれませんが、〈私〉の感覚は、脳の中に生得的に内在しているのではないでしょうか？

K　脳の中に？

PJ　知識を遺伝的に承継した脳細胞の中です。

K　それは疑わしい。

PJ　とても興味深い問題を提起したいと思います。人間の内在的知識は、脳細胞の中、深い民族的意識の中に存在するのではないか、〈私〉感覚はこの脳意識の一部なのではないか、という問題です。

SP　つまり貴方は、脳中のすべての過去と〈私〉が同じものだと仰るの？

PJ　勿論、すべての過去です。私の問いはこうです、〈私〉が意識されるようになるのは、この満足の追求行為の発現結果なのではないか？　幾世紀にも渡る記憶、民族的記憶、記憶の母体、これらすべてが〈私〉感覚なのではないか?

K　貴方の問いは、「知識として過去に同一化した〈我（I）〉、〈私（me）〉、〈エゴ〉といったものがあるのか?」ということだろうか?

PJ　同一化ではありませんが……。

K　同じことだ。

PJ　分かりました。それは時間、過去としての時間です。

K　分かった。

PJ　そして〈私〉感覚はこれらすべてなのです。

K　貴方の最初の問いはこうだ、脳には〈私〉の座があるのか? 私は仮にこう答えた、「〈私〉の座などない、あるのは満足感だけだ」と。知識とは、即ち満足感に他ならない。そしてその満足感は呟く、「私はもっと欲しい」と。ここで最初の不足感が生じ、やがて満たされる。その時、〈私〉は単なる束（fascio）に過ぎないが、存在を主張し始める。〈私〉などというものは虚構だ、実在するのは不足感だけだ。先ずこの点をよく理解して欲しい。

PJ　理解したつもりですが、過去は虚構でしょうか? すべての民族的歴史、すべての人間の記憶も虚構でしょうか?

K　否。ただ「私は過去だ」と言った瞬間、その〈私〉は虚構で、過去があるだけだ。

SP　過去自身が「私は過去だ」と言うのでしょうか? それとも過去の一部が「私は過去だ」と言

うのでしょうか?
K　極めて興味深い質問だ。諸君は過去を〈私〉として把握しているのか? そこには過去のすべて、何千年にも渡る人間の努力、人間の苦悩、人間の悲惨、混乱、驚嘆すべき物事がある。この動き、この流れ、この大奔流、実は世界にはこの大奔流のみあって〈私〉はないのだ。
PJ　ですが、この奔流が表面に現れる時は、〈私〉という形で現れるのではないでしょうか、〈私〉と同一化しているのでないでしょうか?
DS　私はそうは思いませんが……。
K　〈私〉は単にコミュニケーションの道具に過ぎない。
DS　ジャーナリズム。
K　否、ジャーナリズムやプロパガンダではない。〈私〉は、いわば「言葉の綾（la facon de parler)」、会話の術《すべ》だ。
PJ　〈私〉とはそんなに単純なものですか?
K　否、まだ端緒だ。さほど単純なものではない。
SP　嘗《かつ》て師は「この悲しみの奔流の顕現が個人だ」と仰いました。
K　性急過ぎる。この悲しみの激流があり、それは人間として、或いは人間の中に、それ自身を顕現させる。
SP　その時、〈私〉は存在するのですか?

K　今それは重要ではない。この大奔流は自らを人間存在の中に顕現させ、父はそれに名と形を与え、私は「私は〈私〉だ」と叫ぶに至る。それが形象であり、名称であり、特異環境だ。そして、その奔流が「私（me）」なのだ。

AP　今のお話を元々の惰性の問題に関連づけるならば、私たちは探究を更に進めるべき基盤に達したと思います。その基盤とは、惰性が生理的不足や満足が投影された活動によって提供され、更に心理的領域に継続され、その惰性が〈私〉を創り上げるということです。

K　否、私はそうは思わない。アチュットジ、単純に考えることだ。この巨大な奔流が存在する。これは誰の目にも明らかなことだ。

AP　私はそこではなく、惰性を出発点としたいのです。

K　〈それ（that）〉が惰性なのだ。

SP　それが惰性、別々のものではないのですね。

PJ　それをいかに認識するのですか？　クリシュナジのお考えに従えば、それは自分自身の深淵に触れることはないと思います。自身の深淵は「私は欲する」「私は存在する」「私は成る」「私は要する」と主張します。その深淵は過去から湧出し、それは知識であり、全民族的無意識なのです。

K　なぜ〈私〉が存在するのか？　なぜ「私は欲する」と言うのか？　存在するのは欲望だけだ。

PJ　師はそのように仰いますが、それでも〈私〉を否定されてはいません。

K　否。この流れをいかに観察し、いかなる見方をするのか？　この流れを〈私〉として観察するのか、それとも流れを流れとして観察するのか？

PJ　何を以て観察するかは別問題だと思います。今、私たちは惰性をもたらすエネルギーの本質について議論しています。惰性とは、「成る」ことに囚われた〈私〉の本質と構造に他ならないと言いたいのです。

K　そもそも〈私〉というものが存在するのか、私は問いたい。それは徹頭徹尾言語上のものであって、現実のものではない。それは単なる言葉だが、途方もなく重要になってしまった。極めて重要にはなったが、言葉はあくまで言葉であり、事実ではないのである。

FW　でも、脳内存在の〈私〉の重要性は現実のものではありませんか？

K　否、私はそれを疑っている。

FW　重要性は認めるが、その現実性には疑問を呈するということですか？

K　この惰性そのもの、この巨大な流れは、脳内に存在する。詰まる処、それが大脳なのだ。その脳内になぜ〈私〉が存在しなければならないのか？

PJ　でも、師が現実のものについて話された時、〈私〉は存在すると仰ったと思いますが……。

K　それは単に言葉として存在する。

DS　実際にそれはより大きな感覚として存在します。他者と共に居る時、そこには二面性があると思います。〈私〉として自分自身と同一化した存在と、他者との関係における〈私〉です。

K　博士はいかなる時に〈私〉を意識するだろうか？

DS　ただ関係の中でのみです。

K　否、そういうことではなく、いかなる時に〈私〉を意識するのか？

DS　私が何かを欲する時、または私を何かに同一化する時、或いは鏡で自分自身を見る時です。

K　自分の顔を見る時に「私は鏡を見ている」とは言わないと思うが……。

DS　でも、私はそこで〈私〉を意識するのです。

質問者2（Q2）　心に気づいた瞬間に〈私〉は始まると思います。

K　何ものも仮定しないことだ。我々は探究している。私には銀行口座があり、私の名義と署名もある。だが、そのすべては言語上のものだ。

DS　でも、それはその人の関係性だと思います。銀行口座はその人と社会との関係を示し、社会におけるその人の資産を現しています。

K　然り。

Q1　私がちょっとした内的経験をしたとして、それについてはどうお考えでしょうか？　例えば、誰も居ない処で甚だしい空腹を感じた際、私はその内的経験を「私の」経験と同一化すると思います。

K　否、それは疑問だ。経験する時、何かを経験している瞬間、〈私〉は存在しない。

PJ　〈私〉は存在しないかもしれませんが、直後にはその〈私〉が姿を現す筈です。

K　いかに？

PJ　〈私〉は即座に現れます。それは出現するのです。

K　否。的外れだ。経験がある、とする（「経験（experience）」という語は使いたくない。この語の語源はあまりに異なった意味だからだ）。危機の瞬間には〈私〉は存在しない。経験の後に「あれは刺激的だった」「これは楽しかった」等という思考が生まれ、その思考が〈私〉を生み、その〈私〉が「私はそれを楽しんだ」と言うのだ。だが、同意しないように。これは賛否の問題ではなく、探究なのだから。

PJ　ここで質問があります。〈私〉とはエネルギーの集積でしょうか？

K　否。

PJ　消耗するエネルギーでしょうか？

K　それは消耗するエネルギーだ。

PJ　それでも、それは〈私〉です。

K　否、それは、〈私〉ではない、誤用されているエネルギーだ。エネルギーを誤用しているのは〈私〉ではない。

PJ　〈私〉がエネルギーを誤用している、とは言えないと思います。〈私〉自体が、消耗するエネルギーの集積なのですから。

K　私はそれにも疑問を感じる。

PJ　肉体が衰えるように、〈私〉もそれと同じ特性を持っています。〈私〉も老い、衰えるのです。

K　ププルよ、私の言葉をただ聴いて欲しい。危機の瞬間には、〈私〉は存在しない。さて、常にこの危機の高みで生きられるだろうか？

DS　いいえ。

K　性急に答えないように。危機とは全的エネルギーを内包、或いは要する。いかなる危機であろうと、全エネルギーの流入をもたらす。その瞬間には〈私〉は存在しない。

DS　結構です。

K　結構ではない。それはそうなのだ。

DS　了解しました。それは或る動きです。

K　否。まさに危機のその瞬間には、〈私〉は存在しない。そこで私は問う、「常にその危機の高みで生きることは可能だろうか？」と。

DS　なぜそれを問われるのですか？

K　そのように生きなければ、あらゆる行動という行動が生を破壊してしまうからだ。

DS　と、言いますと？　なぜ師がその記憶にかくも拘《こだわ》られるのか理解できません。

K　否、それは記憶ではない。

DS　なぜその問題を問われるのですか？　その要点は何でしょうか？

K　要点はこうだ、思考が登場した瞬間に、エネルギーの断片化が生じる。明白なること、掌《たなごころ》を指すが如し！　思考それ自体が断片的なものであり、その思考が登場するや否や、エネルギーの減衰が起こるのだ。

DS　必ずしもそうとは限らないように思いますが……。
TKP　「経験の瞬間には、〈私〉は存在しない」と師は仰いましたが……。
K　私が言ったからではない。
TKP　はい、そうなのですね。
K　事実そうなのだ。
TKP　経験の瞬間に、生理的なものは……。
K　否、心理的なものも含めてだ。
DS　包括的、全体的、ということですね。
K　全身全霊。危機とは全体――神経、肉体、器官等、すべての危機を意味する。
TKP　では、思考はどのように入って来るのですか?
K　直後に。
PJ　それは認めますが、それでも「〈私〉がなぜかくも強大になったのか?」という問いの答えにはなっていないと思います。この問いの答えとしては不十分なのでは……。危機の瞬間には、〈私〉が存在しない、ということは、過去のすべても存在しない、ということですね。
K　その通りだ。それが要点だ。危機の瞬間には、何も存在しない (nothing)。
PJ　何も存在しない。では、なぜ全民族的過去の鏡としての〈私〉を否定されるのですか?
K　私は否定する、なぜなら〈私〉は単なるコミュニケーションの習慣に過ぎないからだ。

PJ　〈私〉とはそんなに単純なものですか？〈私〉の構造はそんなに単純なものなのでしょうか？

K　恐らく。〈私〉は極めて単純なものだと思う。それよりも興味深く、重要なのは、思考が介入するや否や、時を違わずエネルギーの消耗が始まる、ということだ。そこで自問する、「このエネルギーの高みで生きることは可能だろうか？」と。

DS　少し違和感があります。この全的危機の際に、この危機を基盤に私は貴方と関係を結ぶに至りますが、その後は起こっていることをいかに処理するかについて考え始めるのです。

K　まさに然り。だが、〈私〉が誕生するや否や、すべての消耗が始まっている。もし私も君も各々の〈私〉を脱却することができれば、共に正しい関係を結ぶことができるのだが。

DS　私はそれを少し違った風に捉えたいと思います。師はこれをエネルギーの消耗だと仰いましたが、私はそれを「流れ（flow）」と言いたいのです。

K　好みのままに呼べばよい。

DS　はい、このエネルギーの流れは……。

K　然り、何と呼んでもよい。

DS　まさに今私たちが行っていることとです。その中で分かったことは、私たちが「エネルギーの消耗」を口にする時、即座に傍観者の立場を採り、「それはよくない」と宣告することです。しかし、私がこの場で提案したいのは、これは全くニュートラルな出来事だということです。危機と消耗、再び危機と消耗、これが私たち人間存在の流れなのです。

K　それが流れだということは分かる。
PJ　博士の立場は、人間存在の流れがあるということです。しかし言及されている変容は、それを否定するものです。
DS　その点を問いたいのです。
K　宜しい。問い給え。
DS　私は、この流れから脱却できるようなものが果たしてあるのか、疑問に思っています。そのようなものは幻想ではないでしょうか？　私たちは、危機の際の強烈なエネルギーを思い出し、「よし、このエネルギーを常時保つようにしたいものだ」と呟くのです。そういうことではありませんか？
K　否、そうではない。
DS　ではなぜその問いを？
K　私はこの問いを意図的に取り上げている。思考が干渉するからだ。
DS　常にそうだとは限らないと思いますが……。
K　否、常に、だ。危機に接すれば、過去も現在もない、その瞬間があるだけだ。危機のさなかには時間は存在しない。時間が忍び込む瞬間に減衰は始まる。これがすべてだ。暫くこのように観るべきだ。
　第二次世界大戦中、多くの貴族たちは私にこう嘆いたものだ、「我々はすべての階級的品格を失った、庶民と一緒に地下壕で暮らしたのだ」と。つまり危機が発生すれば、すべてが消滅してしまう――危機自体を除いて。私の階級、私の貴族性、私のあれこれ、すべてだ。だが、戦争が終われば、再び自分の城館に戻り、「私は何某卿だ」と名乗るのだ。
Q2　戦争のような危機の際は、すべてのエネルギーを喚起することが求められ、当面は〈私〉を忘れ、集団と一体化することになります。でも、〈私〉は依然として存続しているのです。人間は心を超えて行かなければならないのです。
K　心を超えて行くなど、あり得ない！　議論の余地はない。「かくあらねばならない」と言う時、もはや探究の姿勢ではない。
質問者3（Q3）　危機であれ至福であれ、その瞬間はゼロ・レベルで生きていることになりませんか？
K　そう呼びたければ、それで結構。
Q3　それは、私たちは常にゼロ・レベルに生きるべきだ、ということを意味するのでしょうか？
K　君はできない。不可能だ。
Q3　できない？　危機や至福の経験のさなかには、この〈私〉はゼロ・レベルで消滅します。至福の瞬間には〈私〉は存在せず、危機の瞬間にも〈私〉は存在しません。皆がそれに同意しています。
K　同意などあり得ない。
PJ　これは賛否の問題ではないと思います。危機の瞬間には、それこそ百千もの事柄が起こるからです。語られているのは、危機の瞬間のホリスティックな立場からです。そこに至るまでも、極めて真摯な探究を要します。
K　然り。「ホリスティック」という言葉は、極めて健全な心身、明晰な思惟力、更には「聖なる」「神聖な」という語意、これらすべてを包含する言葉だ。そこで、問いを提起したい、「決して減衰することのないエネルギーがあるのか？　また人はそれを汲み出せるのか？」と。ホリスティックでなければ衰亡あるのみだ。

FW　確かに論理的な言説であり、その意味では真実です。でも、そもそも師の言及されたものは全的エネルギーであり、全的エネルギーである限り、減衰して何か他のものになることなど考えられないのではありませんか？

PJ　それは興味深い指摘です。

K　興味本位の問題ではない。私の発言を弄ぶことは止め、虚心に聴き給え。私の発言はこうだ、「ホリスティックな生き方には、エネルギーの減衰はない。だが、ホリスティックではない生き方には、エネルギーの減衰あるのみだ」。これが要旨だ。

PJ　質問があります。ホリスティックな生及び非ホリスティックな生は、脳細胞とどのような関係がありますか？

K　皆無だ。

PJ　脳細胞に対して……。

K　ホリスティックという言葉の意味を理解しなければならない。その意味を明瞭に理解しておきたい。〈ホリスティック〉とは、完全、全体、完璧な調和であり、分裂や断片化のない状態を意味する。これがホリスティックな生であり、尽きることのないエネルギーなのだ。私がこう言うと、諸君は「ナンセンス」と言うかもしれない。我々の知る非ホリスティックな生、断片的な生は、エネルギーの浪費そのものだ。諸君は、この言葉をどう捉えるだろうか？

PJ　私はこの問いを心の中に持ち続けます。何よりも師の今仰ったことを把握したいと思います。

K　彼女の発言はこうだ、「その言葉を傾聴したい。議論や余談、戯論ではなく、ただ傾聴すること、ただ見つめること。肯定でも否定でもなく、それを吸収したい。それを見つめ、見定めたい」。全体感覚のある処、〈私〉は存在しない。その他は思考の動きであり、過去、時間等のすべてが噴出する。それが我々の人生、我々の日常生活であり、その人生とは褒賞と懲罰、絶えざる満足の追求なのである。

PJ　問いが湧いてきました。それは、非ホリスティックな動きも脳細胞の中に保持されており、様々な反応や反発を吐き出すのではないか、という問いです。

K　然り。

PJ　その非ホリスティックな動きも過去全体の暴流なのですね。

K　然り、それも脳細胞内に座を占めている。

PJ　では、ホリスティックな生は、脳細胞や感覚に対して、どのような関係を持つのでしょうか？

K　博士、この質問の意味が分かるだろうか？

DS　はい、分かると思います。

K　どういう意味だろうか？

DS　彼女の問いは、「この脳内のホリスティックな状態は、記憶や過去、感覚に対し、どのような関係があるのか?」ということです。

K　博士、尻尾を捕まえられたね、よく聴いていなかったようだ。［笑い］

PJ　二つの状態があります。ホリスティックな状態と非ホリスティックな状態。そのうち非ホリスティックな状態は明らかに脳細胞の中に座があります。なぜならそれは脳細胞にある過去の流れだからです。そこで、私の問いは、「ホリスティックな状態と脳細胞及び感覚との間にはどのような関係があるのか?」ということです。

Q1　「感覚（senses）」とは、何を意味するのですか?

PJ　聞くこと、見ること、味わうこと。

K　彼女の問いは極めて単純なものだ。我々の脳は、過去、記憶、経験、幾千年もの知識、これらすべてを内蔵している。その脳細胞はホリスティックなものではあり得ない。この点に留意して欲しい。その脳細胞は今や非ホリスティックな生き方を条件づけられている。そこで、関係――私はそれを関係とは呼ばない――ではなく、ホリスティックな生き方が実現した時に脳細胞に何が起こるのか?これがププルの問いだ。

DS　私は少し問いを変えたいと思います。「知覚がホリスティックな状態の際には、脳細胞とどのような関係が発生するのか?」というものです。

K　その問いもやがて答えられるだろう。

DS　彼女の問いとは少し異なりますが……。

K　同じことだ。ホリスティックな状態の脳は過去を含むのか、またそれゆえ過去はホリスティックに活用され得るのか？　ああ、この両者は全く正反対だ。全体は部分を含むが、部分は全体を含むことはできない。それゆえ過去が機能し始めれば、エネルギーの減衰が始まるのだ。

PJ　ホリスティックな状態は過去全体を含むと仰るのですか？

K　ホリスティックな状態は過去全体を含むか？　結構、更に論じ給え。

PJ　多くの事柄を経て、ここに至ったのです。

K　然り、確かにそうだ。そこに専心すべきだ。

PJ　概念的なものは何であれ、探究したくはありません。私にはホリスティックな状態というものは分かりません。非ホリスティックな状態を経験することにより、非ホリスティックな状態の働きを見ることにより、私は自分自身の意識を観察し、更に「ホリスティックな状態というものがあり、決して消尽することのない全的エネルギーが存在する」という師の言葉に触れました。そこで、問いがあります。「それは人間精神の構造でもある脳細胞のどこにその座を持つのか？」ということです。

K　我々は非ホリスティックな生き方しか知らない。このことを心に留めるように。我々は非ホリスティックかつ断片的な生を送っている――これは事実だ。それが我々の人生、実生活であり、その生はエネルギーの浪費そのものである。これも明らかだ。その生は矛盾あり、葛藤あり、すべてがエネルギーの浪費なのだ。そこで問いが起こる、「果たしてエネルギーの浪費を伴わない生き方というものがあるのか？」と。

Q1　はい、あります。

K　軽々に応諾しないように。

PJ　どのようにしてそれを認識できるのですか？

K　君はそういう生を送っているのか？　我々が関わるべきは理論ではなく、事実なのだ。

Q1　はい、師が仰ったような境地が実際に存在します。そのような生は可能です。ただ、常時という訳ではなく、束の間ですが。

K　それでは全く理論上のものになってしまう。我々は非ホリスティックな生、断片的な生、破綻した生を生きている。「破綻した（broken）」の意味は分かるだろう――何を言おうが、何を為そうが、矛盾、比較、模倣、順応の生となってしまう。それは、断片的、非ホリスティックな生き方に他ならない。そこで、誰かが、「浪費を伴わないエネルギーは存在するのか？　そして従来の生き方に終止符を打つことは可能だろうか？」と問い掛ける。これが問いのすべてだ。

PJ　でも、そのような生き方が脳細胞に含まれているのではありませんか？

K　これから答えるつもりだが、この問題は実に答え難い問題だ。人は非ホリスティックな生を送っているが、それは絶えざるエネルギーの漏洩、浪費を伴う。このことを明確に認識すれば、「従来の生き方ではない人生を送ることは可能だろうか？」という問いが湧き起こる。人間の脳はかくも条件づけられているのだ。

Q1　必ずしも「常に」ではないと思います。

K　私は「常に（always）」には関心がない。それは忽然として発するホリスティックな生の炎なのかもしれない。

Q1　私たちは「脳は条件づけられている」とは言えませんし、「脳は断片的な生に条件づけられている」ということも真に理解しているとは言い難いと思います。

K　私は時に自由の息吹きを得ることがある。

Q1　はい。でも、それは今私たちが探究していることです。その自由の息吹きが全体性を有するか、ということです。

K　否！　それは全体性ではあり得ない。それは来て去りゆくものだ。我々はこの件に関してうんざりするほど専門家たちと論じてきた。結論は、来て去りゆくものはすべて時間の支配下にある、ということだ。そして時間とは断片的な生き方を意味し、それゆえ全体ではあり得ない。この件は後に論じるとして、当面は本題を進めたい。

我々は非ホリスティックな生を送っている。また脳はそのように条件づけられている。時に自由の炎が煌《きらめ》くが、その自由の炎も依然として時間の領域に属する。即ちその炎は依然として断片なのである。そして、脳は非ホリスティックな生き方に条件づけられている。さて、脳にとって何世紀にも渡り条件づけられてきた生き方を脱し、自身で完全に変容することが可能だろうか？　これが当面の課題だ。

DS　その問いに対する私の答えは、今私たちは断片的な生を送っており、その結果エネルギーの浪費という状態にある、ということです。
K　全くその通り。
DS　そして今も満足を探し求めている、ということです。
K　否、そうではない。それはエネルギーの浪費に過ぎない。
DS　それが得たことのすべてです。
K　然り。
DS　他には何もありません。
K　他には何もない。そこで、脳は問い掛ける、「よし、分かった。では、これらすべてを変革することは可能だろうか?」と。
DS　脳がそのような問い掛けができるかどうか、疑問ですが……。
K　私がそれを尋ねている。一つの脳が尋ねることができれば、他の脳も同様に尋ねることができるに相違ない。そして、それは満足に根ざしたものではない。
DS　満足に根ざしたものではない?
K　然り。もしそれが満足を求めることになれば、再び果てしのない追求になるからだ。それゆえ満足の追求に終止符を打ったのである。
DS　満足を追求することなく、そのような境地に関する問題をどのようにして探究できるのか、ご教示頂ければ幸いです。

K　行われているゲームを脳が自身で洞察したからだ。
DS　では、脳はどのようにして問いを発するのですか？
K　「すべて見定めた。より多くの満足ではなく、非断片的でホリスティックな生き方があるのだろうか？」と問うことによって。
DS　その問い自体はホリスティックに問われる……。
K　否。
DS　そうではない？
K　そうではない。
DS　そこがよく分からない処です。その問いはどこから発するのか、という問題です。師は、それは満足の追求ではなく、ホリスティックな取り組みでもない、と仰いました。どの脳がこの問いを発するのでしょうか？
K　それ自身が「エネルギーの浪費を極めて明瞭に徹見した」からだ。
Q2　その問いは脳からではなく、心から発しているのではありませんか？
K　否、全くの的外れ！
PJ　師の「それは断片化の問題全体を徹見した」という言葉の事実そのもの、他ならぬ洞察――その全体を見ることが……。
K　それが、その終焉。

PJ　それがホリスティックということでしょうか？

K　それに終止符を打つこと、それがホリスティックということだ。

PJ　断片化の根源を洞察すること自体がホリスティックだ、ということですか？

K　それがホリスティックということだ。

PYD　でも先程の問い自体の答えはまだのようです。

DS　いいえ、それが答えになるでしょう。そして、同時にそれはホリスティックな問いだと思います。

K　だが、彼女の問いは更に複雑だ。即ち、ホリスティックな脳は過去を含むのか？

PJ　過去の全体を……。

K　過去の本質だ。過去の全体ではなく、過去の本質、過去の精髄、過去から抽出したものだ。これは、どういう意味か？　過去とは〈無（nothing）〉だ。だが、その脳は過去を用いることができる。ゆえに、今や私は、私の人生、誰かの人生、現実の人生、日々の残忍で断片的で愚かな人生に関わっている。そして問う、「より偉大な満足を目指すことなく、それは変容できるのか？　より高きものの強制によることなく――それはまた別の罠に過ぎない――、その構造に終止符を打つことができるのか？」と。私は「できる」と言いたい、もし諸君が主体なく観察することができれば。脳は自分自身を変容することができる。それこそが世に横行しているナンセンスなどではない真の瞑想なのだ。精髄こそ全体なのである。断片の中にはいかなる意味でも精髄はない。さて、諸君はこれをいかに精神分析的、心理療法的に成し遂げるのだろうか？

第十四章　心底から傾聴するということ

ご存知の通り、私は危機を創り出そうとしている。
危機があれば、行動が生まれるからだ。
さて、危機は発生しているだろうか？

一九七六年十二月七日　マドラス

クリシュナムルティ（K）　さて、本日ご臨席の科学者及び数学者の皆様には予めお断りしておきたい。他でもない、私は科学者ではなく、また科学に関しては全くの門外漢だということだ。私が関心を有するのは、人間の変容のみであり、他には全くない。科学は世界を大いに変革してきたが、私はこのゲームには関知しない。以上をご理解の上、議論を進めたい。

ププル・ジャヤカール（PJ）　科学とはかなり隔たった領域ですが、論じるべきだと思うのは、核心的問題にも拘らず、私たち、少なくとも私には看過されてきた問題です。それは「compassion（共感）」

の問題です。

K 〈compassion〈仁慈心〉〉の本質とは何か?

PJ はい、コンパッションの本質に関して、師はベナレスで或る言葉を使われました。「心底から傾聴する（listen with the heart）」ことは可能か、という問いです。私たちには何か理解の及ばない処があります。この「心底から傾聴する」とは何を意味しているのでしょうか?

K それについて論じてはどうだろうか?

フリッツ・ウィルヘルム（FW） 私としては、前回に論じた問題をもう少し継続して論じたいのですが……。「物質（matter）」の本質に関する問題です。

K 私の述べたことは極めて明瞭だと思うが……。それは、思考というものは物質的過程だということだ。何であれ、思考の創り上げたもの——技術的、心理的構築物、信仰、神々、思考に基づく宗教の全構造——は、物質的過程に他ならない。その意味で、思考は物質である。脳細胞に貯蔵された経験や知識であり、巧みに或いは拙く機能し、知識によって定められた一定の枠内でのみ活動する思考、そのすべては、私にとって物質的過程以外の何ものでもない。

物質とは何か? 私は関知せず、論じるつもりもない、専門家さえ知らないのだ。ノーベル賞を受賞したウィルキンス博士（分子生物学）やボーム博士（物理学）でさえ、「私たちは物質の何たるかを知らない」と述べている。そして、その説明自体が依然として知識と思考の領域から出ることはない。それゆえ思考が何を考えようと、それはすべて物質なのだ。それ以外に私の言うことはない。物質を探究するだけの能力も蛮勇も、私は持ち合わせていない。物質に関して、科学者がどう考えているか、諸君がどう考えるか、或いはそれを論じることの可否、すべて私は関知しない。
FW　私はこの問題を科学者の視点から探究しようとは思いません。ただ物質が何か未知なるものなのかどうかを、探究したいと思っています。
K　それが科学者たちの考えだろう。
FW　はい、私たちが未知なるものを探索する時……。
K　ああ、未知なるものは探索できない。注意深く……。
FW　分かっております。
K　探索できるのは既知なるものだ。そして、その限界に至れば、そこから脱することになる。即ち、我々が探究できるのは既知なるものだけだ。
FW　はい。
PJ　既知なるものとは、思考の中に入ることですね。
K　無論、そうだ。「未知なるものを吟味せよ、探索せよ、探究せよ」と言われても、それは不可能だ。
FW　勿論です。でも、それは単に同じことの簡略化した言い方に過ぎないのではありませんか？
K　然り。それゆえププルは問いを提起した、「仁慈心を以て傾聴する、とはいかなる意味か？」と。この問いから始めてみたい。
PJ　これは死活的に重大な問題です。この仁慈心があれば、万事が叶います。

K　同意したい。だが、不幸にして我々はそれを有していない。では、この問題といかに取り組むか？　即ち、「聴く」とはいかなる意味か、「コンパッション」の本質と構造はいかなるものか？

PJ　そして、この「心底から傾聴する」とはどういうことか？

K　然り、同じことだ。

PJ　師の仰ったことは極めて重要なことです。単に耳から聞くことよりも遥かに深い傾聴があるのではないか、という問題提起です。

K　然り。諸君さえ構わなければ、この二つの態度を取り上げたい。「単に耳から聞くこと」と「心底から仁慈心を以て聴くこと」だ。だが、先ず「聴く」とはいかなる意味か、即ち「聴く術《すべ》(the art of listening)」について探究してみたい。

FW　この問題に関しては別の取り組み方があるのではないかと思います。「聴かない」こととはいかなることを意味するのか？　恐らく「聴かない」ことが極めて明瞭になれば……。

K　それこそ我々の試みていることだ。否定を経て肯定へ、即ち「聴かないこと」を通して、「聴くこと」に至る。帰結は同じことだ。「聴かないこと」を否定することにより「聴くこと」を探究し、その真相を見出せば、真に「聴くこと」を会得したことになる。それがすべてだ。そこで二つの問題がある。一つは、「聴かないこと」も含め、「聴く」とは何か？　他は「コンパッション」とは何か？　つまり、その本質、その構造、その情熱、その深淵、そしてそこから発する行動は、何を意味するのか？　さあ、議論を進めよう。

FW　この「仁慈心」の問題を考える際、私たちは例の問題にぶつかるのを感じます。この仁慈心もまた既知の領域ではないようです。

K　ププルの問いは多少異なるようだ。「心底から聴く」とは何を意味するのか？　これが彼女の問いだ。私はそこに「仁慈心」という語を導入したが、暫くはこの語を離れた方がよいかもしれない。

PJ　クリシュナジは「心底から聴く」術について話され、私は是非ともその術を探究したいと思います。

K　では、この問題に専念すべきだ。「単に耳から聞くこと」と「心底から聴くこと」、この両者の意味する処は何か？

ラーダ・バーニア（RB）　前回私たちは、思考に基づく反応は断片的であることを確認しました。その反応を観察と呼ぼうが、傾聴と呼ぼうが、同じことではないでしょうか？

K　然り、その通り。

RB　では、心は断片的なものではないということでしょうか？

K　全感覚の完全な開花と共に傾聴することは特別なことだ。一方、一部の感覚を以て部分的に聞くことは断片的なものだ。これが貴方の言わんとする処だろうか？

RB　はい、そうです。

K　然り、全感覚を挙げて傾聴するならば、何が傾聴か否かといった厄介な問題は、すべて起こり得ない。だが、我々はそういう風には聴かない。いかにすればよいのか？

スナンダ・パトワルダン（SP）「心底から傾聴する」という言葉に対する私の反応は、「心底から傾聴する」こと自体は分かりませんが、何か情感の動きがあれば、思考のみで聞く代わりに他人の言葉を傾聴しようという情感が起こります。その情感があれば、今までとは違ったコミュニケーションが取れる筈です。

K　貴方の言うその情感は思考とは異なったものなのか？

SP　これからご説明致します。思考以外の心の動きがあるかどうかは分かりませんが、師のお言葉をそのまま受け容れるのは困難です。私たちも、優しさ、愛情、情感と呼ばれるものを経験したことがあります。でも、それらすべてが思考という範疇に押し込められれば……。

K　否、そうではない。慎重に進めたい。まだ分類は早い。

PJ　これはとても厄介な問題です。

K　ゆえに慎重に進まなければならない。思考と共に聞くのか、それとも思考を介さずに聴くのか？それが問題だ。さて、諸君は思考の動きと共に聞くのか、それとも思考の動きを伴わずに聴くのだろうか？

PJ　思考を介さずに聴くことはあり得ると思います。

K　然り。

PJ　人生においては、時に心と頭脳と意識が一つとなった全的感覚に包まれる瞬間があります。

K　然り、その通りだ。

PJ　師の「思考を介さず傾聴する」という言葉に対して、ようやく「はい、その通りです」と言えるようになりましたが、何かまだ釈然としないもの、何かが欠けているのを感じます。

K　ププルジ、慎重に注意深く進むことだ。我々は先ず「意思疎通（to communicate）とは何か?」という問題から出発しなければならない。私は貴方と意思疎通したい、私は貴方に、私が感じ、考え、深く関心を寄せていることを伝えたい、これらすべてを貴方に話したい。貴方の方はそれを受け取る準備がなければならない、さもなければ意思疎通は成立し得ない。貴方は、誰かが提出する問題や質問、言葉に対して、その中に参入する準備が必要だ。ということは、貴方は、話し手と同等の関心、同等の情熱を持ち、同じレベルで交わらなければならないことを意味する。「意思疎通」には、これらすべてが含まれるのだ。

SP　同等の関心は分かりますが、同じレベルというのは大変難しく……。

K　さもなければ意思疎通は成立し得ない。

PJ　「意思疎通」という言葉を取り上げるに際し、師は二つのことを含意しておられるようです。

K　然り。

PJ　ただ「心底から傾聴する」ことには、二種はないようです。

K　その件は暫く保留したい、「心底から聴く」ことに関しては、暫く保留し、後に検討したい。私は貴方に自分が深く心動かされたことについて語りたい。貴方はそれをいかに聴くだろうか? 私はそれを貴方と分かち合いたい、私と共に感じて欲しい、私に真に関わって欲しい。さもなければ、いかに交わることなどできようか？　私は貴方に語りたい、貴方に何かを伝えたい。さあ、貴方はそれを、私が伝えたいのと同等の情熱、同等のレベルで聴くことができるだろうか？　さもなければ、貴方はそれを受け取ることはできない。

SP　いかに人はそのレベルを知ることができるのでしょうか？

K　それが私にとって極めて深刻な問題であれば、「私とこの問題を分かち合って欲しい」と告げるだろう。私にとって、それは単なる知的な問題や言葉の問題ではなく、切迫した死活問題なのだ。私が貴方に伝えたいのは、深刻な人間の問題なのである。私は貴方にその問題を共有して欲しい、そのためには、貴方は話し手と同じレベルでなければならない。「分かった。じゃあ、ちょっと君の話を聞こうか」と気楽に言う訳にはいかないのである。

SP　師のお話では、第一があれば、第三もあることになります。

K　第一とは何だろうか？

SP　深い真摯さです。私に真摯さがあれば、それに応じたレベルが実現するでしょう。

K　私は何をすればよいのか？　私は伝えたい、然るに君は聴こうとしない。それが私の問題だ。私は君に何か極めて重要なことを語りたい。それは馬鹿げているかもしれない、誤っているかもしれない、愚かに見えるかもしれない。だが、それは私にとっては何か極めて重大なことなのだ。私は君にそれを聴いて欲しい、なぜなら君も同じ人間だからだ。むしろそれは君の方の問題かもしれない。君は真に人生を掘り下げたことがないのだろう。そこで、私と真剣な問題を共有することで、君は自身のその問題に対する真摯さを実現することになるだろう。それゆえ「聴くこと」とは、共有することであり、言葉の歪曲なき言語コミュニケーションなのである。

人は自ら知っている言葉を使って語るが、君がその言葉を歪曲し、政治的、宗教的、経済的意味を付与すれば、その時、君は意思疎通しているとは言えない。それゆえ、言葉を介さない意思疎通を含む傾聴と共有こそが、「是が非でも」必要なのだ。問題があまりに重大ゆえに、「どうかお願いだから、私の話を聴いてくれ」と、彼は語る。そして君はその人に会い、「分かった、それについて語ろう。話して下さい」と言うだろうか、或いは別の問題、別の課題、別の解答を準備しているのだろうか？

PJ　明らかに、或る一定レベルの時にのみ意思疎通が成立します。

K　その通りだ。さて、諸君はいかに私の言葉を聴くのか？　先程述べた風に傾聴するだろうか？

SP　すべての人に対して、そのように傾聴しているとは思えません。

K　否、私が話しているのは現今只今の話であり、他の人の話ではない。そこで問いたい、「君はそういう風に私の言葉を聴くことができるだろうか？」と。

PJ　師に対しては、私たちは傾聴します。

K　ああ、それでは傾聴しているとは言えない。それは、諸君が私に関する虚像を築き上げ、その虚像を後生大事に祭り上げ、それゆえ傾聴しているに過ぎないからだ。

SP　虚像だけではないと思います。

K　的外れだ。諸君は、今この瞬間に話しているこの人間だけではなく、誰であろうと、話している人すべてに対して、傾聴するべきだ。傾聴しなければならないのだ。その人は言葉にならない何かを貴方に伝えているのかもしれない。さて、諸君はその同じ真摯さで誰に対しても傾聴できるだろうか？

SP　或る人々に対しては傾聴しますが、すべての人に対してではありません。

K　なぜ？

質問者1（Q1）　先入観のせいではないでしょうか？

K　無論、そうだろう。だが、何故《なにゆえ》？　それゆえコミュニケーションが成立しないのだ。私は貴方に、学校のことやあれこれを話したいのに、貴方は「結構です。私は失礼します」と言って去ってゆくのだ。

PJ　師のお話は、真理に基づき沈黙から発せられる言葉と単なる思考から発せられる言葉、この両者は同等に受け取られるべきだという意味でしょうか？

K　いやはや、あまりに限定的、あまりに画一的。［笑い］

PJ　いいえ、それほど画一的だとは思いません。師のお話とその言葉はそれほど特別だということです。

RB　重要なのは、そもそも「受容（receiving）」があるかどうかということだと思います。

K　然り、その通りだ。

SP　そもそも「傾聴（listening）」も……。

RB　はい、真に受容している時には、それが真実の言葉かそれとも偽りの言葉かなどという問題は……。

PJ　その問題は今の私たちには無縁です。事実から出発しましょう。

ラジェシュ・ダラル（RD）　すべては方向づけられているように感じます。私たちが傾聴するのは動機ゆえですが、その動機は極めて微妙或いは明徴かもしれません。つまり、私たちは師のお話を傾聴する際は、多大の注意力を注ぎますが、他の人からはさほど得る処がないので、さにあらず、です。［笑い］

K　さもありなん、だ。

RD　基本的にはそういうことです。私たちは常に何かに向けて方向づけられているのです。

K　然り。では、いかにしてこれらすべてを修正し、相互に傾聴することができるだろうか？

質問者2（Q2）　私たちが解釈しているということでしょうか？

K　彼は言う、「私の言葉を解釈する勿《なか》れ。ただ聴くのだ、ただ傾聴して欲しい」と。この件には挿話がある。私は或る空手の専門家の処へ行き、「私は空手については何も知らない、教えて欲しい」と告げた。私は空手に関しては本当に何も知らなかったのだ。映像でカンフーか何かを見たことはあるが、詰まる処、何も知らないのだ。知らないがゆえに傾聴する。だが、諸君はそうではない。諸君は既によく知っている、そしてそれが諸君の躓《つまず》きの石となるのだ。「君は何を言っているのか？」「そうではあるまい、こうではあるまい」等々、あらゆる憶測と意見の嵐だ。例えば、私が「聴いてくれ、私は貴方を愛していると伝えたいのだ」と言ったとする。この「愛（love）」という言葉を聞いた瞬間に、諸君の顔は急に生き生きと甦る。［笑い］

従って、肝要なのは「聴く術（the art of listening）」ではなかろうか。「アート（art）」とは、すべてをそのあるべき処に置くという意味だ。自身の先入観もあるだろう、自身の結論もあるだろう、他にも様々あるだろう。だが、傾聴する際には、それらすべてを一旦脇に置かなければならない。解釈、比較、判断、評価といったすべてを放擲《ほうてき》するのだ。かくして初めてコミュニケーションが成立する。無論、誰かが「貴方を愛している」と言った時も束の間のコミュニケーションは成立する、その時まさか貴方は「ええ、それについて考えてみましょう」とは言わないだろう。

RB　でも、すべてを放擲することも、同じ情熱、同じレベルを持つのと同じことを意味するのではないでしょうか？

K　さもなければ、その意味は何だろうか？　私は貴方に、貴方は私に何を語るべきなのか？

RD　その意味は分かりましたが、実行できないのです。

K　実行し給え、今実行するのだ、たとえ二分でも五分でも、いや五秒であっても実行することだ。

RD　それは時に起こりますが、……。

K　否、それでは十分ではない。

SP　師は、傾聴するという行為自体がこれらすべてを一掃すると仰いました。

K　然り。

SP　当面であっても……。

K　然り。私が「貴方を愛している」と言った時、何が起こるだろうか？

SP　でも誰もそうは言ってくれません。

K　ああ、私が貴方に言っているではないか、それも今！

SP　でも、人生における正常な反応はそのようなものではありません。

K　それが聴く技術なのだ。では、「心底から傾聴する」とはいかなる意味なのか？　諸君は真の意味で心底からは聴いていない。真に聴くとは、配慮、注意、愛情、相互の深い霊交の感覚と共に傾聴することを意味する。「心底から」とは、全感覚を挙げて、貴方の……。

PJ　……全存在と共に。

K　全存在と共に。結構、そのように生き給え。さて、諸君はそれを実践しているだろうか？　それとも単に言葉を延々と吐き続けるだけなのか？　さて、コミュニケーションの何たるか、傾聴の何たるかは、深浅はあっても理解できただろう。嫌いな人間、愚かな老人、小賢しい人間、狡猾な人間、誰であれ、その人に耳を傾けることができるだろうか？　男女を問わず、その人の言葉を心底から傾聴できるだろうか？　その思いがあれば、言葉は問題ではない。

私は傾聴する――私の人生には度々あったことだが――私は極めて注意深く傾聴する。私は先入観を持たず、想像することなく、結論を持たない。私は政治家ではない、また経済や科学の徒、知識人でもない、何の専門家でもない。私は一人の人間なのだ。それゆえ誰にも耳を傾ける。私はただ傾聴する。彼は自分自身について私に何かを話したがっているからだ。

一般的に彼は仮面を着けて――これは個人的に語っている――訪ねて来る。彼は、私に対する虚像や幻想を抱き、そのため分厚い仮面を着けてやって来る。彼が真剣な面談を望むならば、「仮面を脱いで、共にその問題を検討してみよう」と語り掛ける。彼が望まない限り、私は仮面の背後を見ようとは思わない。彼が「分かりました。それについて話し合いましょう」と応じれば、彼の話を傾聴する。その過程において、彼の話す内容が全く見事に我々人類全体に通低する問題だということに気がつく。それは、彼の話し方が拙いか、捉え方が誤っているだけで、その内容自体は人間が共通して苦悩する問題なのだ。その問題について彼は語り、私は傾聴する。即ち、彼は私に人間の歴史、人間の物語を語っているのである。私が耳を傾けるのは、その言葉だけではなく、彼の表面的な感情、或いはその言葉の深層である。彼の話すことが皮相的であれば、対話も皮相的になる、そこで、掘り下げ、掘り下げ、彼が自らの深淵に至るまで話し合う。私の言っていることが分かるだろうか？

RD　はい、分かります。

K　貴方は私に会いに来た（「私に」ではない、私は個人的な話をしているのではない）。仮面を取り去った後も、貴方は極めて皮相的なことを話している。貴方はごく表面的な感情を表現しているのかもしれないが、あまりに皮相的であれば、「失礼だが、そのお話はあまりに皮相的なので、少し掘り下げてみよう」と提案する。深く掘り下げるにつれ、貴方は我々人間すべてに通低する内容を語り始める。その時、貴方と私の間にはいかなる分離もない。その時、貴方は完全に全人類に属する何かを語り始めるのだ。その時、私は私のすべての……。

PJ　その傾聴の根柢には何があるのでしょうか？

K　明らかに、それは〈compassion（仁慈心）〉だ。では、そのコンパッションとは何か？　フリッツが言うように、それは我々には未知なるものだ。時にその感情に満たされることはあるが、真実は未知なるものである。そこで、彼は「このコンパッションという途方もない英知を持つには、どうすればよいのか?」と問い、「私は方法やシステムを求めない。それは馬鹿げたことだからだ。心の中の自然な開花を望む」と言い添える。さて、いかにすべきか?

FW　このコンパッションは思考の領域にはなく、それゆえそれを持っているという感情を味わうことは決してないと思います。

K　否、君はそれを見出したいと願い、ドライバーのように掘り下げ、掘り下げしているのだ。

PJ　その香りがある筈です。

K　然り。当然、馥郁たる香りを伴う筈だ。だが、聖者たちのように、香りも蜜もなく、コンパッションについて語ることもできる。

PJ　それは存在するか、しないかのどちらかです。

K　ププルジやラーダジはそれを持っていると仮定しよう。私はその香りを手に入れたい。貴方たちの傍に来た時、それはあまりに素晴らしく感じられたからだ。「この方々は何か素晴らしいものを獲得されたようだ。私もそれを味わいたい」と。

PJ　師と共にある時に、この感情が湧き起こるのはなぜでしょうか?　すべての先入観を排し、あらゆる障害を除去し、心を即座に静寂ならしめるこの絶大な力を、師はなぜお持ちなのでしょうか?

K　これからそれを述べよう。

PJ　お聞き致します。

K　少し違った視点で見てみよう。それは、小さな手桶或いは持ち運べない程の大きな桶を持って泉に行くようなものだ。我々のほとんどは小さな手桶で水を汲むが、その量は十分ではない。だが、ププルとラーダは自らの泉を持っている。そして彼女たちは素晴らしい人間に思われ、私はそれを手に入れたいと思う。所有の欲望ではない、そのような馬鹿げたことは望まない。それは自分の庭に泉が湧き出るようなものだ。その泉は湧出し、溢れ、流れ出す。私はそれを目の当たりにしたい、外なる庭にも内なる自己の裡にもその泉を目の当たりにしたいのだ。さて、私はいかにすればよいのか？

FW　私はそれを得ることを妨げているものを知りたいと思います。

K　私はそういうことは望まない。それは分析だからだ。私は分析しようとは思わない。分析は時間の浪費だからだ。私はそれを熟知している。君が主張し、私がそれを受容したからではなく、その根拠、その論理、その意味、そしてその真実を知っているからだ。それゆえ却下！

SP　分析だけではなく、沈黙と瞑想に浸って坐すことも知っています。でも、そのすべてが何の関わりもありません。

K　然り。

SP　人間の試みてきたことすべてが……。

K　すべてが虚しい業《わざ》だ！

SP　人は二元性から出発しますが、その後のあらゆる類《たぐい》の経験はそれに対しては全く関係がないのです。

K　聴き給え。ププルとラーダは、自らの裏庭にそれを持っている。彼女たちはそれについて語らないが、実際に存在し、溢れ、流れ、せせらぎとなり、あらゆることが起こっている。そこで、私は「一体全体どうして私の裏庭にはそれが起こらないのか？」と叫ぶ。私は見出したいのだ。模倣などしたいのではない。それは起こるべきだ。ゆえに私は分析しない、「何が私を妨げているのか、何が遮っているのか、何が障害なのか、私は沈黙すべきか否か？」等々と。これらはすべて分析的手法だ。了解できただろうか？

SP　大丈夫です、その点は明瞭です。

K　その意味を真に了解しただろうか？

SP　「真に了解」とは、どういう意味でしょうか？

K　私はそれを得たい、あの人たちはそれを得たのに、私は得ていない、ゆえに私はそれを得たい。それは貴重な宝玉のようなもの、時にそれを眼にするが、隠され、またそれを見たい。いかにすれば、それは私に起こるのか？　それが私の願いだ。そして彼は尋ねる、「何が私を妨げているのか？」と。私は、それは分析過程であり、分析は時間の浪費だと指摘する。諸君にこのことが真に理解されるかは分からない。分析するものと分析されるものは別々ではない。そのために時間を費やし、考えを廻らし、足を組んで座ることはしない。私は時間を無駄にしたくはない、それゆえ分析はしない。分析行為を根底から断つことができるだろうか？　諸君にそれができるだろうか？　危機があれば、できる。絶大な危機が発生すれば、分析する暇《いとま》などない。貴方は危機の渦中にいるのだ。

然り、彼女は素晴らしい香りを獲得し、それは彼女にとって自然なことだ。彼女は「神よ、いかに私はそれを獲得したのでしょうか？　私はそのために何をすればよいのでしょうか？」などとは問わない。何らかの奇蹟のゆえか、或いは必然なのか、とにかく彼女はそれを獲得した。私もそれを得たい。私は一個の人間であり、それだけが問題だ。ゆえにそれは存在しなければならない。そして私は分析の真相を徹見したゆえに、決して分析することはない。私はかく言明する、私はこの問題の渦中におり、縛られ、その問題と共に火中に投じられている。わが家宅は燃え盛り、私はその火中に囚われている。私はそれを得たいのだ。

RB　このことの美を感じた瞬間は、「それを得るのにいかにすべきか？」という問いは起こりません。
K　私はそれを欲している。「いかにそれを獲得すべきか？」は問題にならない。
RB　問いは発生しません。
K　実際に空腹の時に、まさか「空腹を分析するつもりだ」などとは言わないだろう。
RB　はい、そのようなことは言いません。
K　では、何と言うべきか？
RB　その香りに満たされる瞬間には、「私はそれを欲する」という欲求は起こりません。どこまで満たされるかは分かりませんが、「私はそれを欲しい」という感情はもはや存在しません。
K　私の言葉、熱意、影響によって満たされ、「私はそれを得た」ということになるのかもしれない。

RB　いいえ、私は「それを得た」などとは言っておりません。

K　ラーダジ、単純に。貴方は自らの裏庭に泉を有しているが、これは極めて稀なことだ。人々は、流水について、泉水について、泉の美、そのせせらぎ、その音楽、そのざわめきについて語るが、真の泉ではない。だが、貴方はそれを得た。ゆえに私は一人の人間として「それは何と素晴らしいことだろう」と称賛し、それに向かって前進する。だが、私はそれを得ていない。さて、私はいかにすればよいのか？　お分かりかな？

RB　はい。

K　私は何を為すべきなのか？

FW　私にできることが何かあるのでしょうか？

K　あるかもしれない、或いはないかもしれない。自分自身の中で、欲望があまりに巨大なため、すべてを払拭してしまう、欲望自体がすべてを一掃してしまうのだ。わが館は燃えている。この現実を前にしては、どのバケツ、どのポンプを使うべきかなどという議論は不要だ。

PJ　それはエネルギーの量に密接に関連していませんか？

K　それはその人が持つエネルギーの量に関連しているのか？　否、人が何かを真に欲すれば、地獄の炎の如く燃え盛るだろう。あの娘を得たい、あの男を得たいとなれば、そうなるだろう。

FW　それは少し特殊な事例だと思いますが……。

K　体裁を繕う必要はない。私は危機を創造したいのだ。危機があれば、行動が生まれる。危機を避けるか、行動するかのどちらかだ。さて、危機は起こっているだろうか？　これは極めて重大な問題だ。

ラーダジは私の許へ来て、すべてを語ってくれる。——私は力の限り傾聴し、力の限り歩みを進めるが、何も起こらない。幾年も幾年も傾聴し、少さな歩み、ささやかな歩みはあるが、八十五歳か九十歳までには死んでしまう。彼女の話は続く。彼女の望むことは、絶大な危機から生まれる行動を喚起することだ。それは、議論の余地なく、分析の要なく、「待ってくれ、それについて考えさせてくれ」という言葉も不要だ。彼女は危機を創造したのだ。その危機とは、自らの影響、言葉、感情、衝迫、それらすべての結果なのか、或いはそれは単なる表面的な危機なのか、或いは私が突破しなければならない危機なのか？　私はそれを突破しなければならない——それが彼女の意図なのだ。彼女は語る、「そのためにのみ私はここに居る、私の関心があるのはそれだけ。貴方のちっぽけな分析やら先入観などの馬鹿げたことには関心はない」と。危機は、結婚している夫婦の一方が「離婚したい」と言い出す時のようだ。危機はそこにあるのだ。

アチュット・パトワルダン（AP）　師が挙げられた事例は、外からの挑戦に内的に適切な対応ができない時の危機ではないでしょうか？　外的挑戦に適切な内的対応を見出せない時に、危機が生じるからです。他の危機は、私が師から得た理解の限りでは、外的な事物によって引き起こされる危機ではなく、内的なものです。
K　然り。私の意味する処もそうだ。
AP　つまり内部からの知覚ということですね。

K　よく聴き給え。彼女の意図は危機を創り出すことなのだ、それも表面的なものや外的なものではない、内的な危機なのだ！

AP　それは内外別々の危機という訳ではないようです。精神が外的危機に直面し、内部からの適切な反応を探し求める、これが危機の一タイプです。

K　然り。

AP　危機の他のタイプとしては、自身の中に深い飽き足らない感覚が次第に昂じ、竟《つい》に堪えられなくなる場合があります。

K　彼女は真実のみを語ることによって、私の中にその危機を創り上げた。彼女の定言はただ一言「逃げずに直面せよ！」だ。

RB　外的危機とか内的危機といったものが本当にあるのでしょうか？

K　気にすることはない。彼女の言葉は「私と貴方の対話により、危機が生まれる」であり、それが彼女の私への言葉のすべてだ。彼女との対話により、危機が生まれたのである。

質問者3（Q3）　危機、特に心理的危機が生じた時、私たちが即座に求めるのは……。

K　然り。だが、彼女は「私たちはそれらすべてを十分議論した。そのすべてを忘れなさい」と答えるだろう。私は彼女の旧い生徒なのだ。私はあの十五年にも及ぶ過酷な歳月、彼女の話を傾聴してきた、彼女とそのゲームをやってきたのだ。ゆえにそれに関することはよく知っている。彼女は言う、「すべてを一掃しなさい、それは今さほど重要ではありません。これは《二十五時》、実存の

危機なのですよ」と。［笑い］

Q3　多分、危機はそれぞれ独自の言語を持っているのではないでしょうか？

K　だが、何よりも危機があるかどうか、が肝要だ。

Q3　私たちもそう思います。

K　それに関してこれ以上言うことはない。君の中に危機はあるだろうか？　彼女と対話することによって、私の中に危機が生まれたのだ。

Q3　はい、私も傾聴すれば……。

K　もし傾聴するのでなければ、湖に身を投げた方がよい！　私はそのようなことには関心がない。彼女は私の中に危機を創り出した。対話を通して、彼女は淀みを掻き回し、その結果、私の中に危機が生じたのだ。今や彼女は私に問う、「それは貴方の実存全体に起こっているのか？　それとも単なる傍観者として無為に過ごすのか？」と。

RD　そのような刺激があったとしても、人間はまた再び……。

K　否、否。

RD　定められた過程が進行していきます。

K　否。貴方が彼女に話し掛ければ、危機が生まれる。彼女は女性、私は男性、会ってみると、彼女は素晴らしく、愛嬌のある女性だ。そこに危機が生まれる。結婚しようが、ベッドを共にしようが、何をしようが、そこに危機が生まれる。もし危機が生じなければ、彼女は詰問するだろう、「あなた、どこか悪いの？　あなたって、本当にそんなに愚かなの？　あなた、馬鹿なの？」等々。彼女は危機を創りたい。それが仕事だからだ。さもなければ、何も起こらない。お分かりかな？

私は彼女と結婚して十年経つが、その彼女から突然「私、もうあなたとの生活、本当にうんざりだわ。あなたは救いようのないほど鈍感だし、そのくせ浮気性、本当につまらない男」と言われた。彼女の言葉は私に危機をもたらし、彼女と別れるか、その危機に直面するか、の二者択一に追い込まれる。これは人生の難題だ。彼女は私に難題を与え、私はそれに答えようと試みる。そして「明日の朝までに答えてくれなければ、私は出て行くわ」。切迫なることかくの如し。切迫がなければ、貴方は何もできない。我々は危機を欲しない、旧態依然とした生き方を続けたい。だが、彼女の仕事は私の人生に危機をもたらすことなのだ。

RD　人生には異なった危機のレベルが様々にあります。

K　貴方と私は結婚している、どこに異なった危機のレベルがあろうか。

RD　私の感じていることを述べさせて下さい。私が学習していた時、師の著作を読んだ瞬間に、危機は私の人生に入り込んできたのです。

K　然り。

RD　その後、或る行動は死に値し、馬鹿げたことだということに気がつきました。そこで、全的行動が実現しなければならないのです。

K　それは実現する。

RD　行動が実現するのです。
K　然り。
RD　それは嘗《かつ》て起こりましたが、今は起こっていません。師は、私を解体してしまうような危機を求めておられます。
K　私は貴方が解体することなど求めてはいない。貴方が彼女と話した時に危機は生まれただろうか？　彼女の衝迫、要求等は、貴方の中に危機を生み出すに違いない。表面的な危機や単なる不快感ではなく、……真の危機なのだ！　さあ、貴方はどう答えるか？　［長い沈黙］
要は心底から傾聴することではないだろうか。彼女は私をかくも根柢から掻き混ぜ、揺るがし、私の拠り処をすべて奪ってしまった。それは寂しさを意味しない。分かるだろうか？
モンスーンが到来し、君にこう告げる、「でき得る限りの水を集めるのだ。来季はモンスーンは来ないだろう」と。そこで、君は水を能う限り集めるために、様々な形態の溜め池を築くだろう。さて、我々は究極的にはどこにいるのか？　［長い沈黙］
PJ　或る意味、それはすべてを放任することを意味するのでは……。
K　そうではあるまい。それは、我々が予測し得なかった行動が起こるかもしれない、ということだ。危機があれば、それは起こるだろう。
T・K・パルチュレ（TKP）　それは、すべての精神的なものの完全な停止という段階に至るのではないでしょうか？

K　否、これは極めて単純な話だ。貴方は結婚し、妻と十年、十五年、二十年、共に暮らしてきた。或る朝、突然、彼女から「悪いけど、もうやっていけないわ。あなたは不誠実なのよ、肉体的のみならず、精神的にも、内面的にも。明日の朝までに、あなたが根本的に変わらなければ、私は出て行くわ」と告げられる。その時、貴方はどうするだろうか？　そういう立場に立たされているだろうか？

RD　いいえ、そのような立場にはありません。残念ながら、危機そのもののような状況には立ち得ていません。

K　それが彼女が君に求めるものなのだ、君が答えられなければ、彼女は君の元から去って行くだろう。そうなれば、極めて深刻な事態になるのは目に見えている。そして彼女は告げる、「これは私の慈悲心から発した言葉です。あなたは危機を持たなければなりません」と。

RD　私たちも危機は重要だと考えております。ただ、危機が起こることに踏み込めないのです。

K　宜しい。彼女の言葉は「もうこれ以上虚しい人生を送る勿れ！」という一言に尽きる。危機が発生し、その危機と共に生きれば、君の庭には滾々《こんこん》と清水の湧き出る井泉が誕生していることだろう。

訳者後記

本書は、"Explorations and Insights" Second, Revised Edition 2011 (Krishnamurti Foundation India)の全訳である。序にも明らかな通り、初版は "Exploration into Insight" なる書名で一九七九年に出版され、その後数回に亘り増刷を重ね、二〇一一年に書名も新たに第二版として刊行された。

両版の関係については、「対話の全般的流れそのものは初版から変わっていない」と第二版の序にあるが、書名の「洞察への探究の旅」から「諸探究と諸洞察」への変更に相応して、その内容には少なからず改変がある。先ず分量的に第二版は初版に比べ、著しく増大している。総じて初版は編集の手がかなり加わっており、その分文意は取り易い。一方、第二版は忠実に音声記録を文字化したものと思われ、その分重複や文意の取り難い処も多々ある。本訳は第二版に基づいたものだが、初版も適宜参照した。翻訳は直訳を旨とした。

人は誰しも、幸福、安心、更には生の充溢、豊穣を求める。私にとって、生とは認識であり、その精髄は「観る」ことである。様々な認識法の中で、《Kranken-Optik（病者の光学）》（ニーチェ）や《le voyant（見者、千里眼）》（ランボー）等、観ることに関する表現が多い所以である。ただ、それも思弁的理論や希望的要請に留まるものが多い。個人的には、特にキーツの《negative capability（潜蔵力、受動的認識力）》（「書簡」）や小林秀雄の「沈黙の力に堪へる経験」（「美を求める心」）から、啓発を受けた。

閑話休題。本書には《hold it and remain with it（それを保持し、それと共に留まれ）》という言葉が頻出する（「それ」とはその時々の課題や意識化・言語化以前の未発の状態）。また《holistic（全一的、包括的）》な生、《to listen with the heart（心底から聴く）》、《compassion（仁慈心）》も同様の心的態度と言える。

クリシュナムルティの教えは直截的かつ端的だ。「不安ならば安心せよ」、「思考や解釈を交えず、ただ見る、ただ聴く」「見るものは見られるもの」等々。その教えは、一切の人為的なもの、分析的なもの、体系的なもの、思弁的なもの、あらゆる思考や言語の罠を排する。彼の教説は、瞑想、ヨーガ、座禅、静坐、念誦、称名、断食等、様々な宗教的修行、方法論を尽く《ことごと》踏翻《とうほん》する。畢竟《ひっきょう》「教の殊劣を討論することなく。法の深浅をえらばず、ただし修行の真偽をしるべし」（道元「弁道話」）である。

彼はその心的態度をもたらすものとして《危機（crisis）》の喚起を求める。日本語で言えば《本気》ということだろう。本書は、その《本気》が実現するための指針や触発に充ちている。では、《本気》はいかに実現するのか？

ああ、またかの師の戒められた観念と解釈の罠に陥ってしまったようだ。

彼は秘密を知っている。人間の秘密を知っている、ということは、私の秘密を知っているということだ。ならば、何を措いても彼に従い、彼の言葉を傾聴する。学人たる自己には、次の警句で十分だ。

善知識を信ずる事の甚だしき故、其の糞を食し、其の尿を飲むともいとはしからぬことあり。是れもまた魔障なり。善知識の行儀に過非あることを見て、其の正法を捨て、これを遠離するも魔障なり。(「夢中問答」)

戦禍は已まない。人間にエゴイズムやナショナリズムという信仰がある限り、戦禍は已まない。わが神、わがグルといった宗教的信仰も同様だ。その際、道標となるのがクリシュナムルティの存在とその言葉である。《You are the world.》、この悲惨で残酷な世界、それが私だ。この自覚なくして真の平和はあり得ない。

本訳のきっかけは、滞印中クリシュナムルティと個人面談を重ね、本書第十四章にも「空手の専門家」として言及されている高岡光氏の周旋によるものである。その労に対し、深く感謝申し上げたい。また編集の段階で、編集者の川満秀成氏、編集管理の田中智絵さんには、格別のご配慮とご尽力を賜った。この場を借りて厚く御礼申し上げる。
最後に、この出版不況の折、かかる大部の書を出版するという御英断を下されたナチュラルスピリット社主・今井博揮氏に満腔の敬意を表したい。

玉井辰也

二〇二四年一月

■ 著者

J・クリシュナムルティ（Jiddu Krishnamurti）

1895年、インド・マダナパレ生まれ。少年期にアニー・ベサント神智学協会第二代会長らによって、来たるべき救世主・マイトレーヤの器として「発見」され、様々な霊的修行及び教育を課される。1929年、自らのために設立された組織「星の教団」を解散（「真理は辿るに途なき地なり」）し、以降いかなる組織にも属することなく、米欧印を中心に世界中で著作や講話、対話を通して「人間の真の自由と解放」を説き続ける。1986年アメリカ・オーハイ渓谷で逝去。図らずも〈三界導師（Jagadguru）〉の役割を見事に果たした数奇にして稀有の生涯だった。著作は『最初で最後の自由』（ナチュラルスピリット）、『生と覚醒のコメンタリー』（春秋社）、『子供たちとの対話　考えてごらん』（平河出版社）等、多数。「20世紀最大の神秘家」「生ける仏陀」「現代のソクラテス」等と称される。

■ 訳者

玉井 辰也（たまい たつや）

1957年、福井県若狭生まれ。京都大学文学部卒。教師、編集、広告、貿易、金融等、様々な職で糊口を凌ぐ。方今、各種資格・試験等の家庭教師を業とする。学は古今に渉り、語は東西に及ぶ。就中、欧州近代諸語、漢・韓等の東アジア諸語に通ず。若き日よりクリシュナムルティに私淑する。関連訳書にナラヤン『知られざるクリシュナムルティ』（太陽出版）、『詩と寓話―クリシュナムルティ初期詩文集』（私家版）等。

連絡先：㈱アジア・ネットワーク
〒116-0003　東京都荒川区南千住6-37-1-302
TEL：03-5811-5431　FAX：03-5811-5432
E-mail：asianet97@or2.fiberbit.net

探究と洞察

J・クリシュナムルティとの対話

●

2025年1月24日　初版発行

著者／J・クリシュナムルティ
訳者／玉井辰也

編集・DTP／川満秀成

発行者／今井博揮
発行所／株式会社 ナチュラルスピリット
〒101-0051 東京都千代田区神田神保町3-2 高橋ビル2階
TEL 03-6450-5938　FAX 03-6450-5978
info@naturalspirit.co.jp
https://www.naturalspirit.co.jp/

印刷所／中央精版印刷株式会社

ISBN978-4-86451-503-0 C0010

●新しい時代の意識をひらく、ナチュラルスピリットの本（★…電子書籍もございます）

最初で最後の自由★
J・クリシュナムルティ 著
飯尾順生 訳
J・クリシュナムルティの代表作！ 名著『自我の終焉』、新訳で待望の復刊！ 実在はあるがままを理解することの中にのみ見出すことができます。
定価 本体二三〇〇円＋税

真我 ラマナ・マハルシ★
福間 巖 編・訳
『ラマナ・マハルシとの対話』と『Day by Day with Bhagavan』から「真我」のテーマのみを抜粋し、巻末に『私は誰か？』を加えた一冊。
定価 本体一七〇〇円＋税

アイ・アム・ザット 私は在る★
ニサルガダッタ・マハラジとの対話
モーリス・フリードマン 英訳
スダカール・S・ディクシット 編
福間 巖 訳
本邦初訳！ マハルシの「私は誰か？」に対する究極の答えがここに。現代随一の聖典と絶賛され、読み継がれてきた対話録。
定価 本体三八〇〇円＋税

気づいていることに気づいている
永続的な安らぎと幸福へのダイレクト・パス
ルパート・スパイラ 著
福田カレン 訳
気づきに備わる不変の安らぎと無条件の喜びという本来の特質を解き明かす。著者が過去数年間の集会やリトリートで行った誘導瞑想をまとめた一冊。
定価 本体一五〇〇円＋税

オープン・シークレット★
トニー・パーソンズ 著
古閑博丈 訳
ノンデュアリティの大御所トニー・パーソンズの原点。対話形式ではなく、すべて著者の記述による、「悟り」への感興がほとばしる情熱的な言葉集。
定価 本体一三〇〇円＋税

あなたの世界の終わり★
「目覚め」とその〝あと〟のプロセス
アジャシャンティ 著
高木悠鼓 訳
25歳で「目覚め」の体験をし、32歳で悟った著者が、「目覚め」後のさまざまな、誤解、落とし穴、間違った思い込みについて説きます。
定価 本体一九〇〇円＋税

無自己の体験
バーナデット・ロバーツ 著
立花ありみ 訳
自己が抜け落ちてしまった壮絶な記録。著者の体験を通して語られる、無自己とそれを超えたところとは？ 『無我の体験』を改題して復刊！
定価 本体一八〇〇円＋税

お近くの書店、インターネット書店、および小社でお求めになれます。